고려대학교
파안연구총서
개척 02

제4차
산업혁명
시대의
개인정보

이대희 · 박경신 · 박영우
이상직 · 정성구

세창출판사

머리말 ————————

　제4차 산업혁명, 지식과 사회·경제 패러다임의 전환 등 우리가 현재 접하고 있거나 곧 맞이하게 될 시대에 대하여 사람들은 머지않은 과거와 매우 다른 모습을 그리고 있습니다. 이러한 때에 법학의 패러다임도 대전환을 맞이하고 있습니다. 이 시기에 고려대학교에서 협업과 융합을 핵심가치로 하는 파안연구총서가 출범한 것이 2017년이었습니다. 파안연구총서 개척 시리즈 제1권은 『인공지능과 자율주행자동차, 그리고 법』이라는 제목으로 출간되었습니다. 이번에 파안연구총서 개척 제2권을 출간하면서 큰 보람을 느낍니다.

　파안연구총서는 해마다 두 권의 책을 출간합니다. 그 하나는 '개척'이고, 다른 하나는 '공감'입니다. 두 시리즈 모두 여러 학자가 공동으로 집필하는 형식을 취하는데 그 내용과 목적에는 차이가 있습니다. 사회적으로 많은 사람들의 관심을 받는 이슈를 법률전문가가 아닌 일반시민도 쉽게 이해할 수 있도록 소개하는 일반학술서인 '공감'과 달리, '개척'은 전문가를 대상으로 하는 전문학술서로서 새로운 사회 이슈에 대한 법적 시각을 보여 줍니다. 법학의 지평을 확장시켜 간다는 의미에서 '개척'이라는 이름을 달았습니다.

　파안연구총서 '개척' 제2권의 주제는 "제4차 산업혁명시대의 개인정보"입니다. 제4차 산업혁명은 단순히 기술적인 혁신에 그치지 않고 우리의 삶을 획기적으로 변화시키고 아직까지 인류가 경험해 보지 못한 혜택을 제공할 것입니다. 특히 정보의 처리가 컴퓨터의 연산작용 수준을 넘어 인공지능(Artificial Intelligence: AI)이 결합된 지능정보기술에 의해 이루어지는 지능정보사회(intelligent information society)가 되면서 인간의 능력으로는 파악할 수 없거나 달성할 수 없는 일이 가능하게 됩니다. 고도의 기술혁신은 이와 같이 인간의 삶을 획기적으로 변화시키고 많은 혜택을 제공하지만, 그 기술혁신이 순기능을 발휘하기 위해서는 프라이버시의 보호 및 개인정보의 활용의 적정성 이슈가 수반됩니다. 개인정보 보호의 문제는 1960년대부터 미국과 유럽을 중심으로 논의되기 시작했습니다. 우리나라에서도 2005년 헌법재판소 결정[헌법재판소 2005.5.26. 99헌마513, 2004헌마190(병합) 결정]과 2011년 개인정보보호법의 제정에 따라 개인정보는 이제 모든 분야에서 고려하여야 하는 핵심 이슈가 되었습니다.

이 책은 제4차 산업혁명과 개인정보보호 문제, 제4차 산업혁명시대의 가명정보개념 도입에 의한 개인정보의 활용, AI와 개인정보, 금융분야의 제4차 산업혁명과 개인정보 이슈, GDPR 아래에서의 빅데이터를 위한 DB연계 등 5개 주제를 다루고 있습니다. 이는 개인정보 보호에 관한 핵심 이슈를 포함하는 것입니다. 귀한 글을 써 주신 다섯 분의 필자들께 깊이 감사드립니다.

2009년 법학교육의 중심이 법학전문대학원으로 전환되면서 학문으로서의 법학을 어떻게 수행해야 할 것인가에 대하여 많은 고민이 있습니다. 법학전문대학원의 주된 목적이 전문직업인으로서의 법조인을 양성하는 기관이고 보면 학문으로서의 법학의 바람직한 모습을 고민하는 것은 당연해 보입니다. 고려대학교는 법학전문대학원에서 교육을 받은 사람 중의 일부가 학문으로서의 법학을 수행함으로써 그들을 미래의 강건한 학문후속세대로 성장시킬 수 있는 프로그램을 개발하고 있습니다. 파안연구총서는 이러한 프로그램을 견인하는 역할을 할 것으로 기대합니다.

파안연구총서는 파안연구기금으로 이루어지는 연구사업의 하나입니다. 파안연구기금은 파안(坡岸) 명위진(明渭珍) 회장님께서 2016년 5월 고려대학교 법학전문대학원에 지정 기탁한 기부금을 재원으로 조성되었습니다. 명위진 회장님께서는 어느 연설에서 "나이가 들면 들수록 역시 희망은 오직 사람에게서 찾을 수 있다는 생각이 더 간절합니다. 우리 세대가 대한민국을 가난의 굴레에서 벗어나도록 하기 위해 일했다면, 앞으로의 세대는 세계의 평화와 희망을 위해 일해야 한다고 생각합니다."라고 밝혔습니다. 고려대학교 법학전문대학원은 이 말씀을 마음에 깊이 새기고자 합니다. 파안연구기금을 계기로 학식과 지혜가 모여 훌륭한 성과물을 만들고, 이것이 교육으로 이어지는 선순환의 좋은 본보기를 보여 줄 것입니다. 건전한 학문·교육 생태계 조성에 큰 힘이 되어 주신 명위진 회장님의 귀한 뜻에 감사와 존경의 마음을 드립니다.

　　고려대학교 법학은 사회에 믿음을 주고 사람들로부터 사랑받는 "높고(高) 우아한(麗) 학문공동체"를 지향합니다. 파안연구총서의 출간은 高大法學이 더 우아해지고, 더 굳건해지는 계기가 될 것으로 믿습니다.

2018.12.

고려대학교 법학전문대학원장

고려대학교 파안연구기금 기획운영위원장

명 순 구

6

차 례 ————

머리말 · 3

제4차 산업혁명시대의 가명정보개념 도입에 의한 개인정보의 활용 _ 이대희

인공지능과 새로운 개인정보보호 과제 _ 박영우

제4차 산업혁명으로 인한 금융분야의 혁신과 법적 쟁점
—개인정보 보호 문제를 중심으로 _ 정성구

개인정보보호법하에서의 빅데이터의 가능성

―GDPR과 OECD권고를 중심으로 _ 박경신

서론

제4차 산업혁명 시대의 개인정보

이대희*

제4차 산업혁명(Fourth Industrial Revolution)은 클라우스 슈밥(Klaus Schwab)이 의장으로 있는 2016년 세계 경제 포럼(World Economic Forum: WEF)에서 주창되고 그의 저서에서 사용된 용어이다. 증기기관 발명으로 대변되는 제1차 산업혁명, 컨베이어 벨트를 이용한 대량 생산체계를 갖춘 제2차 산업혁명, 정보통신을 통한 자동화 및 정보화를 바탕으로 하는 제3차 산업혁명을 잇는 제4차 산업혁명은 인공지능 및 로봇공학, 무인 운송(자율주행자동차, 무인 항공기), 3D 프린팅(3차원 프린팅), 빅데이터, 사물인터넷, 블록체인·분산원장기술, 나노기술 등 새로운 기술 혁신을 바탕으로 정보통신 기술(ICT)의 융합에 의하여 이루어지는 혁명을 의미한다.

제4차 산업혁명은 단순히 기술적인 혁신으로 그치는 것이 아니라 우리의 삶을 획기적으로 변화시키고 인류가 경험해 보지 못한 혜택을 제공할 수 있다. 예컨대 환자에게 이식된 인공심장에 부착된 센서가 수집한 정보가 직접 의사에게 제공되고 의사는 이에 의하여 이상 징후를 예

---

* 고려대학교 법학전문대학원 교수.

측함으로써 환자에 대한 의료안전은 크게 증가한다. 의약품 섭취에 따른 부작용에 관한 자료와 검색엔진의 검색결과를 분석함으로써 항우울증 약(Paxil)과 콜레스테롤을 낮추는 약(Pravachol)을 동시에 섭취하는 경우 당뇨병이 걸릴 수준까지 혈당량이 증가한다는 것을 알아낸 것과 같이 빅데이터 분석은 인간이 미처 알 수 없었던 지식을 얻을 수 있게 한다. 또한 인공지능을 활용함으로써 인간의 능력으로는 파악할 수 없거나 달성할 수 없는 일을 가능하게 한다.

이와 같이 4차 산업혁명에 따른 기술혁신은 인간의 삶을 획기적으로 변화시키고 많은 혜택을 제공할 수 있지만, 4차 산업혁명 기술을 충분히 향유하기 위해서는 프라이버시의 보호 및 개인정보의 활용이 수반될 수밖에 없다. 프라이버시는 1890년 Warren과 Brandeis(1916-1939 연방대법관)가 작성한 "프라이버시에 대한 권리"라는 논문[1]에서 논의한 것에서 시작되어 미국을 중심으로 논의가 발전되어 왔다. 이들은 코먼로상 각 개인이 자신의 생각, 정서 및 감정을 타인에게 어느 정도로 전달할 것인지에 대하여 선택할 권리를 가지며, '혼자 있을 권리(right to be let alone)'가 불법행위법에 의하여 보호되어야 한다고 주장하였다.[2] 이들의 주장은 학자들에 의하여 지지를 받기 시작했으나, 법원이 이를 광범위하게 수용하게 된 것은 1960년 Prosser 교수(당시 UC Berkeley 로스쿨 학장)가 프라이버시에 관한 논문[3]을 발표하면서부터였다. Prosser 교수는 ① 원고의 한가함이나 고독 또는 사생활 간섭, ② 원고에 관한 난처한 개인적 사실의 공개, ③ 원고에 대한 왜곡, ④ 피고의 이익을 위한 원고의 성명이나 원고와 동일시되는 사항의 이용 등 네 가지 형태의 프라이

---

1 Samuel D. Warren & Louis D. Brandeis, "The Right to Privacy", 4 HARV. L. REV. 193 (1890).
2 프라이버시권은 저작권이나 계약이론에 의하여 이미 코몬로상 존재하던 것이었는데, 이들은 프라이버시권을 사적인 권리로서 재산권으로부터 분리하고자 하였다.
3 William L. Prosser, "Privacy", 48 Calif. L. Rev. 383 (1960).

버시 침해가 코몬로로 인정되어야 한다고 주장하였다.[4] 프라이버시 침해에 대한 Prosser 교수의 네 가지 불법행위는 '불법행위 Restatement (Second)'에 규정되었고(§§652A-E), 이후 법원에 의하여 광범위하게 수용되었다.

개인정보 보호의 문제는 1960년대에 컴퓨터를 사용하기 시작하면서 개인정보가 광범위하게 수집되는 것에 대한 우려에서 촉발된 것이라 할 수 있다. 그런데 1970년대 초반 개인정보 보호 논의를 주도한 것은 미국이다. 개인정보 보호가 시작되려는 시점인 1970년대 초반인 1973년에 미국의 보건·교육·후생부(HEW)는 1973년 '공정 정보관행 규칙(Code of Fair Information Practices)'을 정하는 입법을 권고하면서 자동화된 개인데이터 시스템의 요건으로서 5개 원칙을 담은 야심적인 보고서(이하 'HEW 보고서')[5]를 발표하였다. HEW 보고서의 '개인정보 보호원칙(Fair Information Practices Principles: FIPP)'은 구속력이 있는 것이 아니었으나 이후 미국과 전 세계적으로 정보 프라이버시에 있어서 중요한 역할을 하였다. FIPP는 HEW의 보고서에 한정된 것이 아니라 이후 미국에서 많은 형태의 FIPP가 나오게 되었으며, 「1974년 프라이버시 보호법 (Privacy Act of 1974)」의 제정에 영향을 미쳤고, 이후에도 정보 프라이버시 보호에 대한 미국의 주된 접근방법이 되었다.[6] 전 세계적으로도 개인데이터 처리에 관한 공통된 원칙을 담고 있는 FIPP는 각 국가의 데이터 보호법에 영향을 미쳤으며, OECD 가이드라인의 기초가 되었다.

---

4 (1) intrusion upon the plaintiff's seclusion or solitude; (2) public disclosure of embarrassing private facts about the plaintiff; (3) publicity that places the plaintiff in a false light; and (4) appropriation of the plaintiff's name or likeness. Prosser, 389-407.

5 U.S. Department of Health, Education & Welfare, Secretary's Advisory Committee on Automated Personal Data System, Foreword to Records, Computers and the Rights of Citizens (1973).

6 Marcinkowski, at 1178.

그러나 1970년대에 들어오면서 유럽국가들이 개인정보를 보호하기 위하여 공공 및 민간에 모두 적용되는 일반법을 입법하고 감독과 법집행을 위한 정부기관을 설립하게 되면서, 개인정보 보호분야에 있어서 미국은 주도권을 잃게 된다. 1973년 스웨덴이 개인정보보호법을 제정한 이후 여러 국가들이 개인정보 보호에 관한 일반법을 입법함으로써 개별적인 분야에 대해서만 입법한 미국과 비교되었다. 또한 유럽위원회는 1991년 자동처리 개인정보 보호협약을 채택하였고, 1995년에는 데이터지침을 채택하였고, 유럽 외의 많은 국가들이 유럽과 같은 일반법 형태의 개인정보 보호법을 채택하였으며, 국제적으로는 OECD가 가이드라인을 내놓았다. 따라서 개인정보 분야에서는 유럽이 오히려 주도하는 상황이 되었다.

한국에서 개인정보 역사의 획을 그은 것은 헌법재판소에 의한 개인정보자기결정권의 인정이다. 곧 헌법재판소는 2005년 개인정보자기결정권을 "자신에 관한 정보가 언제 누구에게 어느 범위까지 알려지고 또 이용되도록 할 것인지를 그 정보주체가 스스로 결정할 수 있는 권리이다. 즉 정보주체가 개인정보의 공개와 이용에 관하여 스스로 결정할 권리"라고 하고, 개인정보자기결정권을 헌법적으로 승인할 필요성이 있다고 하였다.[7] 이후 2011년 개인정보에 관한 일반 규범인 개인정보보호법을 제정함으로써 개인정보는 이제 한국에서 모든 분야에서 고려하여야 하는 법적 쟁점이 되었다.

그런데 2018년 5월 유럽연합은 개인정보일반규정(GDPR: General Data Protection Regulation)[8]을 시행함으로써, 전 세계적으로는 물론 제4차 산업혁명을 활용함에 있어서도 상당한 영향을 미치고 있다. GDPR

---

7 헌법재판소 2005.5.26. 자 99헌마513, 2004헌마190(병합) 결정.
8 REGULATION (EU) 2016/679 OF THE EUROPEAN PARLIAMENT AND OF THE COUNCIL of 27 April 2016 on the protection of natural persons with regard to the processing of personal data and on the free movement of such data, and repealing Directive 95/46/EC.

이 도입한 가명정보의 개념은 이미 한국에서 제안된 여러 개인정보보호
법 개정안에도 반영되어 있고, 앞으로 GDPR에 포함되어 있는 규범은
한국의 개인정보보호법에 상당한 영향을 미칠 것으로 보인다. 또한
GDPR은 제4차 산업혁명이 왕성하게 논의되는 시점에서 초안이 나오고
2018년에 적용됨으로써 GDPR이라는 개인정보 규범이 제4차 산업혁명
의 측면에서 어떻게 해석하고 적용될 것인지도 초미의 관심사가 되고
있다. 본서는 바로 이러한 측면을 반영하여 제4차 산업혁명시대에
GDPR 등 개인정보 규범을 어떻게 해석하고 적용할 것인지를 논의하고
있다.

　본서는 제4차 산업혁명과 개인정보보호 문제, 제4차 산업혁명시대의
가명정보개념 도입에 의한 개인정보의 활용, AI와 개인정보, 금융분야
의 제4차 산업혁명 개인정보 쟁점, GDPR하에서의 빅데이터를 위한 DB
연계 등 5개 주제로 구성되어 있다.

1. 제4차 산업혁명과 개인정보보호 문제

　'제4차 산업혁명과 개인정보보호 문제'는 제4차 산업혁명의 의미를
조명하고, GDPR의 개인정보에 관한 여러 규범을 전반적으로 설명하고
있다. 저자는 개인정보에 대한 미국과 유럽의 접근방법의 차이를 논의
하고, 유럽에서 기업을 하는 한국 기업이 이를 준수하고 개인정보 이전
을 위하여 한국이 준비하여야 할 사항을 강조하였다. 또한 저자는 촘촘
한 규제나 모호한 규제가 개인정보의 합리적 활용까지 방해하는 문제점
을 해소하기 위한 '합리적인' 방안("규제샌드박스", "규제 프리존" 등)의 도
입 및 정립 필요성, 개인정보 보호 및 활용에 관한 시스템을 정부, 사업
자 중심에서 정보주체 중심으로 이동시킬 필요성, 개인정보 주체의 권
리를 실질적으로 보장하고 블록체인기술 등 다양한 기술 이용의 지원
필요성, 개인정보 주무 행정기관(과학기술정보통신부, 방송통신위원회, 행

정안전부, 개인정보보호위원회) 간 협력체계의 구축이나 규제 일원화 등을 주문하고 있다.

GDPR은 기존의 개인정보보호지침(Data Protection Directive)과 달리 EU 회원국에 직접 구속력을 미친다. GDPR은 제4차 산업혁명의 성공을 위하여 유럽 회원국들이 유럽이라는 공동체 하에서 마치 한 개의 나라인 것처럼 개인정보 시스템을 만들어 유럽 회원국 간 경제 협력을 강화하고, 유럽시민의 개인정보가 해외 기업으로 이전되는 것을 엄격히 규율하고 있다. 이러한 입장에서 저자는 개인정보의 정의, 민감정보, 개인정보처리자(컨트롤러, 프로세서), 개인정보 수집 등에 대한 동의, 개인정보 이용목적 제한의 완화, 국내에 사업장을 두지 않는 기업에 대한 역외적용, 잊힐 권리(삭제권), 개인정보 처리제한권, 개인정보의 비식별화 및 가명정보의 활용, 자동화된 처리(프로파일링 등), 정보이동권, 개인정보의 국외이전, 개인정보 영향평가, 개인정보보호 중심 디자인 등 GDPR의 주요 내용을 고찰하면서, GDPR의 내용과 한국의 개인정보보호법, 정보통신망 이용촉진 및 정보보호 등에 관한 법률과의 차이점 등을 상세히 고찰하고 있다.

2. 제4차 산업혁명시대의 가명정보개념 도입에 의한 개인정보의 활용

2016년 7월 국무조정실, 행정자치부, 방송통신위원회, 금융위원회, 미래창조과학부, 보건복지부 등 정부 6개 부처는 '개인정보 비식별 조치 가이드라인'을 발표하여(2016.7.1. 시행, 기존의 빅데이터 개인정보보호 가이드라인은 폐지), 비식별 조치를 취한 정보(비식별정보)를 개인정보가 아닌 것으로 추정함으로써 이용 및 제3자 제공을 허용함으로써 빅데이터 분석 등을 활성화시키고자 하였다. 또한 개인정보보호법 및 정보통신망 이용촉진 및 정보보호 등에 관한 법률의 개정에 의하여 개인정보를 활

성화하려는 노력도 이루어졌다. 예컨대 김병기 의원 대표발의 개인정보
보호법 일부개정 법률안(의안번호 5238, 2016.12.8)은 통계작성 및 학술
연구 등의 목적을 위하여 개인정보에 대한 비식별조치를 하여 생성한
정보(비식별정보)에 대하여 목적 외의 용도로 이용 및 제3자 제공을 허용
하고 있다.

한국의 개인정보 규범은 개인을 "알아볼 수 있는," 특정 개인을 "알아
볼 수 없더라도"라는 요소에 의하여 개인정보를 정의하고 있다. 알아본
다는 것을 '식별'이라고 한다면 비식별정보는 개인을 알아볼 수 없는 정
보가 되어 개인정보 규범이 적용되지 않아야 할 것이다. 그러나 가이드
라인이나 개정안이 상정하는 비식별정보는 여전히 개인정보라 할 수 있
으므로, 비식별정보라는 용어는 적절하지 않다. 또한 정부의 가이드라
인에 따른 비식별화 조치는 적정성 평가 등 많은 거래비용을 소요할 수
밖에 없다. 가이드라인이 상정하고 있는 비식별정보가 여전히 개인정보
라고 한다면, 비식별정보를 개인정보가 아닌 것으로 추정하여 개인정보
규범의 적용을 면제하고자 하는 가이드라인은 법적으로 큰 문제점을 안
게 되고, 그 의도에도 불구하고 정보의 활용을 제고하는 데에 근본적인
한계가 있다.

정보의 활용은 데이터 산업에만 관계되는 문제가 아니라 산업 전반을
활성화시킬 수 있는 중요한 요소이다. GDPR은 익명정보 및 가명정보의
개념을 도입하고, 익명정보는 개인정보가 아닌 것으로 하여 규범의 적용
에서 배제하는 대신 가명정보를 일정한 한도에서 활용토록 하는 접근방
식을 취하고 있다. 또한 미국의 HIPAA는 비식별화(de-identification)의
개념에 의하여 의료보건분야의 정보의 활용을 비교적 광범위하고 합리
적으로 허용하고 있다. 영국은 익명화 개념을 중심으로 가명화를 비식
별화에 포함시키면서 비식별화는 익명화를 위한 필요조건은 되지만 충
분조건은 되지 않는 것으로 파악하고 있다. 영국은 개인을 전혀 식별할
수 없는 익명화를 전제로 하지 않고, 개인을 식별할 수 없도록 익명화를

얼마나 완전하게 하는가에 초점을 맞추고 있다.

저자는 개인정보의 활용의 측면에서 GDPR상의 가명정보, 미국 HIPAA의 비식별화, 영국의 비식별화 등을 상세히 고찰하고, 한국에서 최근 발의된 개인정보보호법 개정안이 포함하고 있는 가명정보나 가명화에 대하여 비교법적으로 고찰하고 있다. 저자는 한국에서 나온 가이드라인과 개인정보보호법 개정안이 한국에서 정보를 활용할 수 있도록 하기 위한 노력의 일환에서 나온 것임에도 불구하고 근본적인 해결책을 모색하지 않고 지엽적인 측면에서 해결책을 모색한 것이라고 비판하고 있다. 또한 저자는 GDPR이 익명정보와 가명정보를 개념적으로 구분하고, 가명정보를 일정한 한도에서 활용토록 하는 측면에서 진일보한 모델이라 할 수 있지만, 정보의 활용 측면에서 충분하지 않으며, 식별의 위험성을 판단하는 데 거래비용이 적게 소요되고, 많은 식별자를 삭제하였으므로 프라이버시 침해 위험성은 상당히 낮아진 정보를 활용토록 하는 HIPAA가 정보의 활용 측면에서 적절한 모델을 제시한 것이라고 주장하고 있다.

3. AI와 개인정보

인공지능(AI: artificial intelligence)은 컴퓨터가 인지, 사고, 학습, 자기계발 등 인간의 지능적인 행동을 모방할 수 있도록 하는 소프트웨어를 의미하는데, 인공지능이 제대로 된 기능을 발휘하기 위해서는 다량의 정확한 데이터를 필요로 하고, 인공지능 소프트웨어의 개발을 위해서도 인공지능을 학습시킬 수 있는 충분한 데이터(인공지능 학습용 데이터)가 확보되어야 한다. 따라서 인공지능에 있어서 데이터는 필수불가결한 요소라고 할 수 있는데, 이 글은 인공지능을 활용함에 있어서 제기되는 개인정보의 문제를 상세하게 논의한 것이다. 저자는 인공지능과 관련하여 제기되는 개인정보 보호 문제가 인공지능이 (인간의 개입이 없이) 자율적으로 인식하고 판단한다는 점에서 기존의 개인정보 보호 문제와 다른 점이 있다는 것을 강조하고 있다.

저자는 인공지능과 개인정보에 관하여 유럽의 GDPR, 「로봇에 대한 사법 규정(Civil Law Rules on Robotics)」이라는 제목의 결의안, 영국 ICO (Information Commissioner's Office)의 「EU GDPR 적용 가이드(Guide to the GDPR)」상의 인공지능에 대한 취급, 「인공지능 전략에 대한 연방정부 입장」 등 유럽에서의 동향, 미국, 일본, 국제기구 및 단체 등의 입장을 상세히 논의하면서, 한국이 서둘러 입법을 하려고 하기보다는 자율 규제 수단을 최대한 활용할 것을 주문하고 있다.

저자는 한국에서 인공지능과 관련한 개인정보 문제에 대해 직접 규율하는 현행 법령은 없지만, 개인정보보호 일반원칙의 적용, 사전 예방적 보호장치, 현장 대응적 보호장치, 사후 구제적 보호장치 등 인공지능과 관련하여 제기되는 여러 개인정보 쟁점을 상세히 분석하고 있다. 또한 저자는 인공지능 활용에서 개인정보 보호 방안으로 개인정보보호 디자인 및 개인정보보호 설정, 인공지능 사용에 대한 정보 제공, 개인정보보호 영향평가, 인공지능만에 의한 법률효과 등 중요한 영향을 미치는 결정 제한, 민감한 개인정보의 사용 제한, 아동에 대한 인공지능 사용, 차별 금지, 개인정보처리자의 보호조치 등의 방안을 상세히 제시하고 있다.

4. 금융분야의 제4차 산업혁명 개인정보 쟁점

이 글은 일응 제4차 산업혁명에 따른 변화가 한국의 금융 제도를 어떻게 변화시키고 있는가, 이러한 변화와 한국의 금융 제도가 상충되는 부분이 무엇인가를 법률적 측면에서 상세히 검토하고 있다. 저자는 빅데이터 시대에 있어서 쟁점이 되고 있는 금융산업의 변모, 모바일 디바이스의 발전에 따른 금융산업의 변화, 초연결성(Hyper-connectivity)의 발전에 따른 금융산업의 영향, 인공지능에 의한 금융산업의 영향, 암호화폐 및 분산원장기술(Distributed Ledger Technology: DLT) 등에 대하여 상세히 논의·분석하고 있다.

저자는 첫째, 빅데이터와 금융과 관련하여 가명화를 통한 빅데이터 이용, 본인정보관리업(My Data)의 도입과 정보이동권, 금융분야 클라우드, 둘째, 모바일 환경과 금융과 관련하여 인터넷 전문은행, 모바일 결제와 송금, 셋째, 확장된 연결성과 금융과 관련하여 크라우드 펀딩, P2P 대출, 인공지능과 금융, 로보어드바이저, 알고리즘 트레이딩, 인공지능과 개인정보보호, 넷째 암호화폐와 분산원장기술과 관련하여 암호화폐, DLT와 블록체인, 블록체인과 개인정보보호 등 저자가 제시한 기준에 따른 제4차 산업혁명 및 금융과 관련된 쟁점을 상세히 논의·분석하고 있다.

5. GDPR하에서의 빅데이터를 위한 DB연계

이 글은 전 세계적으로 빠르게 확산되고 있는 개인정보보호법제들의 골드 스탠다드로 대두되고 있는 GDPR이 빅데이터의 가능성을 어떻게 담보하고 있는가를 고찰하고 있다. 이를 위하여 이 글은 GDPR 자체와 GDPR에 대한 각국 정보보호기구의 해석(영국, 독일, 네덜란드)을 통해 어떻게 빅데이터가 개인정보보호법제와 충돌하지 않을 수 있는가를 고찰하고 있다.

저자는 GDPR과 관련하여 양립불가능성 요건, 과학·역사·통계적 목적, 가명화에 대하여 논의하고, 유럽국가 및 국제기구에 의한 정보연계에 대하여 상세히 분석하고 있다.

저자는 빅데이터의 활용 가능성이 다양한 종류의 개인정보의 상호연계에 달려 있다는 것을 주장하고, 빅데이터 활용을 위하여 개인정보주체로부터 동의를 받는 것이 비현실적이고 연구결과의 효용성을 훼손한다고 강조하고 있다. 이에 따라 GDPR을 포함하여 많은 나라의 법률이 가명화의 절차를 통해 개인정보의 연계를 허용하고 있고, 독일, 영국, 네덜란드 등도 데이터연계를 허용하고 있고, OECD는 가장 민감한 개인정보라고 할 수 있는 건강정보에 대해서도 데이터연계가 이루어지고 있는데 연계신청자가 기업이나 영리목적의 연구자인 경우에도 데이터연계가 허용되어야 한다고 권고하고 있다고 하면서, 데이터 연계의 필요성을 주장하고 있다.

제4차 산업혁명과 개인정보 보호 문제
─유럽 GDPR을 중심으로─

이상직*

I. 서 론

다보스포럼(Davos Forum, www.weforum.org)은 클라우스 슈밥(Klaus Schwab)이 설립한 세계경제포럼으로서 유럽, 미국을 중심으로 1,200여 개가 넘는 기업, 단체가 가입되어 있다. 매년 스위스에서 포럼을 개최하고 있고, 각국의 정치, 경제 유력 인사가 참여하고 있다. 이 포럼은 글로벌 이슈와 미래 트렌드를 제시하고 세계 정치, 경제가 나아갈 방향을 제시하고 있다고 평가받는다.

물론 부정적인 시각도 없지 않은바, 미국 등 선진국들이 글로벌 산업, 경제, 무역이슈를 선점하고 세계 각국의 국가, 기업에게 따라오라고 요구하는 '준비된 자의 마케팅' 같은 느낌도 주고 있다. 2016년 다보스포럼의 주제가 바로 제4차 산업혁명[1]이다. 인공지능, 빅데이터, 무인항공,

---

* 법무법인(유한) 태평양 변호사.
1 제4차 산업혁명을 보는 국내 전문가들의 시각은 매우 다양한바, 차두원 등 공저, 「21인의 전문가가 제시하는 미래 한국을 위한 4차 산업혁명 실행전략, 4차 산업

자율주행 등 첨단 산업의 근간이 되는 미래 인프라와 서비스를 소개하였다. 제4차 산업혁명으로 인해 5년간 710만 개의 일자리가 감소할 수 있다고 예견하여 충격을 주기도 했다.

제4차 산업혁명의 다양한 상품과 서비스는 고객의 숨겨진 니즈(Needs)를 찾기 위해 빅데이터, 인공지능과 첨단 통신 소프트웨어와 기기를 사용하게 된다. 그 결과 개인정보의 수집, 이용, 분석, 가공 및 제3자 제공이 빈번해질 것인바, 개인정보 보호와의 갈등이 불가피하다. 이 글에서는 제4차 산업혁명의 성공을 위해 개인정보의 활용도를 높이면서도 개인정보의 안전한 보호 시스템을 구축함에 있어서 EU의 GDPR(General Data Protection Regulation)을 중심으로 살펴보기로 한다.

II. 제4차 산업혁명

1. 제4차 산업혁명의 정의와 특징

제4차 산업혁명은 인공지능, 자율주행, 무인항공 등 첨단 기술이 단순한 기술혁신에 그치지 않고, 정치, 경제, 사회, 문화 인프라 전반에 '구조적인 변혁'까지 가져오는 것이라고 정의함에 이견이 없다. 인공지능, 무인항공, 빅데이터, 3D프린팅 등이 기존의 산업, 서비스와 융합하거나 새롭게 출현하여 초연결, 초지능 융합사회를 건설하는 기반이 된다.

산업혁명은 학자에 따라 다소 차이는 있지만 영국에서 일어난 증기기관 발명 등으로 대변되는 제1차 산업혁명, 컨베이어벨트에 의한 대량 제조 생산체계를 갖춘 제2차 산업혁명, 정보통신을 통한 자동화, 정보화로 세상을 바꾼 제3차 산업혁명으로 분류되는 것이 일반적이다. 여기

혁명과 퓨처노믹스」, 한스미디어, 2017 참조.

서 한발 더 나아간 것이 제4차 산업혁명이다.

기존의 산업혁명은 기계 도입, 제조공정 자동화로 좋은 상품을 싼 가격에 공급할 수 있게 했지만, 고객의 속마음, 니즈(Needs)를 정확히 예측하지는 못했다. 그 결과 초과생산에 따른 재고가 발생하고 과소비를 부추기면서 허위 과장 광고의 홍수, 소비자 불만의 폭증, 인플레이션 등의 부작용을 가져왔다.

이에 대해 4차 산업혁명은 인공지능, IoT(Internet of Things)[2]센서, 온라인이나 SNS(Social Network Service), 로봇 등을 통해 데이터를 수집하고, 빅데이터로 만들어 정밀하게 분석한 결과를 바탕으로 상품과 서비스를 개발하여 공급할 수 있게 됨에 따라 고객이 언제 어디서나 원하는 방식과 절차에 따라 상품과 서비스를 만날 수 있게 하였다.

2. 제4차 산업혁명의 성공조건[3][4]

제4차 산업혁명을 대표하는 상품과 서비스의 등장은 기술발전에 따른 자연스러운 현상이지만 그냥 둔다고 성공적인 결과를 가져오는 것은 아니다.

첫째, 제4차 산업혁명의 성공을 위해서는 기술에 의하여 현실화될 수 있는 다양한 아이디어들이 많이 나와야 한다.

둘째, 제4차 산업혁명을 위한 기술, 상품, 서비스가 나올 때에 규제가 없어야 한다. 기존에 다른 목적으로 남아 있던 규제가 새로운 기술, 상품, 서비스에 적용되지 않도록 규제를 개선해 주거나 완화해 주어야 한

---

2 IoT에 대해서는 노규성, 「사물인터넷 사회」, 커뮤니케이션북스, 2015 참조.
3 제4차 산업혁명 시대의 규제 패러다임의 변화에 대해서는 차두원 등 공저, 「21인의 전문가가 제시하는 미래 한국을 위한 4차 산업혁명 실행전략, 4차 산업혁명과 퓨처노믹스」, 한스미디어, 2017, 135쪽부터 199쪽까지 참조.
4 제4차 산업혁명을 위하여 규제개선이 필요한 각종 법률이슈에 대해서는 구태언, 「미래는 규제할 수 없다」, 클라우드나인, 2018, 219쪽 참조.

다. 생명, 신체의 안전, 공정경쟁을 위하여 부득이하게 규제가 필요할 때에도 투명하고 공정하고 객관적이고 예측할 수 있는 것이어야 한다.

셋째, 금융 지원이다. 기술 및 서비스 개발을 위해서는 투자를 쉽게 받을 수 있는 환경이 조성되어야 한다.

넷째, 정부 지원이다. 실질적인 효과가 없는 명목상의 지원책은 지양해야 한다. 예를 들면, 기본계획 수립, 위원회 도입, 시범사업 추진, 기술개발 촉진, 세제지원, 인력양성, 국제협력, 지원기관 신설 등이 지원책으로 항상 거론된다. 이런 것들이 시장에 얼마나 효과적으로 도움이 되는지 모르겠다. 시장의 요구에 귀를 기울여야 한다. 시장이 힘들어 하는 핵심적인 문제점을 찾아 해당 부분만 제거하는 외과의사와 같은 접근이 중요하다.

Ⅲ. 제4차 산업혁명과 글로벌 경쟁 및 개인정보[5]

1. 서 론

유럽 시장은 구글이 검색시장을 지배하는 등 미국기업이 득세하는 양상이고, 유럽의 공정경쟁 당국 등 규제기관은 미국기업에 대한 적대감을 보이기도 한다. 독점금지법 위반에 대한 과징금 부과조치, 검색서비스에서의 잊힐 권리 인정(스페인 곤잘레스 사건[6]의 판결) 등이 그 예라고

---

5 개인정보의 개념에 대해서는 개인정보 보호법 제2조, 정보통신망 이용촉진 및 정보보호 등에 관한 법률 제2조, 함인선, 「EU 개인정보 판례」, 전남대학교 출판부, 2015, 75쪽 이하와 김민호, "개인정보의 의미", 「정보법 판례 백선(Ⅱ)」, 한국정보법학회, 박영사, 591쪽 이하 참조. 개인정보의 정의가 가지고 있는 한계 및 문제점에 대해서는 박혁수, "빅데이터 시대에 개인정보 개념의 재검토", Law & Technology 제10권 제1호, 2014, 서울대학교 기술과 법센터, 3쪽 이하 참조.
6 스페인의 변호사 곤잘레스는 구글에서 자기 이름을 검색했는데, 경제적으로 어려

할 수 있다.

제4차 산업혁명의 추진도 미국은 제조, 유통 등 모든 분야에서 기술혁신이 이루어지고 있는 데 비하여 유럽은 제조시설, 제조과정을 첨단화하는 스마트 팩토리(Smart Factory)를 중심으로 하는 특징을 보이고 있다.

제4차 산업혁명은 고객의 니즈를 파악하고 그에 부합하는 상품과 서비스를 개발하여 고객의 마음에 드는 방법과 절차로 제공하는 것이므로 필연적으로 고객의 데이터, 개인정보를 수집, 이용할 수밖에 없다. 따라서 개인정보[7]의 보호를 위한 안전조치가 매우 중요하다. 현재 구글, 아마존 등 글로벌 기업이 유럽 등 해외진출을 가속화함에 따라 개인정보 보호를 둘러싼 분쟁이 끊이지 않고 있다.[8]

2. 개인정보에 대한 유럽과 미국의 접근방법

유럽은 개인정보를 프라이버시[9]의 일종으로 보호하거나 자기정보결정권, 자기정보통제권으로 보호하는 태도를 보이고 있다. 최근 제4차 산업혁명 등을 통해 유럽내 단일 시장을 형성하고 경제를 진작하기 위

웠던 1998년에 연금을 제때 내지 않아 집이 경매에 처해졌던 내용이 담긴 언론 기사가 검색되었다. 그는 기사와 검색결과 노출을 삭제해 달라고 요청했고, 구글이 거부했다. 유럽연합(EU) 최고법원인 유럽사법재판소에서 이 사건을 다루게 되었고, "구글 검색 결과에 링크된 해당 웹페이지의 정보가 합법적이어도 링크를 삭제할 의무가 있다"는 판결이 내려졌다.

7 개인정보보호 법제도에 관한 일반적인 사항은 김민호, 「행정법」, 박영사, 2018, 322쪽 이하 참조. 국내 헌법학자들은 법 제17조의 "모든 국민은 사생활의 비밀과 자유를 침해받지 아니한다."의 규정을 전단과 후단으로 나누어 전단의 비밀 침해 배제는 프라이버시권을, 후단의 자유 침해 배제는 개인정보자기결정권을 각각 보장하는 논거로 설명하고 있다고 한다.

8 제4차 산업혁명이 인권 전반에 미치는 영향에 대해서는 "4차 산업혁명과 인권", 2018.10.10. 국제인권 옹호 한국연맹 주최 인권심포지엄 논문집 참조.

9 4차 산업혁명시대의 개인정보의 법리적 검토에 대해서는 권헌영 · 윤상필 · 전승재, "4차 산업혁명 시대 개인정보권의 법리적 검토", 저스티스 통권 제158-1호, 한국법학원, 2017.2. 참조.

한 노력을 보이고 있다. 유럽 GDPR은 개인정보를 보호하는 원칙을 유지하면서도 익명 조치(anonymization)를 한 경우에는 개인을 식별할 수 없으므로 당연히 산업적 목적을 위하여 이용할 수 있다고 한다. 가명 조치(pseudonymization)를 한 것에 불과한 개인정보에 대해서도 개인을 식별할 수 있는 가능성이 남아 있지만 다른 정보와 분리하여 결합을 차단하는 조치를 취하였으므로 시장조사, 연구 등 제한된 목적을 위하여 공공분야만이 아니라 산업계에서도 활용할 수 있도록 개방하였다.

그에 비해 미국은 개인정보를 소비자의 권리의 일종으로 보는 태도를 취하고 있다. 연방공정거래위원회법에서 개인정보를 소비자의 권리로 보면서 공정거래위원회의 소관사항으로 하고 있다. 다만, 프라이버시와 직결되는 민감정보에 대해서는 별도의 입법을 통하여 보호하고, 식별자 제거, 전문가의 평가를 거친 확인 등 엄격한 절차를 거쳐 안전장치가 마련되어 있다고 인정하는 경우에 한하여 그 정보를 활용할 수 있도록 하고 있다.

건강정보에 관하여 보면, Health Insurance Portability and Accountability Act에서 건강정보는 건강보험, 고용자, 의료정보센터, 의료 공급자 등에 의하여 생성된 개인의 과거, 현재, 미래의 육체적, 정신적 건강에 관한 정보의 일부로서 개인 식별이 가능한 정보로 정의하고 보호하고 있다.

건강정보의 활용을 위한 비식별조치는 세이프하버방식과 전문가활용법을 병행하여 사용하고 있다. 세이프하버 방식은 특정 개인, 가족, 직원 등에 관한 18개 유형의 개인정보를 삭제하는 경우에 비식별화된 것으로 보고 있다. 18개 개인정보에는 성명, 우편번호, 전화번호, 전자메일 주소, 계좌번호, 의료기록번호, 자격증 번호, 웹의 URL, 인터넷 IP어드레스, 지문 등 생물학적 식별인자 등이 포함되어 있다. 이 방법은 비식별화 조치가 이루어졌는지 명확한 기준을 제시하고 있으나, 위 18개 개인정보에서 제외되는 개인정보를 통한 재식별 위험이 있다는 단점이 있다. 전문가 활용법은 개인을 식별할 수 없게 만드는 통계적, 과학적 원칙과 방법에 관하여 합리적 지식과 경험을 가진 전문가의 판단을 존중하여, 그 전문가가 비식별화 조치의 결과에 대하여 재식별 위험이 극히 적다고 판단하고 그와 같은 판단을 정당화하는 방법과 분석결과를 문서화하는 경우에는 개인정보가 비식별화된 것으로 처리하는 것을 말한다. 다만, 이 접근법은 어떤 자격과 기준을 가진 자를 어떠한 방식에 의하여 전문가로 지정할 것인지에 관한 기준이 명확하지 않고, 전문가를 이용할 수 있는 기관의 요건이나 결정방법도 모호하다는 단점이 있다. 이와 같은 장단점을 고려하여, 세이프하버방식과 전문가활용법을 병행하여 사용하고 있는 것이다.

3. 유럽 GDPR의 2018년 시행의 의미[10]

유럽은 GDPR을 제정하여 2018년 5월에 시행하였다.[11] 이는 유럽 경제 회복을 위한 유럽지역의 단일 시장을 확보하고, 유럽 시민의 개인정보를 보호하는 데 그 목적이 있다. 유럽에서 기업을 하는 미국, 한국 등 외국기업에게 그 준법을 위하여 관련 제도를 정비할 것을 요구하고, 유럽 내 개인정보를 유럽 밖으로 이전하기 위해서는 원칙적으로 그 국가에서의 개인정보 보호 수준이 유럽에 준할 정도에 이르는 등 적정하다고 볼 수 있는지를 평가받아 승인을 얻어야 이전이 가능하게 하고 있다.

GDPR의 주요 내용으로는 개인정보의 정의, 개인정보처리자의 범위, 동의 이외의 개인정보처리의 법적 근거(공익 등), 목적 외 이용의 완화(서비스 개선 등 수집 목적과 양립할 수 있는 합리적 범위), 역외 적용, 잊혀질 권리(또는 삭제요구권), 가명정보의 연구 통계 목적 활용을 위한 허용, 자

---

10 박노형 외 8인 저, 「EU 개인정보보호법—GDPR을 중심으로」, 2017 참조, 함인선 저, 「EU개인정보보호법」, 2016 참조.

11 EU GDPR의 성립경과에 대해서는 위 박노형 외 8인 저 외에 함인선, 「EU개인정보보호법」, 마로니에, 2016, 113쪽 이하 참조.

동화된 개인정보 처리(프로파일링)에 대한 규제, 정보주체의 정보이동권 보장, 개인정보 중심 디자인(data protection by design) 등을 들 수 있다.

4. 한국의 선택

이와 같은 상황하에서 우리는 제4차 산업혁명의 성공과 개인정보 보호라는 두 마리의 토끼를 잡기 위해서 어떻게 접근하는 것이 바람직한지 검토가 필요하다. 시민단체 등을 중심으로 개인정보 해킹, 악용, 오남용에 대한 우려가 깊다. 따라서 개인정보 생태계에서 신뢰성 있는 개인정보 보호체계를 전제로 활용시스템을 구축하는 것이 중대 과제라고 할 수 있다.

이 과정에서 개인정보를 활용하려는 기업과 개인정보 주체 간 서로를 이해하고 배려하는 절차적 정당성을 어떻게 확보할 것인지도 중요하다. 공론화 및 의사결정 과정과 결과가 투명하고 공정하고 합리적이어야 하는 것이다.

아울러 촘촘한 규제나 모호한 규제가 개인정보의 합리적 활용까지 방해하는 문제점을 해소하기 위한 '합리적인' 방안("규제샌드박스", "규제 프리존" 등)을 어떻게 정립할 것인지도 중요하다.

나아가 개인정보 보호 및 활용에 관한 시스템을 정부, 사업자 중심에서 정보주체 중심으로 옮기는 것도 중요하다. 이를 위해서는 정보주체가 자신의 개인정보가 어떻게 수집, 이용되고 활용되는지 충분히 열람할 수 있어야 하고, 잘못된 개인정보의 정정, 삭제 등 정보주체가 가지고 있는 권리를 실질적으로 보장할 수 있게 하며, 그 보장을 위한 블록체인기술 등 다양한 기술 이용을 지원해야 할 것이다.

개인정보 주무 행정기관(과학기술정보통신부, 방송통신위원회, 행정안전부, 개인정보보호위원회) 간 협력체계의 구축이나 규제 일원화 등도 과제이다. 주무 행정기관마다 이해관계가 반드시 같은 것은 아니므로 논의나 의사결정이 지연됨으로써 중요한 시장을 놓칠 수 있기 때문이다.

아울러 외국기업이 우리 국민들의 개인정보를 수집해 해외로 이전하는 문제, 우리 기업이 외국에서 수집한 외국민의 개인정보를 국내 등으로 이전하는 문제 등을 고려한다면 글로벌한 시장을 고려하여 합리적인 의사결정을 해야 한다(개인정보 보호 및 활용체계의 글로벌 선택).

한편 개인정보를 프라이버시 영역에서 보는 시각 이외에도 재산권의 일종으로도 보아야 한다는 시각도 있다. 정보주체의 개인정보를 산업적 목적을 위하여 활용하는 것이라면 그 개인정보 활용에 따른 반대급부를 정보주체에게 주어야 할 필요가 있는 것인지 논의가 필요하다. 반대급부를 제공한다면 정액의 대가 또는 수수료로 지급할 것인지, 사업성과와 연동하여 그 비율에 비례하는 대가를 제공할 것인지, 제공을 위한 절차는 어떻게 할 것인지도 심도 있는 논의가 필요할 수 있다.

또한 개인정보 보호 또는 활용을 가능하게 하는 입법이 국내기업에 도움이 되는지 아니면 글로벌 해외기업에만 득이 되는 것은 아닌지도 꼼꼼히 살펴야 하고, 이를 바탕으로 개인정보보호 및 활용정책의 구체적인 접근방식을 어떻게 가져갈 것인지 결정해야 한다.

개인정보에 대한 규제를 받는 기업과 그렇지 않는 기업 간에 공정한 경쟁 환경을 조성하는 것도 중요한 논의가 필요한 정책적 이슈이다. 특히 이러한 문제는 국내기업과 국내에 사업장을 두지 않은 외국기업 간에 빈번하게 발생한다. 규제의 실효적인 적용이 가능한지에 따라 국내기업과 외국기업의 차별을 야기하기 때문이다.

이와 같은 상황에서 유럽의 GDPR은 우리에게 많은 시사점을 주는바, 아래에서 관련되는 부분을 중심으로 살펴본다.

IV. 유럽 GDPR의 주요내용

EU 의회는 회원국에 적용될 수 있는 개인정보보호 법령으로서 2016. 4. GDPR을 승인하였고, 2018.5.부터 시행하고 있다. GDPR은 기존의 개인정보보호지침(Data Protection Directive)과 달리 EU 회원국에 직접 구속력을 미친다. GDPR은 제4차 산업혁명의 성공을 위하여 유럽 회원 국들이 유럽이라는 공동체 하에서 마치 한 개의 나라인 것처럼 개인정 보 시스템을 만들어 유럽 회원국 간 경제 협력을 강화하고, 유럽시민의 개인정보가 해외 기업으로 이전되는 것을 엄격히 규율하고 있다. 아래 에서는 GDPR의 주요 내용과 우리나라의 개인정보 보호법, 정보통신망 이용촉진 및 정보보호 등에 관한 법률('정보통신망법')과의 차이점 등을 살펴본다.

1. 개인정보의 정의

EU GDPR(제4조 제1호)은 개인정보를 정의하고 있는데, 식별된 또는 식별가능한 자연인과 관련된 모든 정보를 의미한다고 한다. 식별이 가 능하다는 것은 직접 또는 간접으로 특히 이름, 식별번호, 위치정보, 온 라인 식별자와 같은 식별자를 참조하거나 특정 자연인의 신체적, 생리 적, 유전적, 정신적, 경제적, 문화적 또는 사회적 정체성에 특유한 하나 이상의 요소를 참조하여 그 자연인이 누구인지 알아낼 수 있는 것을 말 한다고 한다.

개인정보 보호법, 정보통신망법은 살아 있는 개인에 관한 정보로서 성명, 주민등록번호 및 영상 등을 통하여 개인을 알아볼 수 있는 정보 (해당 정보만으로는 특정 개인을 알아볼 수 없더라도 다른 정보와 쉽게 결합하 여 알아볼 수 있는 것을 포함)를 개인정보로 규정하고 있으므로 정의에 있 어서는 GDPR과 큰 차이가 없다.

다만, EU와 달리 한국에서는 개인정보의 정의를 둘러싼 분쟁과 논란이 끊이지 않고 있다. 개인정보 보호 정책을 펴기 위한 개인정보의 정의로는 확장성이 있는 현재 형태의 개인정보 정의에 문제가 있다고 보기는 어렵다. 정책을 수립하여 시행하기 위해서는 정책의 시혜를 받지 못하는 사각지대를 없애는 것이 중요하기 때문이다.

다만, 행정제재, 형사처벌을 위한 구성요건으로서의 개인정보 정의에 대해서는 입법의 명확성 원칙, 죄형법정주의 관점에서 지속적으로 문제제기가 이뤄지고 있다. 개인정보주체의 동의 없이 개인정보를 수집, 이용 또는 제3자에게 제공하였다는 혐의로 형사처벌을 하는 규정들이 있는데, 상당 부분의 개인정보는 법원 단계에 가서야 개인정보인지 아닌지를 확정적으로 판단받을 수 있다. 즉, 그 자체로서 개인정보임이 명확한 전화번호, 주소 등의 경우에는 다툼의 소지가 거의 없으나 다른 정보와 쉽게 결합하여 개인을 알아볼 수 있는 정보는 쉬운 결합이 가능한지 또는 결합으로 인하여 특정 개인을 알아볼 수 있는지는 사전적으로 특정하기 어렵기 때문이다. 스타트업 기업의 경우에 개인정보 보호규정 위반으로 고발되면 사실상 사업을 접어야 하는 경우도 있다. 개인정보 정의에 대한 끊임없는 개정 요구가 여기에서 비롯되고 있다.

인재근 의원이 2018.11. 대표발의한 개인정보 보호법 개정안(이하, "개인정보 보호법안"이라 함)은 개인정보의 정의를 현행법보다 상세히 규정하고 있다. 살아 있는 개인에 관한 정보로서 성명, 주민번호 및 영상 등을 통해 개인을 알아볼 수 있는 정보 또는 해당 정보만으로는 특정 개인을 알아볼 수 없더라도 다른 정보와 쉽게 결합하여 알아볼 수 있는 정보(쉽게 결합 여부는 다른 정보의 입수가능성 등 개인을 알아보는 데 소요되는 시간, 비용, 기술 등을 합리적으로 고려)라고 한다.

시간, 비용, 기술 등 개인정보처리자가 모든 수단을 합리적으로 고려할 때 다른 정보를 사용하여도 더 이상 개인을 알아볼 수 없는 정보는 개인정보에서 제외하고 있는데, 그 취지는 개인정보로 해석될 가능성을 적절하고 합리적인 범위에서 줄이도록 하여 개인정보의 범위가 과도하게 확장 해석되는 것을 경계함에 그 목적이 있다. "가명", "합리", "비용", "모든 수단" 등의 문안은 개인정보 범주의 명확성, 예측가능성을 높이기 위한 궁여지책(보통은 판결에서 설시되는 표현)으로 보인다.

개인정보의 유형에는 개인정보를 가명처리한 가명정보(pseudonymous data)가 있다. 개인정보를 가명처리하여 원상태로 회복하기 위한 추가 정보의 사용이나 결합을 하지 않고는 특정 개인을 알아볼 수 없는 정보를 말한다(pseudonymisation means the processing of personal data in such a manner that the personal data can no longer be attributed to a specific data subject without the use of additional information, provided that such additional information is kept separately and is subject to technical and organizational measures to ensure that the personal data are not attributed to and identified or identifiable natural person). 이 경우 가명처리의 방법, 절차, 기준 등은 특정 개인을 알아볼 수 없도록 하위 법령 등으로 명확하게 정하여야 한다. 한편, 익명정보(anonymous data)가 있는데, 개인정보였으나 처리를 통해 개인정보로서의 성격을 상실한 정보를 말한다. 개인정보가 아니므로 산업목적으로 활용하는 데 아무런 문제가 없다(anonymous data can be defined as any information relation to a natural person where the person can not be identified, whether by the data controller or by any other person, taking account of all the means likely reasonably to be used either by the controller or by any other person to identify that individual).

이와 관련하여, 개인정보 보호법 개정안 제58조의2(적용제외)는 시간, 비용, 기술 등 개인정보처리자가 활용할 수 있는 모든 수단을 합리적으로 고려할 때 다른 정보를 사용하여도 더 이상 개인을 알아볼 수 없는 정보에 대하여 개인정보 보호법 적용을 배제하는데, 처음부터 개인정보에 해당하지 않는 정보에 익명정보를 포함하여 개인정보 보호법의 적용을 배제함에 그 목적이 있다.

개인정보 보호법 개정안에서 가명정보의 개념을 도입한 것은 GDPR를 참고하여 가명정보를 민간의 산업적 연구 목적으로 활용할 수 있기 위한 것이고, 대통령 소속 제4차산업혁명위원회에서의 논의결과를 반영한 것이다. 가명정보의 활용에 대해서는 아래 관련 부분에서 다시 논하기로 한다.

2. 민감정보

GDPR(제9조)은 인종이나 민족 기원, 정치적 견해, 종교나 철학적 믿음, 노조 가입을 드러내는 개인정보의 처리와 유전정보 또는 자연인을 고유하게 식별할 목적의 바이오인식정보, 건강정보 또는 자연인의 성생활 또는 성적 지향에 관한 정보의 처리를 금지하고 있다. 개인정보가 처리됨으로써 개인정보주체에게 회복할 수 없는 위험을 야기할 수 있기 때문이다. 다만, 예외가 있는바, 개인정보주체의 동의, 개인정보주체의 중대한 이익, 타인의 정당한 이익과 공공의 이익을 위한 개인정보 처리가 그것이다. 공공의 이익을 위한 처리에는 예방의학이나 직업병의학의 목적으로 한 근로자의 업무능력 평가, 의학적 진단, 건강이나 사회복지나 치료의 제공 또는 건강이나 사회복지 시스템과 서비스의 관리 등이 포함된다.

개인정보 보호법(제23조)은 특별한 보호가 필요한 개인정보를 민감정보로 규정하여 원칙적으로 그 처리를 금지하고 예외적인 경우에 한하여 처리를 허용하게 함으로써 GDPR과 유사한 체계를 두고 있다. 정보통신망법(제23조)도 사상·신념·병력 등 개인의 권리·이익이나 사생활을 뚜렷하게 침해할 우려가 있는 개인정보의 수집은 개인정보주체의 동의나 다른 법률에서 허용한 경우 외에는 금지하고 있다. 또한 바이오 정보(지문, 홍채, 음성, 필적 등 개인을 식별할 수 있는 신체적 또는 행동적 특정에 관한 정보)에 대한 암호화 조치를 의무화하고 있다.

제4차 산업혁명 시대에 있어서도 민감정보를 철저히 보호하여야 할 것이지만, 민감정보일수록 바이오산업 등을 위한 산업적 활용가치는 높다고 할 수 있다. 민감정보에 대한 엄격한 보호를 전제로 활용할 수 있는 법제도적 시스템을 강구할 필요가 있다.

3. 개인정보 처리자(컨트롤러, 프로세서)

GDPR(제24조 내지 제31조)은 개인정보처리자를 컨트롤러(Conroller)와 프로세서(Processor)로 나누고 있다. 그 외에 개인정보 처리 목적과 수단을 공동으로 결정하는 경우 '공동정보처리자'가 되고 각자의 책임을 명확히 하도록 규정하고 있다.

컨트롤러는 단독 또는 공동으로 개인정보 처리의 목적 및 수단을 결정하는 자연인이나 법인, 공공당국, 에이전시 또는 다른 기관을 의미한다. 이에 대해 프로세서는 컨트롤러를 대신하여 개인정보를 처리하는 자연인이나 법인, 공공당국, 에이전시 또는 다른 기관을 말한다. 반드시 동일한 것은 아니나 컨트롤러는 우리나라의 개인정보처리자(정보통신망법의 경우에는 정보통신서비스제공자), 프로세서는 수탁자에 유사한 개념이라고 할 수 있다. 참고로, 개인정보 보호법(제2조 제5호)은 업무를 목적으로 개인정보파일을 운용하기 위하여 스스로 또는 다른 사람을 통하여 개인정보를 처리하는 공공기관, 법인, 단체 및 개인 등이라고 개인정보처리자를 정의하고 있다.

정보통신망법은 2개 이상의 개인정보처리자가 공동으로 개인정보를 처리해야 하는 경우 별도의 규정을 두고 있지 않음에 따라 개인정보의 제3자 제공 또는 처리위탁의 방식으로 진행해야 하는 불편이 있다. 제4차 산업혁명시대에는 여러 개인정보처리자들이 제휴하여 개인정보를 활용한 서비스를 제공하는 것이 증가할 것이므로 우리나라 법률에서도

"공동처리자"의 개념을 도입할 필요가 있다.

4. 개인정보[12] 수집 등에 대한 동의

개인정보주체의 동의[13]는 적법한 개인정보 처리의 근거가 된다. GDPR (제5조, 제6조, 제7조 등)은 컨트롤러가 정보주체에게 개인정보 수집, 이용 등에 관한 동의를 해 줄 것을 요구함에 있어서 개인정보주체가 동의해야 하는 사항을 명확히 알고 그 동의여부를 결정할 수 있도록 하고 있다. 컨트롤러의 동의요청은 동의가 필요한 사항에 관하여 다른 사안과 명확하게 구분되는 방식으로, 개인정보주체가 쉽게 이해할 수 있고 접근할 수 있는 형식으로, 명확하고 쉬운 문구를 이용하여 제시하라고 규정하고 있다. 다만, 민감정보가 아닌 경우에는 엄격한 사전 동의를 요구하지 않는다.

한편, 개인정보주체의 동의 이외에도 적법한 개인정보처리를 위한 법률적 근거를 두고 있다. 예를 들면, 계약 이행을 위하여 필요한 경우, 법률상 의무를 준수하기 위하여 필요한 경우, 개인정보주체 또는 제3자의 생명에 관한 이익을 보호하기 위하여 필요한 경우, 공익 또는 공식적인 권한 행사, 공공기관의 업무수행에 필요한 경우 등이 그것이다.

GDPR은 민감정보가 아닌 한 사전 동의를 강제하고 있지 않는 반면에 우리 개인정보 보호법과 정보통신망법의 동의는 사전에 받아야 하는 것으로 해석되고 있다(개인정보 보호법 제15조, 제17조, 제22조, 정보통신망법 제22조, 제24조의2, 제26조의2, 시행령 제12조 참조). 우리 개인정보 보호법

---

12 헌법상의 개인정보자기결정권에 대해서는 허영, 「한국헌법론」 전정 14판, 박영사, 2018, 424쪽 이하 참조.

13 동의는 "진술이나 명백한 긍정적 행위에 의하여, 본인이 자신과 관련된 개인정보의 처리에 대한 합의를 나타내는, 자유롭게 주어진, 특정된, 고지되고, 모호하지 않은 정보주체의 바람의 표시"를 의미한다고 한다(박노형 외 8인 공저, 「EU 개인정보보호법─GDPR을 중심으로」, 박영사, 2017, 92쪽 이하 참조.

은 개인정보의 처리를 위한 동의 이외의 적법 요건으로 GDPR과 유사한 조항을 두고 있다. 다만, 개인정보주체 또는 다른 자연인의 중대한 이익을 보호하기 위하여 필요한 개인정보 처리와 관련하여 그 중대한 이익을 개인정보주체 또는 제3자의 급박한 생명, 신체, 재산의 이익으로 구체화하고 있는 것이 약간의 차이점이라고 할 것이다. 정보통신망법(제22조 등)은 원칙적으로 개인정보의 수집·이용 목적을 이용자에게 알리고 동의를 받아야 하고, 제한적으로 동의를 받지 않아도 되는 예외를 인정하고 있다. 계약 이행에 필요한 경우로서 경제적·기술적 사유로 동의받는 것이 뚜렷하게 곤란한 경우, 법률 규정, 요금정산에 필요한 경우가 그것이다.

이와 관련하여, 제4차 산업혁명 시대에서는 서비스의 특성상 동의를 받아야 할 사항을 사전에 예측하거나 특정하기 어려운 경우들이 있을 수 있고, 서비스를 제공하는 과정에서 사후적으로 동의를 받아야 할 사항들이 확인되거나 특정된다고 하더라도 그 성격상 동의를 얻기가 어려울 수가 있다(예를 들면, 동의를 얻기 위하여 고객에게 동의사항을 고지하고 동의를 기다리는 사이에 서비스의 끊김이 발생하는 것은 물론 사고로 이어질 수도 있음). 또한 컨트롤러가 불필요할 수도 있는 개인정보들에 관하여 과다하게 개인정보 수집, 이용 동의를 미리 받아 두려는 부작용이 있을 수도 있다.

이와 관련하여, 개인정보 사전 동의방식을 개선하여 민감정보를 제외하고는 사후 동의를 포함하여 실질적이고 다양하면서도 합리적인 동의 방식으로 전환되어야 한다는 목소리가 높아지고 있다. 이러한 움직임이 개인정보 보호 원칙을 훼손하자는 것은 아니고, 제4차 산업혁명 시대에 걸맞은 개인정보 보호시스템으로 전환하자는 것이고, 이와 같은 변화는 정보주체가 자기정보결정권에 기반하여 개인정보에 대한 실질적인 통제권을 가지게 하는 문제와 연계되어 논의되어야 한다.

5. 개인정보 이용목적 제한의 완화

GDPR(제5조, 제6조 등)은 개인정보의 목적 외 이용, 제공을 금지하면서도 원래 수집 목적과 '양립할 수 있는' 합리적 범위 내에서의 이용·제공은 추가적인 동의를 얻지 않고도 이용할 수 있도록 하고 있다.

개인정보 보호법(제18조 등), 정보통신망법(제22조 등)에서 개인정보처리자, 정보통신서비스제공자는 개인정보를 수집하여 그 수집목적 범위 내에서 이용하는 것이 원칙이고, 목적, 항목, 보유기간 중 어느 하나라도 추가 또는 변경이 있으면 그 부분에 대한 별도의 동의를 얻어야 한다고 규정하고 있다. 급변하는 고객의 니즈와 경쟁상황, 새로운 기술의 도입 등을 고려한다면 합리적인 범위 내에서 개인정보 추가 수집, 이용의 필요성이 있는데, 현행법은 사실상 이를 봉쇄하고, 그 결과 최초 수집시에 불필요한 정보까지 과도하게 수집하는 폐단을 야기하고 있다.

당초 수집목적과 합리적인 관련성이 있는 범위 내의 개인정보 이용, 제공이라면 개인정보주체의 예측가능성이 보장되고, 암호화 등 안전성 확보조치를 취하는 것을 전제로 악용, 누출 등의 부작용도 거의 없을 것이라는 점에서 개인정보처리자, 정보통신서비스제공자가 개인정보주체의 변경, 추가 동의 없이 이용, 제공하게 할 필요가 있다. 물론, 합리적인 관련성이 있는지 여부는 개인정보 수집 정황, 개인정보의 민감 정도, 정보주체에게 발생할 수 있는 긍정적, 부정적 효과, 적절한 개인정보 안전조치의 존재여부 등을 고려하여 판단하여야 할 것이다.

특히 제4차 산업혁명에서는 고객편의를 위해 다양한 상품이나 서비스의 구조, 내용, 형태, 이용방법 등의 잦은 소프트웨어적 업데이트가 필요하므로 이러한 경우에 일일이 개인정보 이용, 제공 동의를 엄격하게 요구한다면 오히려 고객의 불편만을 야기할 뿐이고, 개인정보처리자, 정보통신서비스제공자에게도 불필요한 비용낭비를 가져오게 된다. 따라서 개인정보의 목적 외 이용, 제공을 금지하면서도 원래 수집 목적과 '양립할 수 있는' 합리적 범위 내에서의 이용·제공은 추가적인 동의를 얻지 않고도 이용할 수 있도록 하고 있는 GDPR의 규정은 신속하게 국내에도 도입할 필요가 있다.

참고로, 개인정보 보호법 개정안은 이러한 내용을 담고 있다. 법안은 개인정보처리자가 당초 수집 목적과 합리적으로 관련된 범위 내에서 정보주체에게 불이익이 발생하는지 여부, 암호화 등 안전성 확보에 필요한 조치를 하였는지 여부 등을 고려하여 대통령령이 정하는 바에 따라 정보주체의 동의 없이 개인정보 이용을 허용하고 있다. 합리적 관련성, 상당인과관계, 법적 동일성을 기초로 고객의 예측가능한 범위 내에서 정보주체의 불이익까지 고려하여 안전조치를 전제로 동의 없는 개인정보 이용을 제한적으로 허용하는 것이다.

또한 개정안에서 개인정보처리자는 당초 수집 목적과 합리적으로 관련된 범위 내에서 정보주체에게 불이익이 발생하는지 여부, 암호화 등 안전성 확보에 필요한 조치를 하였는지 여부 등을 고려하여 대통령령이 정하는 바에 따라 정보주체의 동의 없이 개인정보를 제공할 수 있다. 급변하는 개인정보 처리환경(경쟁상황, 고객편익 등을 고려하여 개인정보를 이용할 필요가 있는 경우가 급증)을 고려하여 개인정보의 수집 목적의 합리적 범위 내 활용을 허용할 필요가 있다.

6. 국내에 사업장을 두지 않는 기업에 대한 역외 적용

GDPR(제3조 등)은 EU 밖에 소재지를 두고 있는 사업자가 EU 내에 거주하는 개인정보주체에 관한 개인정보를 처리하는 경우에도 GDPR을 명시적으로 적용하고 있다.

GDPR과 같은 명시적인 규정이 개인정보 보호법, 정보통신망법에 없으나, 그 적용대상을 내국인에 한정하지 않고 있고 외국사업자의 행위가 국내에 영향을 미치는 경우에는 국내에 사업장이 없더라도 우리 정보통신망법을 적용할 수 있다고 해석하고 있다. 이렇게 해석하지 않는다면 시장 상황에 따라 국내를 대상으로 사업을 하는 해외 사업자가 국내 사업자에 비하여 규제를 덜 받거나 받지 않게 되는 역차별을 야기하는 중요한 요인이 될 수도 있기 때문이다. 참고로, 방송통신위원회는 2014년에 국외사업자인 구글에게 이용자의 동의가 없는 개인정보를 수집하였다는 이유로 정보통신망법을 적용하여 과징금(금 2.1억 원)과 시정명령을 부과하였다.

제4차 산업혁명 시대에는 정보통신기술의 발전으로 사업장이 어느 국가에 있는지는 중요하지 않게 될 것이다. 그럼에도 불구하고 국가 간 협조를 통하여 개인정보 관련 법제를 글로벌하게 통일(또는 공통 규제기준 마련)하지 않는 한 역외적용 규정 유무에 불구하고 실질적으로 집행의 실효성을 확보하기 어려운 측면이 있다. 규제의 필요성, 현행법 체계와의 충돌 가능성, 국가 간 분쟁가능성 및 현실적 집행가능성, 내국 사업자와의 규제 역차별 문제 등을 종합적으로 고려한다면, GDPR과 같이 역외규정 신설을 고려할 필요가 있다.

7. 잊힐 권리(삭제권)

GDPR(제17조 등)은 개인정보를 처리할 수 있는 법적 근거가 없어지거나 불법적으로 처리하는 경우 등 일정한 사유가 있을 때에는 개인정보주체가 개인정보처리자에게 자신의 개인정보를 삭제할 것을 요구할 수 있는 권리를 인정하고 있다.

다만, 표현과 정보의 자유에 대한 권리의 행사, 과학·역사연구·통계 등의 목적달성이 심각하게 어려운 경우 등은 잊힐 권리의 적용을 배제할 수 있는 사유로 규정하고 있다.

개인정보 보호법(제36조, 제37조 등)은 자신의 개인정보를 열람한 개인정보주체에게 삭제를 요구할 수 있는 권리를 부여하고, 개인정보처리자는 정보주체의 요구에 따라 처리가 정지된 개인정보에 대하여 지체 없이 개인정보의 파기 등 필요한 조치를 할 의무를 부여하고 있으며, 개인정보처리자는 보유기간의 경과, 처리목적 달성 등 개인정보가 불필요하게 된 경우에는 파기하도록 하고 있다. 그러나 GDPR과 달리 개인정보처리자로부터 개인정보를 제공받은 제3자에 대하여 파기, 삭제 등의 조치의무를 부여하고 있지는 않다.

정보통신망법(제44조의2 등)은 정보통신망을 통하여 일반에게 공개를 목적으로 제공된 정보로 사생활 침해나 명예훼손 등 타인의 권리가 침해된 경우에 그 침해를 받은 자는 해당 정보를 처리한 정보통신서비스제공자에게 침해사실을 소명하여 그 정보의 삭제 또는 반박내용의 게재를 요청할 수 있게 하고, 삭제 등을 요청받은 정보통신서비스제공자는 지체없이 삭제, 임시조치 등 필요한 조치를 취하도록 하고 있다. 그러나 GDPR과 달리 정보통신서비스제공자로부터 개인정보를 수령한 자들에게도 개인정보에 대한 링크, 복사, 복제의 삭제 요구사실을 알리고 조치를 취하도록 요구하지는 않는다.

8. 개인정보 처리 제한권

GDPR(제18조 등)은 개인정보주체가 개인정보의 정확성, 개인정보 처리의 적법성 등에 관하여 분쟁이 있거나 소송 수행을 위하여 개인정보를 보존할 필요가 있는 경우에 컨트롤러에게 임시로 개인정보의 이용을 제한하거나 삭제를 보류하도록 요구할 수 있도록 규정하고 있다. 컨트롤러는 개인정보주체의 개인정보처리 제한 요구를 받은 경우에 해당 정보를 이용, 제공하는 것이 제한되고 저장만 가능하게 된다. 다만, 개인정보주체의 요구가 있거나 법적 청구권의 설정, 행사 또는 방어를 위하여 필요한 경우, 타인의 권리 보호나 EU 또는 회원국의 중요한 공익을 위해 필요한 경우에는 해당 개인정보를 처리할 수 있다. 개인정보를 처리하는 방법은 해당 정보를 임시적으로 다른 시스템으로 이전하거나 이용하지 못하게 조치할 수 있고, 웹사이트 등에서 검색이 되지 않도록 임시로 제거하는 것도 가능하다.

개인정보 보호법에는 위 GDPR의 내용이 도입되어 있지 않다. 다만, 정보통신망법 제30조 제5항에서 정보통신서비스제공자가 이용자로부터 오류의 정정을 요구받은 경우에 필요한 조치를 할 때까지 해당 개인정보를 이용, 제공하지 못하게 하고 있다. 다른 법률의 규정에 따라 개인정보의 제공을 요청받은 경우에는 그 법률에서 정한 바에 따라 해당 개인정보를 이용하거나 제공할 수 있을 뿐이다.

제4차 산업혁명 시대에는 빅데이터, 인공지능 등 분석을 위하여 개인정보가 기업에 많이 몰리게 될 것이고 소송 등 다양한 법적 분쟁이 야기될 수 있으므로 개인정보주체의 개인정보자기결정권을 실질적으로 보장해 줄 필요가 있다. 개인정보 처리제한권도 그와 같은 맥락에서 국내법에 도입이 필요하다.

9. 개인정보의 비식별화[14] 및 가명정보의 활용

향후 수십 년간 세계경제는 데이터가 경제성장의 중심 역할을 수행하는 data economy 시대 또는 데이터 기술(data technology) 시대가 될 것으로 전망되고 있다. 이에 정부는 빅데이터, 인공지능, 사물인터넷 등 새로운 IT 기술 및 융합 신산업 발전과 개인정보 보호 조화를 목적으로 2016.6. 「개인정보 비식별조치 가이드라인」을 공개하였고, 정부와 국회는 가명정보를 활용할 수 있도록 하는 법안을 준비하였다.[15]

---

14 신기술과 개인정보 보호에 대해서는 개인정보보호위원회 발간, 2018 개인정보보호 연차보고서 10쪽 이하 참조.

15 가명처리된 개인정보의 활용에 대해서는 국회에서 2018.11. 개인정보 보호법 개정안(인재근 의원 대표발의)이 발의되어 있다. 가명처리와 관련해서는 고학수, "개인정보의 안전한 활용 방안", 개인정보보호위원회 주최 지능정보화사회 대응

데이터기술 시대에 대비하여 정보주체의 권리가 침해되지 않도록 보다 안전한 법적·제도적 장치를 강구함과 동시에 개인정보의 유용한 활용을 보장할 필요가 있다.

GDPR(제4조, 제5조 등)은 가명화를 비식별화를 위한 기술적 수단으로 명시하고 가명화된 정보는 공공기록 보존, 과학·역사 연구, 통계 목적으로 하는 경우에 정보주체의 동의가 없어도 이용할 수 있으나 여전히 개인정보이므로 보호조치가 필요하다고 규정하고 있다. 이 경우 가명화란 추가 정보의 사용 없이는 더 이상 특정 정보주체를 식별할 수 없는 방식으로 수행된 개인정보의 처리를 의미한다(GDPR 제4조).

가명화를 위해서는 추가 정보의 별도 보관, 기술적 관리적 안전조치의 시행 등이 요구된다. 이에 대해 개인정보보호법은 통계·학술 등의 목적으로 특정 개인을 알아볼 수 없는 형태로 개인정보를 제공하는 경우에 한하여 동의의 예외로 명시하고 있을 뿐이고, 정보통신망법은 현재까지는 비식별화나 가명화에 관한 명시적인 규정이 없다.

과거 정부는 행정안전부, 방송통신위원회 등 개인정보 관련 정부기관이 모여 통합 '개인정보 비식별 조치 가이드라인'을 제정하였다.[16] 이 가

개인정보보호 세미나, 2018.11.30, 91쪽 이하 참조.

16 참고로, 개인정보 비식별조치 가이드라인을 본다. 비식별조치는 정보집합물에 포함된 식별자(개인에게 부여된 고유 정보)를 제거하고, 속성자(다른 정보와의 쉬운 결합을 통하여 개인 식별 가능)는 데이터 이용목적과 관련이 없는 경우에 삭제하며, 총계처리, 데이터 삭제, 데이터 범주화, 마스킹 등을 활용하도록 하고 있다. 따라서 가명처리만 한 경우에는 충분한 비식별조치를 한 것으로 보기 어려운 측면이 있었다. 비식별조치의 적정성평가는 개인정보보호최고책임자의 관리하에 외부전문가의 참여로 비식별조치의 적정성을 평가하도록 되어 있다. 부적정 평가가 나온 경우에는 추가적인 비식별조치를 시행할 수밖에 없다. 사후관리는 재식별을 방지하기 위한 기술적·관리적 조치를 시행하고 지속적인 모니터링을 하도록 하고 있다. 제3자 제공 또는 위수탁의 경우 재식별 방지 등을 계약서에 반영하는 방식으로 하고 있다. 비식별조치를 한 후에 그 활용에 있어서는 비식별조치가 된 정보를 빅데이터 분석 등과 이를 위한 목적으로 제3자에게 제공하는 것이 가능하다. 다만, 불특정 다수에게 공개하는 것은 금지하고 있다. 또한 이용목적을 달성한 경우에는 지체 없이 해당 정보를 파기해야 한다. 그러나 이 가이드라인은 법

이드라인에 따라 비식별화된 정보는 개인정보가 아닌 것으로 추정하였으나, 비식별화조치의 어려움과 시민단체의 반발 등으로 명시적인 법적 근거를 마련하지 못하였었다. 그나마 다행스러운 것은 가명화된 정보는 개인정보성을 그대로 유지하고 있음에도 불구하고 시장조사 등 일정한 목적을 위해 정보주체의 동의를 받지 않아도 되는 예외로 인정하는 개인정보 보호법 개정안이 발의되어 있다는 것이다.

개인정보 보호법 개정안은 별도 보관되어 있는 다른 정보와 결합하지 않고는 더 이상 특정 개인을 알아볼 수 없는 형태의 정보(가명정보)는 통계작성, 연구개발, 시장조사 등의 목적으로 이용·제공하는 것을 허용하고 있다. 다만, 가명정보의 활용으로 인한 개인의 권리 침해 방지를 위하여 가명정보의 생성 및 이용·제공 사실 공개, 가명정보의 처리정지를 요구할 수 있는 방법 제공, 재식별 시도 금지, 재식별 방지를 위한 조치 등의 의무를 부여하고 있다.[17] 가명정보는 특정 개인을 알아볼 수 없도록 법령이 정하는 방법으로 개인정보를 처리함으로써 원상태로 복원하기 위한 추가 정보의 사용이나 결합 없이는 특정 개인을 알아볼 수 없는 정보로 정의하고, 통계작성, 과학적 연구, 공익적 기록보존 등을 위하여 정보주체의 동의 없이 처리할 수 있도록 하고 있다. 여기에서의 과학적 연구는 기술의 개발과 실증, 기초연구, 응용연구 및 민간 투자연구 등 과학적 방법을 적용하는 연구라고 정의하고 있다. 또한 개인정보처리자는 가명정보를 제3자에게 제공하는 경우에는 특정 개인을 알아보기 위하여 사용될 수 있는 정보를 포함해서는 안 된다고 규정하고 있다.

과학적 연구와 관련하여 산업적 목적의 연구를 과학적 연구에 일부 포함할 수 있으나 모든 산업적 연구가 무조건 과학적 연구에 포함되는

적 근거가 미약하다는 한계가 있다. 법적 책임문제 등으로 외부 전문가 활용이 어렵고, 아울러 가이드라인이 요구하는 비식별조치의 수준이 매우 엄격하여 비식별 조치를 한 뒤의 활용가능성을 대폭 축소시킨다는 비판도 있었다.

17 가명정보의 활용에 관해서는 지성우, "가명/익명정보의 합리적 보호와 활용방안", 2018년 개인정보보호법학회 제20회 학술세미나 자료 59쪽 이하 참조.

것은 아니고, 정보주체의 권리 보호를 위해 개인정보 이용목적을 학술연구에 국한해야 한다는 견해가 있을 수 있다. 사적인 연구가 과학적 연구에 포함되는 것은 사적 이익을 위해 정보주체의 권리를 희생할 위험이 있다는 것이 그 이유다. 그러나 정보주체가 새로운 상품, 새로운 서비스의 편익을 누릴 수 있게 하기 위해서는 개인정보를 다양한 과학적 연구에 제공할 필요성이 있고, 정보주체의 보호는 가명처리와 그에 수반하는 다양한 안전조치를 함으로써 목적을 달성한다고 할 수 있다. 민간 영역에서의 과학적 연구라고 하여 가명정보의 "민간 투자 연구" 목적 이용을 금지하거나 제외한다면 과도하게 개인정보의 활용가치를 줄이는 것이어서 타당하지 않다고 할 것이다. EU에서도 과학적 연구를 기술의 개발과 실증, 기초연구, 응용연구 및 민간 투자 연구 등 과학적 방법을 적용하는 연구(technological development and demonstration, fundamental research, applied research and privately funded research)로 보고 있는바, privately funded research로 규정된 민간 투자 연구를 허용하여야 할 것이다.

가명정보에 대한 안전조치는 원상태의 개인정보로 복원하기 위한 추가 정보를 별도로 분리하여 보관, 관리하는 등 해당 정보가 분실, 도난, 유출, 위조, 변조 또는 훼손되지 않도록 안정성 확보에 필요한 기술적, 관리적 및 물리적으로 취하여야 하는 조치를 말한다. 가명정보를 이용할 경우에 개인정보처리자가 준수해야 할 안전 관련 장치가 충분히 마련되어야 정보주체의 권리침해 가능성을 줄일 수 있기 때문이다. 아울러, 누구든지 특정 개인을 알아보기 위한 목적으로 가명정보 등을 처리하여서도 안 된다고 할 것이다.

개정안은 제한적이나마 통계작성, 과학적 연구 등을 통해 가명정보의 민간 활용 기회를 제공하고 있다. 다만, 이 정도의 허용으로 산업, 시장의 실질적 수요를 충족할 수 있는지는 초기 시장을 지켜보아야 할 것이고, 그에 따라 추가 입법이 필요할 수도 있다.

개인정보와 과학기술, 기업경영 등 가치의 충돌이 있는 경우에 이익형량과 과잉금지, 대안의 모색, 최후수단의 억제 등 규범조화적으로 해결하여야 할 것인데, 개인정보 등 데이터를 이용한 기업의 활동을 허용하되, 개인정보를 제한, 침해할 소지를 최소화하는 것으로서 가명정보 개념의 도입 및 이용, 안전장치를 부과하는 것이 같은 맥락이라고 생각된다. 물론 개인정보처리자, 정보통신서비스제공자의 악의적인 개인정보 이용가능성에 대해서는 철저히 대비하여야 할 것인데, 다양하고 적절한 안전장치를 강구하고 기업 내 점검 프로세스 등 시스템적 컴플라이언스 강화를 통해 해결할 필요가 있고, 블록체인기술, 인공지능 등의 기술을 활용하여 개인정보주체의 개인정보 통제권을 실질적으로 보장하는 것도 한 방법이다.

한편, 개인정보처리자는 가명정보를 위 목적으로 제3자에게 제공하는 경우에는 특정 개인을 알아보기 위하여 사용될 수 있는 정보를 포함해서는 안 되도록 규정하고 있다. 이는 개인정보 악용의 위험을 고려하여 제3자와의 협업에 의한 개인정보 침해 소지를 사전에 봉쇄하기 위한 것이다.

10. 자동화된 처리(프로파일링 등)

제4차 산업혁명 시대에는 기술 발달로 쿠키, 웹비콘, 플래시 쿠키, 디지털 핑거프린팅 등 다양한 수단을 활용한 온라인 트래킹이 이루어지고 있다. 또한 인공지능 알고리즘을 이용하는 경우에도 수집한 정보를 처리하고 판단을 내리는 자동화된 의사결정이 존재한다. 온라인 트래킹을 이용해 맞춤형 광고, 프로파일링 등에 활용하면서 프라이버시나 개인정보자기결정권을 침해할 위험이 높아지고 있다. 다만, 우리 법률은 이에 대한 명확한 규정이 없는 것이 현실이다.

GDPR(제22조 등)은 프로파일링이라는 개인정보의 자동처리에 관한 개념을 도입했다. 개인정보주체에게 법률적 효과를 초래하거나 중대한 영향을 미칠 수 있는 개인정보 자동 처리에 따르지 않을 권리를 보장하기 위한 것이다. 이것은 개인의 특정한 측면(업무능력, 건강, 관심사, 행동, 위치 등)을 분석 및 예측하기 위해 개인정보를 사용하여 이루어지는 모든 개인정보의 자동처리를 포함한다. 개인정보주체에게 프로파일링 처리 필요성 및 처리 후 예상 결과 등 고지할 의무를 규정하고, 프로파일링을 받지 않을 권리도 명시하고 있다. 컨트롤러는 적법하게 자동화된 의사결정이나 프로파일링이 가능한 경우에도 개인정보주체를 보호하기 위한 안전장치를 강구하여야 하는데, 개인정보주체에게 자동화된 처리에 따르지 않고 사람의 개입을 요구할 권리, 자신의 의견을 표명할 권리, 평가 후의 결정에 대한 설명을 들을 권리, 해당 결정에 대하여 이의를 제기할 권리 등을 보장하여야 한다. 또한 컨트롤러는 개인정보가 처리되는 특수한 환경과 상황을 고려하여 공정하고 투명한 처리가 가능하도록 프로파일링을 위한 적절한 수학적, 통계적 절차와 방법을 이용하여야 하고, 부정확한 결과를 초래할 수 있는 요소들을 바로잡고 오류를 최소화하기 위한 적절하고 합리적인 기술적, 관리적 조치를 취해야 한다. 또한, 인종적, 민족적 기원, 정치적 견해 종교 또는 신념, 노동조합 가입 여부, 유전적 특성, 건강상태, 성적 취향 등에 근거하여 개인에 대하여 차별적 결과를 야기하는 것을 방지하여야 한다.

개인정보 보호법에서는 프로파일링을 포함한 개인에 대한 자동화된 의사결정을 명시적으로 제한하는 규정은 없다. 정보통신망법에서도 마찬가지로 프로파일링에 관한 명시적 규정은 없으나 개인정보 처리방침에서 '자동으로 수집하는 장치'에 관한 사항을 포함하도록 규정하고 있다. 제4차 산업혁명시대에는 복잡 다양한 형태로 자동화된 개인정보 처리를 하는 서비스가 당연히 증가할 것이고 맞춤형 광고 등 프로파일링과 관련한 규제 문제(개념 정의 등)가 점차 부각될 것이므로 산업과 개인정보 보호의 조화를 이루는 해결책이 필요하다.

11. 정보이동권

GDPR(제20조)은 자동화된 수단에 의해 처리되는 경우, 정보주체의 동의 또는 계약의 이행을 위해 필요한 경우 제3의 개인정보처리자에게 본인의 개인정보를 이동시킬 권리가 있다고 규정하고 있다. 즉, 개인정보주체는 자신이 컨트롤러에게 제공한 개인정보를 체계화되고 일반적으로 사용할 수 있으며 컴퓨터로 읽을 수 있는 형식으로 제공받을 권리를 가지고, 동의 또는 계약을 근거로 하거나 자동화된 수단에 의하여 개인정보가 처리되는 경우에는 컨트롤러의 방해를 받음이 없이 다른 컨트롤러로 해당 개인정보를 전송할 권리를 가진다. 개인정보주체에게 개인정보 이동권을 보장하여 특정 컨트롤러가 제공하는 서비스에 종속되지 않게 하고 컨트롤러 간 공정한 경쟁을 유도하기 위한 것이다. 이에 따라 컨트롤러는 개인정보주체가 정보이동권을 쉽게 행사할 수 있는 절차와 방식을 제공하여야 한다. 컨트롤러가 전자적인 수단으로 개인정보를 처리하는 경우에는 개인정보주체가 전자적인 방식으로 권리를 행사할 수 있는 수단도 제공하여야 한다. 다만, 정보이동권의 행사가 다른 개인정보주체의 삭제권, 영업비밀, 지적재산권 등 권리를 침해하거나 부당한 영향을 미쳐서는 안 된다.

개인정보 보호법과 정보통신망법에는 유사한 규정이 없다.

정보이동권은 개인정보주체가 정보처리자에 대하여 그에 관한 개인정보를 수령할 수 있는 권리, 또는 정보처리자의 방해를 받지 않고 다른 정보처리자에게 전송할 수 있는 권리라고 볼 수 있다. 이를 도입할 경우에 제4차 산업혁명 시대에 정보주체의 자신에 관한 개인정보의 통제권을 강화하고 개인정보처리자 간의 경쟁 촉진 및 시장의 수요에 부응하는 개인정보의 유통을 촉진할 것으로 기대된다. 정보주체가 자신에 관한 개인정보 열람권의 연장선에서 개인정보처리자에 대해 그에 관한 개인정보를 이동해 줄 것을 요구할 수 있고, 기술적으로 가능하다면 정보주체는 개인정보처리자로부터 그가 지정하는 다른 개인정보처리자에게 직접 그에 관한 개인정보를 전송할 수도 있을 것이다.[18]

12. 개인정보의 국외이전[19]

GDPR(제44조 내지 제49조)에서 개인정보의 유럽 외 제3국 등으로의 이전은 유럽위원회가 해당 국가 또는 지역의 개인정보 보호수준이 적정하다고 결정한 경우에 가능하다. 이 경우 보호수준의 적정성 평가를 위한 고려 요소는 개인정보 관련 입법, 안전조치의 이행과 개인정보주체의 권리가 실행될 수 있고, 보호할 수 있는 행정적, 사법적 구제의 존재, 하나 이상의 독립적인 감독당국의 존재, 국제 협약 등의 준수 등이다. 유럽위원회는 보호수준의 적정성을 평가하여 적격이라고 판단하면 이행입법으로 적정성 결정을 하게 되고, 그 국가로의 개인정보 이전이 가능해진다. 이후에 적정성 평가 기준을 위반하는 사항이 발견되면 이행입법에 따른 결정사항을 필요한 범위 내에서 폐지, 개정 또는 중지하여야 한다.

적정성에 관한 결정이 없는 경우에는 컨트롤러 등이 적절한 안전조치를 제공한 경우에 실행가능한 정보주체의 권리와 정보주체를 위한 효과적인 법률적 구제책이 제공되는 경우에 한하여 해당 국가 또는 지역으로의 개인정보 이전이 가능하다. 이 경우, 안전조치는 공적으로 집행가능한 서면, 기업규칙, 유럽위원회가 채택하는 표준 개인정보보호조항, 승인된 행정규약 등에 의하여 제공될 수 있다. 안전조치에는 일관성 있는 메커니즘에 따라 기업규칙을 승인하도록 하고 있는데, 해당 기업의

---

18 박노형 외 8인 저, 「EU 개인정보보호법—EU GDPR을 중심으로」, 박영사, 2017, 155쪽 이하 참조.

19 온라인 상거래 등이 국경을 넘어 이루어지는 경우가 증대하면서 개인정보의 국외이전도 증가하는 추세에 있다. 국외 이전에 따른 다양한 쟁점에 대해서는 박훤일, 「개인정보의 국제적 유통에 따른 법적 문제와 대책」, 집문당, 2015 참조.

모든 구성원에게 적용되어야 하고 개인정보주체의 권리를 실행가능한 형태로 명시되어야 하며, 개인정보의 범주, 처리의 유형, 그 목적, 영향을 받는 개인정보주체의 유형과 프로파일링을 포함하여 자동화된 처리에만 근거하는 결정을 따르지 않을 권리, 민원을 제기하고 법적 구제와 배상을 받을 권리 등 개인정보주체의 권리와 권리의 행사수단이 확보되는 것을 전제로 하고 있다.

적정성 결정이나 구속력 있는 기업규칙을 포함한 안전장치가 없을 경우에는 해당 개인정보주체가 동의한 경우, 계약의 체결 또는 이행을 위하여 필요한 경우, 공익의 중요한 이유가 있는 경우, 법률적 청구권의 설정, 행사 또는 방어를 위해 필요한 경우에 한하여 국외 이전이 가능하다.

개인정보 보호법(제14조 제2항, 제17조 제3항)은 정부가 개인정보의 국외 이전으로 정보주체의 권리가 침해되지 않도록 시책을 마련할 것을 요구하고, 개인정보주체의 동의를 받는 경우에만 국외 이전이 가능하다고 규정하고 있을 뿐이다.

정보통신망법은 개인정보주체의 동의를 전제로 국외 이전이 가능하다고 규정하고 있는데, 개인정보 보호법보다 다소 상세하기는 하지만 큰 차이는 없다. 정보통신망법(제63조 등)에는 정보보호 수준에 대한 감독기관 등의 적정성 판정 절차 없이도 정보주체의 동의가 있으면 보호조치를 취하여 이전할 수 있다는 규정을 두고 있다. 다만, 정보통신서비스 제공자는 이전받는 자와 미리 협의하여 계약내용 등에 보호조치 사항을 반영해야 한다.[20]

한편, GDPR은 개인정보의 재이전에 관하여 국외이전과 동일한 기준으로 허용하고 있다. 이에 대해 정보통신망법은 별도의 구체적인 규정이 없다. 국외이전과 동일하게 취급하는 것이 바람직하다.

---

20 클라우드 환경에서의 개인정보 국외 이전의 쟁점은 강철하, "클라우드 환경에서 개인정보 국외 이전의 법적 쟁점과 개선방향", 경제규제와 법 제10권 제2호(통권 제20호), 서울대 공익산업법센터, 2017 참조.

　제4차 산업혁명 시대에 개인정보를 활용한 기업 시장은 국내에 국한
되지 않고 글로벌 경쟁을 기본으로 하고 있다. 우리나라 기업이 유럽 시
민의 개인정보를 사업적 필요로 인하여 우리나라 등 유럽 이외의 지역
으로 이전하려면 GDPR의 준수가 불가피하고, 그러기 위해서는 유럽 수
준의 개인정보 국외이전 규제 시스템을 갖추어야 할 것이다. 현재 유럽
위원회의 적정성 평가를 받는 절차가 진행되고 있다.

13. 개인정보 영향평가[21]

　GDPR(제35조 등)에서 컨트롤러는 특히 새로운 기술을 사용하는 개인
정보 처리의 유형이 그 처리의 성격, 범위, 맥락 및 목적을 고려할 때에
자연인의 권리와 자유에 대한 높은 위험을 초래할 경우에 개인정보의
처리 전에 예상되는 처리작업의 개인정보 보호에 대한 영향평가를 수행
하여야 한다고 규정하고 있다. 개인정보 영향평가는 개인정보 처리작업
과 처리 목적의 체계적인 사항, 처리작업의 필요성과 목적과의 비례 여
부, 개인정보주체 등의 권리 및 정당한 이익을 고려하여 개인정보를 보
호하고 있는지와 안전장치 등에 따라 예상된 조치 등을 포함하여 이루
어져야 한다.
　개인정보 영향평가는 개인정보 처리가 가지는 잠재적인 위험요인에
관하여 평가하기 위해 요구되는 것으로서 사전에 개인정보의 위험요인
을 분석하고 미리 대응할 수 있도록 하기 위하여 필요한 제도이다.
　개인정보 보호법(제33조)은 개인정보 보호 영향평가를 규정하고 있는
데, 공공기관만 의무적으로 평가를 받도록 하고 있고, 그 외의 개인정보
처리자는 영향평가를 받도록 노력을 하여야 한다고 규정하고 있을 뿐이
고 강제하고 있지는 않다. 개인정보 보호법은 영향평가를 함에 있어서

21　함인선, 「EU개인정보보호법」, 마로니에, 153쪽 이하 참조.

필요한 사항으로 처리하는 개인정보의 수, 개인정보의 제3자 제공 여부, 개인정보주체의 권리를 해할 가능성 및 위험 정도, 민감정보 또는 고유식별정보의 처리 여부, 개인정보 보유기간을 고려사항으로 하고 있다.

제4차 산업혁명 시대에는 다양한 상품과 서비스의 출현으로 인하여 개인정보 침해가 다양한 형태로 발생할 위험이 있다. 개인정보 침해요인의 사전 예방적 차원에서 개인정보의 대규모 처리나 새로운 기술의 적용 등 개인에게 중대한 영향을 미칠 수 있다고 예측되는 경우에는 민간기업에 대해서도 제한적인 범위에서 개인정보영향평가를 의무화하는 방안을 검토해야 한다.

14. 개인정보보호 중심 디자인

GDPR(제25조)은 전산시스템의 최초 설계 시점부터 개인정보보호를 고려하도록 하고(data protection by design), 기본으로 설정하여 필요한 목적 하에서만 데이터의 처리가 가능하도록 하는 방식으로 시스템을 운영해야 한다(data protection by default)고 규정하고 있다. 즉, 컨트롤러는 최신 기술과 비용, 개인정보 처리의 성격과 범위, 맥락, 목적뿐 아니라 그 처리로 인해 자연인의 권리와 자유의 침해 가능성과 위험을 고려하여 개인정보 처리수단의 결정 시점과 처리 당시 시점에서 데이터 최소화 등 개인정보 보호 원칙을 효과적으로 이행하고 개인정보주체의 권리를 보호하기 위해 필요한 안전장치를 처리에 통합하도록 고안된 가명조치 등 적절한 기술적, 관리적 조치를 이행하여야 한다. 나아가 기본 설정을 통하여 처리의 개별 특정 목적을 위해 필요한 개인정보만이 처리되는 것을 보장하기 위한 적절한 기술적, 관리적 조치를 이행하여야 한다. 이러한 의무는 수집된 개인정보의 양, 해당 처리의 범위, 저장과 접근할 수 있는 기간에 적용된다. 특히 이러한 조치는 기본 설정을 통해 개인정보가 개인의 개입 없이 많은 타인에게 접근, 노출되지 않도록 보장하여야 한다.

개인정보 보호법, 정보통신망법은 개인정보보호 중심 디자인 제도를 보유하고 있지 않다. 다만 정보통신망법은 단말기 제조사 등에게 앱 접근권한 동의 및 철회방법 등 필요한 조치를 하도록 규정하고 있음에 불과하다. GDPR상 원칙에 비추어 현행 개인정보 보호 조치의 문제점을 분석하고 보완하여 스마트폰 앱 접근권한뿐만 아니라 기업의 상품생산 및 서비스의 전반에서 포괄적인 개인정보 관리절차를 수립할 수 있는 방안의 검토가 필요하다.

구체적으로 보면, 제4차 산업혁명 시대에는 상품 개발이나 서비스 시스템이 확정되면 업데이트가 용이하게 가능할지라도 개인정보 제한이나 침해 가능성이 있는 요소가 기획단계에서 확정되면 그 후에 이를 뒤집기 어렵다. 개인정보처리자, 정보통신서비스 제공자가 기존에 제공하는 서비스에 더하여 새로운 서비스를 기획, 개발하여 개인정보를 처리함에 있어서는 그 서비스의 성격에 따라 개인정보처리 방법, 새로운 형태의 기술적 구현이 필요할 수 있는데, 기존에 구현되어 있는 개인정보 시스템상의 보호방법만으로는 한계가 있을 수 있다. 그러므로 신규 서비스 개발, 기획, 관련 시스템 반영 단계부터 Data Protection by Design을 적용할 필요가 있다.

서비스의 기획 단계에서부터 개인정보 보호설계를 반영하여 시스템을 구성할 조치 의무를 부여하는데, 그렇다고 Data Protection by Design의 실현이 그 선언조항만으로는 달성될 수 없는 한계가 있다고 할 것이다. 제28조의 기술적 · 관리적 조치의무와 연계하여야 그 실효성을 확보하여야 한다.

V. 제4차 산업혁명 시대의 개인정보 보호시스템 확립을 위한 GDPR의 새로운 도전

블록체인기술[22]은 법률적으로 개념 정의가 이루어진 바는 없으나 실무적 논의를 종합해 보면, 합의알고리즘과 암호화 등 보안기술을 적용하여 중앙통제장치(플랫폼) 없이 P2P 네트워크를 통하여 일정한 시간대별로 각 참여자의 거래기록 등 데이터를 블록에 담아 체인 형태로 연결하고 수많은 참여자의 컴퓨터에 동시에 전달해 저장하는 분산형 데이터 저장 기술을 말한다. 즉, 중앙통제장치의 부존재, 분산형 DB, 일정시간 단위의 거래내역이 블록으로 만들어져 시간순서대로 연결, 참여자들이 동일한 모든 거래 내역 보유(decentralized public ledger) 등을 기본요소로 한다. 그 주요 특징은 중개기관(플랫폼)의 관여를 없앤 P2P 네트워크로 분산하여 거래 투명성을 확보한다는 점, 이중지불 문제를 해결하여 거래의 신뢰성을 담보했다는 점, 디지털재화를 나타내는 데이터와 소유자의 매핑(거래공개 및 거래시간 확정)을 할 수 있다는 점, 거래의 유효성을 검증하는 합의알고리즘이라는 점 등을 들 수 있다.

GDPR에 따른 데이터베이스는 데이터 수집, 저장 및 처리를 위한 중앙 집중식 통제 메커니즘이라는 암묵적인 기초를 두고 있다는 점에서 탈중앙(decentralized)이라는 블록체인의 특징과 배치된다. 정보가 추가될 뿐 수정되거나 삭제되지 않는 블록체인의 특성은 GDPR의 개인정보삭제권(17조) 및 정정권(제16조)과도 충돌하고 있다. 네트워크상의 모든 노드(참여자)가 정보를 처리하는 개방적인 블록체인 환경에서는 Controller(개인정보처리자)를 식별하는 것이 쉽지 않으므로 블록체인환경에서

---

22 블록체인기술 및 그 혁신, 규제개선에 대해서는 김의석, "블록체인 현상과 미래", 윤종수, "블록체인 시대의 바람직한 법제도적 규율방안", 블록체인 시대의 ICT혁신정책, 국회의원 추경호, 한국블록체인법학회, 사단법인 정보통신법 포럼, 한국정보사회학회, SSK IoT포럼 주최 세미나, 2018.12.19. 참조.

Controller를 어떻게 식별할 것인지가 문제가 될 수 있다. 데이터의 국외 이전과 관련하여 유럽 수준의 개인정보 보호수준을 준수하는 국외 지역에만 제3자에게 데이터를 전송할 수 있다는 GDPR의 조건은 위치에 관계없이 누구에게나 열려 있고 데이터베이스의 전체 기록이 네트워크에 참여하는 모든 전체 노드에 복제되는 블록체인에 적용하기가 곤란하다. 블록체인 환경에서 네트워크를 통해 전체 데이터를 분산하는 것은 특정 트랜잭션에 필요한 만큼의 데이터만 처리한다는 GDPR과 충돌 위험도 있다고 할 것이다.

그럼에도 불구하고, 제4차 산업혁명 시대에는 블록체인 기술이 모든 노드(참여자)가 거래 정보를 열람할 수 있는 것이므로 개인정보주체의 개인정보 관리를 용이하게 하는 장점도 있으므로 이러한 기술을 개인정보 보호를 위해서 활용할 수 있고, 합리적인 범위 안에서는 개인정보처리자가 이를 허용하거나 용인할 의무를 부여할 수도 있다.

한편, 인공지능기술도 개인정보를 활용하는 대표적인 기술이지만 개인정보주체의 개인정보 보호를 위한 기술로도 활용할 수 있다. 개인정보주체에게 인공지능을 활용한 개인정보 보호 서비스를 제공하는 산업 분야도 나올 수 있을 것이고, 필요한 경우에 개인정보처리자가 이를 기술적 · 관리적 조치의 일환으로 용인하거나 허용하게 할 수도 있다.

결론적으로 제4차 산업혁명과 GDPR은 개인정보를 둘러싼 패러다임을 변화시키고 있다. 가명정보의 민간투자 연구 목적 활용 등이 그 첫 단추가 될 것이고, 개인정보주체의 자기정보결정권, 자기정보통제권을 실질적으로 보장하는 다양한 기술적 장치들도 지속적으로 개발되어 보급될 것으로 기대한다.

제4차 산업혁명시대의 가명정보개념 도입에 의한 개인정보의 활용*

이대희**

Ⅰ. 서 론

인공지능(AI: artificial intelligence), 빅데이터(big data), 사물인터넷(IoT: internet of things) 등 4차산업혁명 기술의 발전 및 활용에 따라 데이터(정보)를 활용할 필요성은 절실히 요구되고 있다. 사물인터넷에 의하여 엄청난 데이터가 수집·축적되어 빅데이터로 활용될 수 있고, 인공지능 시스템이 학습할 수 있도록 하기 위해서는 엄청난 양의 데이터를 필요로 하고, 빅데이터라는 엄청난 양의 데이터를 처리하기 위해서는 인공지능을 필요로 한다. 따라서 인공지능, 빅데이터, 사물인터넷은 서로 불가분의 관계에 있게 되는데, 이러한 인공지능 등의 활용은 인류가 경험해 보지 못한 새로운 세계를 경험할 수 있도록 한다. 그런데 인공지능, 빅데이터 및 사물인터넷 등에 의하여 또는 이들을 위하여 활용

---

* 이 글은 정보법학 제21권 제3호(2017.12.30)에 게재된 "개인정보 보호 및 활용방안으로서의 가명·비식별정보 개념의 연구"를 바탕으로 하여 작성한 것임.
** 고려대학교 법학전문대학원 교수.

되는 데이터에는 개인정보가 포함되어 있고, 개인정보의 처리는 개인정보주체의 개인정보자기결정권이 침해되거나 개인정보규범의 적용이 수반됨으로써 인공지능 등의 활용은 개인정보규범과 긴장관계에 있게 된다. 특히 한국을 비롯한 각국의 개인정보규범은 개인정보를 매우 광범위하게 정의하고 있고, 개인정보를 처리하기 위한 가장 중요한 근거는 정보주체의 동의이기 때문에 인공지능 등을 활용하는 것이 크게 제약될 수 있는 문제점이 발생할 수 있다.

2016년 7월 국무조정실, 행정자치부, 방송통신위원회, 금융위원회, 미래창조과학부, 보건복지부 등 정부 6개 부처는 「개인정보 비식별 조치 가이드라인」을 발표하여(2016.7.1. 시행, 기존의 빅데이터 개인정보보호 가이드라인은 폐지), 비식별 조치를 취한 정보(비식별정보)를 개인정보가 아닌 것으로 추정함으로써 이용 및 제3자 제공을 허용함으로써 빅데이터 분석 등을 활성화시키고자 하였다. 또한 개인정보보호법 및 정보통신망 이용촉진 및 정보보호 등에 관한 법률(정보통신망법)의 개정에 의하여 개인정보를 활성화하려는 노력도 이루어졌다. 예컨대 김병기 의원 대표발의 개인정보보호법 일부개정 법률안(의안번호 5238, 2016.12.8)은 통계작성 및 학술연구 등의 목적을 위하여 개인정보에 대한 비식별조치를 하여 생성한 정보(비식별정보)에 대하여 목적 외의 용도로 이용 및 제3자 제공을 허용하고 있다.

한국의 개인정보 규범은 개인을 "알아볼 수 있는," 특정 개인을 "알아볼 수 없더라도"라는 요소에 의하여 개인정보를 정의하고 있다. 알아본다는 것을 '식별'이라고 한다면 비식별정보는 개인을 알아볼 수 없는 정보가 되어 개인정보 규범이 적용되지 않아야 할 것이다. 그러나 가이드라인이나 개정안이 상정하는 비식별정보는 여전히 개인정보라 할 수 있으므로, 비식별정보라는 용어는 적절하지 않다. 또한 정부의 가이드라인에 따른 비식별화 조치는 적정성 평가 등 많은 거래비용을 소요할 수밖에 없다. 가이드라인이 상정하고 있는 비식별정보가 여전히 개인정보라고 한다면, 비식별정보를 개인정보가 아닌 것으로 추정하여 개인정보 규범의 적용을 면제하고자 하는 가이드라인은 법적으로 큰 문제점을 안게 되고, 그 의도에도 불구하고 정보의 활용을 제고하는 데에 근본적인 한계가 있는 것으로 보인다.

정보의 활용은 데이터 산업에만 관계되는 문제가 아니라 산업 전반을 활성화시킬 수 있는 중요한 요소이다. 2018년 5월에 발효된 유럽연합의 개인정보보호규정(General Data Protection Regulation, 이하 GDPR)[1]은 익명정보 및 가명정보의 개념을 도입하고, 익명정보는 개인정보가 아닌 것으로 하여 규범의 적용에서 배제하는 대신 가명정보를 일정한 한도에서 활용토록 하는 접근방식을 취하고 있다. 또한 미국의 HIPAA는 비식별화(de-identification)의 개념에 의하여 의료보건분야의 정보의 활용을 비교적 광범위하고 합리적으로 허용하고 있다. 영국은 익명화 개념을 중심으로 가명화를 비식별화에 포함시키면서 비식별화는 익명화를 위한 필요조건은 되지만 충분조건은 되지 않는 것으로 파악하고 있다. 영국은 개인을 전혀 식별할 수 없는 익명화를 전제로 하지 않고, 개인을 식별할 수 없도록 익명화를 얼마나 완전하게 하는가에 초점을 맞추고 있다.

인공지능 등 제4차 산업혁명과 관련된 기술을 발전시키고 활용하기 위해서는 개인정보에 해당하는 데이터 이용이 필수적으로 요구된다. 개인정보를 활용한다고 하여 개인정보자기결정권이나 개인정보 내지 프라이버시가 침해될 것이 용인되어서는 아니 될 것이다. 따라서 한편으로는 개인정보를 보호하면서도 다른 한편으로는 개인정보를 활용하기 위한 방안을 강구할 필요성이 있다. GDPR의 익명 및 가명정보, 영국의

---

1 REGULATION (EU) 2016/679 OF THE EUROPEAN PARLIAMENT AND OF THE COUNCIL of 27 April 2016 on the protection of natural persons with regard to the processing of personal data and on the free movement of such data, and repealing Directive 95/46/EC.

익명화, 미국 HIPAA의 비식별화 등은 한국의 규범보다 개인정보를 활용하는 숨통을 틔어 놓는 것이라 할 수 있으므로, 이들을 비교법적으로 분석할 필요성이 있다.

II. 개인정보 활용을 위한 국내 동향

1. 비식별조치 가이드라인

정부는 2016년 7월 개인정보의 활용을 위하여 「개인정보 비식별 조치 가이드라인」(이하 '가이드라인')을 제정하였다. 가이드라인은 개인정보를 비식별 조치하여 이용·제공하려는 사업자 등이 준수하여야 할 기준을 제시한 것인데, ① 비식별 조치, ② 적정성 평가, ③ 사후관리의 절차로 구성된다. 비식별 조치와 비식별 적정성 평가를 받은 정보는 개인정보가 아닌 것으로 추정하여 이용·제공을 허용하는 것을 내용으로 하고 있다.

첫째, 비식별 조치는 정보집합물(데이터세트)에 포함된 식별자(개인이나 개인과 관련한 사물에 고유하게 부여된 값 또는 이름)를 원칙적으로 삭제하고, 속성자(개인과 관련된 정보로서 다른 정보와 쉽게 결합하는 경우 특정 개인을 알아볼 수도 있는 정보)는 데이터 이용 목적과 관련 없는 경우에는 원칙적으로 삭제하는 것이다. 다만 데이터 이용 목적상 반드시 필요한 식별자는 비식별 조치 후 활용할 수 있다. 비식별 조치 방법으로는 가명처리, 총계처리, 데이터 삭제, 데이터 범주화, 데이터 마스킹 등 여러 가지 기법을 단독 또는 복합적으로 활용하는 것이지만, 가명처리 기법만 단독 활용된 경우는 충분한 비식별 조치로 보기 어려운 것으로 판단하고 있다.

둘째, '비식별 조치 적정성 평가단(개인정보 보호책임자의 책임하에 외부

전문가가 참여)'이 비식별 조치를 취한 정보가 다른 정보와 쉽게 결합하여 개인을 식별할 수 있는지 적정성을 평가한다. 적정하지 않다고 평가받은 경우 개인정보처리자는 평가단의 의견을 반영하여 해당 정보에 대한 비식별 조치를 추가적으로 실시한다.

셋째, 비식별 정보를 활용하는 과정에서 재식별을 방지하기 위하여 기술적·관리적 조치를 취하고, 비식별 정보를 이용·제공하려는 사업자 등은 정보의 재식별 가능성을 정기적으로 모니터링 하여야 하며, 비식별된 정보를 제3자에게 제공하거나 처리 위탁하는 경우 재식별 위험 관리에 관한 내용을 계약서에 포함시켜야 한다.

비식별 조치와 적정성 평가를 받은 정보, 곧 비식별 정보는 빅데이터 분석 등에 이용되거나 제3자에게 제공될 수 있다. 그러나 불특정 다수에게 공개하는 것은 식별 위험이 크므로 원칙적으로 금지하고, 데이터 이용 목적을 달성하거나 해당 데이터가 불필요하게 된 경우에는 지체 없이 파기 조치하여야 한다.

비록 법적 구속력은 없다고 할 수 있지만 비식별조치 가이드라인은 개인정보의 해석과 관련하여 의미 있는 정보를 제공하고 있다. 개인정보는 "살아 있는 개인에 관한 정보로서 성명, 주민등록번호 및 영상 등을 통하여 개인을 알아볼 수 있는 정보(해당 정보만으로는 특정 개인을 알아볼 수 없더라도 다른 정보와 쉽게 결합하여 알아볼 수 있는 것을 포함)"로 정의된다(개 §2). 어떠한 정보가 개인정보에 해당하는가를 판단함에 있어서 어려운 점은 개인정보의 정의 요소 중에 포함되어 있는 '알아볼 수 있는' 및 다른 정보와 '쉽게 결합하여'에 관한 부분인데, 가이드라인은 이에 대하여 일정한 해석지침을 제공하고 있다. 곧 첫째, 개인을 '알아볼 수 있는'과 관련하여, 해당 정보를 '처리하는 자' 및 '현재 처리하는 자 외에도 제공 등에 따라 향후 처리가 예정된 자'의 입장에서 합리적으로 활용될 가능성이 있는 수단을 고려하여 개인을 알아볼 수 있는지를 기준으로 제시하고 있다. 정보를 처리하는 자의 입장에서 알아볼 수 있는지 여부를 판단한다면 전지적(全知的) 입장에서 판단하는 경우 상당히 광범위하게 확대될 수 있는 개인정보의 범위가 어느 정도 축소될 수 있다.

둘째, '쉽게 결합하여'와 관련하여, 결합 대상이 될 정보의 '입수 가능성'이 있어야 하고 '결합가능성'이 높아야 한다고 설명하고 있다. 곧 '입수 가능성'은 두 종 이상의 정보를 결합하기 위해서는 결합에 필요한 정보에 합법적으로 접근·입수할 수 있어야 하며, 이는 해킹 등 불법적인 방법으로 취득한 정보까지 포함한다고 볼 수는 없다. 또한 '결합 가능성'의 의미는 합법적인 방법으로 정보를 입수하여도 현재의 기술 수준에 비추어 결합이 사실상 불가능하거나, 결합하는 데 비합리적인 수준의 비용이나 노력이 수반된다면 이는 결합이 용이하다고 볼 수 없다.

2. 개인정보보호법 개정안

제20대 국회에서는 개인정보보호법을 개정하기 위한 많은 법안이 제출되었는데, 이러한 법안들은 개인정보를 활용할 수 있도록 하는 가명정보 내지 비식별정보(이하 가명정보 등) 또는 가명화조치 내지 비식별조치(이하 가명화조치 등)에 관한 내용을 많이 포함하고 있다. 곧 이들 법안들은 가명정보 내지 가명화조치의 정의, 가명정보의 활용, 활용과 관련된 일정한 의무사항 등을 내용으로 하고 있다.

제20대 가명정보 관련 국회 개인정보보호법 개정안 발의

대표발의 의원	의안번호	제안일
김병기	4238	2016.12.8.
송희경	7083	2017.5.30.
변재일	10738	2017.12.8.
오세정	12289	2018.3.5.
김정우	12423	2018.3.9.

김규환	14181	2018.7.2.
추경호	15647	2018.9.20.
인재근	16621	2018.11.15

가명정보 및 가명화조치의 정의

김병기	안 제22조의2(비식별정보의 이용·제공 등) ① 개인정보처리자는 통계작성 및 학술연구 등의 목적을 위하여 필요한 경우에 한하여 개인정보를 전부 또는 일부 삭제하거나 대체하여 다른 정보와 결합하여도 개인을 알아볼 수 없도록 조치(이하 "비식별조치"라 한다)할 수 있다.
송희경	안 제22조의2(비식별정보의 이용·제공 등) ① 개인정보처리자는 정보주체 또는 제3자의 이익을 부당하게 침해할 우려가 없는 경우 데이터 값 삭제, 가명처리, 총계처리, 범주화 등 개인정보를 전부 또는 일부 삭제하거나 대체하여 다른 정보와 쉽게 결합하여도 개인을 알아볼 수 없도록 조치(이하 "비식별조치"라 한다)하여 생성한 정보(이하 "비식별정보"라 한다)를 정보주체의 동의 없이 개인정보의 목적 외의 용도로 이용하거나 제3자에게 제공할 수 있다.
변재일	안 제2조 (정의) 8. "가명처리 정보"란 추가적으로 정보를 사용하지 않고서는 더 이상 특정 정보주체를 알아볼 수 없도록 개인정보를 처리한 정보를 말한다. 안 제22조의2(가명정보의 취급) ① 개인정보처리자는 개인정보를 전부 또는 일부 삭제하거나 대체하는 등 단독으로 또는 다른 정보와 결합하여 특정 개인을 알아보기 어렵다고 판단될 수 있는 조치(이하 "가명화조치"라 한다)를 취할 수 있다.
오세정	안 제2조 (정의) 2의2. "가명처리"란 개인정보를 다른 정보와 결합하지 아니하고는 더 이상 합리적인 방법으로 특정 개인을 알아볼 수 없도록 대통령령으로 정하는 방법으로 가공하는 것을 말한다. 안 제2조 (정의) 2의3. "가명정보"란 개인정보에 가명처리를 하여 생성된 정보를 말한다.
김정우	안 제22조의2(비식별정보의 이용·제공 등) ① 개인정보처리자는 정보주체 또는 제3자의 이익을 부당하게 침해할 우려가 없는 경우 다른 정보와 결합하지 아니하고는 특정 개인을 알아볼 수 없도록 개인정보에 대통령령으로 정하는 바에 따라 조치(이하 "비식별조치"라 한다)를 하여 생성한 정보(이하 "비식별정보"라 한다)를 정보주체의 동의 없이 개인정보의 목적 외의 용도로 이용하거나 제3자에게 제공할 수 있다.

김규환	안 제2조 (정의) 2의2. "가명정보"란 가명처리를 통하여 가공된 개인정보를 말한다. 안 제2조 (정의) 2의3. "가명처리"란 원본 개인정보에 대해 가명(假名)화, 데이터 값 삭제, 데이터 범주화 등 개인정보처리자의 선택에 따른 방법으로 개인정보의 전부 또는 일부를 삭제하거나 대체함으로써 개인정보처리자가 보유한 다른 정보와 결합하지 아니하고는 개인을 알아볼 수 없도록 하는 조치를 말한다.
추경호	안 제22조의3(비식별정보의 이용·제공 등) ① 개인정보처리자는 정보주체 또는 제3자의 이익을 부당하게 침해할 우려가 없는 경우 개인정보를 다른 정보와 결합하지 아니하고는 특정 개인을 알아볼 수 없도록 조치(이하 "비식별조치"라 한다)하여 생성한 정보(이하 "비식별정보"라 한다)를 정보주체의 동의 없이 개인정보의 목적 외의 용도로 이용하거나 제3자에게 제공할 수 있다.
인재근	제2조(정의) 이 법에서 사용하는 용어의 뜻은 다음과 같다. 1. "개인정보"란 살아 있는 개인에 관한 정보로서 다음 각 목의 어느 하나에 해당하는 정보를 말한다. 가. 성명, 주민등록번호 및 영상 등을 통하여 개인을 알아볼 수 있는 정보 나. 해당 정보만으로는 특정 개인을 알아볼 수 없더라도 다른 정보와 쉽게 결합하여 알아볼 수 있는 정보(이 경우, 쉽게 결합할 수 있는지 여부는 다른 정보의 입수 가능성 등 개인을 알아보는 데 소요되는 시간, 비용, 기술 등을 합리적으로 고려하여야 한다) 다. 가목 또는 나목을 제1호의2에 따라 가명처리함으로써 원상태로 복원하기 위한 추가 정보의 사용·결합없이는 특정 개인을 알아볼 수 없는 정보(이하 "가명정보"라 한다) 1의2. "가명처리"란 특정 개인을 알아볼 수 없도록 대통령령으로 정하는 방법으로 처리하는 것을 말한다. … 8. "과학적 연구"란 기술의 개발과 실증, 기초연구, 응용연구 및 민간 투자 연구 등 과학적 방법을 적용하는 연구를 말한다.

가명화정보의 활용

김병기	안 제22조의2(비식별정보의 이용·제공 등) ② 개인정보처리자는 정보주체 또는 제3자의 이익을 부당하게 침해할 우려가 없는 경우 비식별조치로 생성한 정보(이하 "비식별정보"라 한

	다)를 정보주체의 동의 없이 개인정보의 목적 외의 용도로 이용하거나 제3자에게 제공할 수 있다.
송희경	안 제22조의2(비식별정보의 이용·제공 등) ① 개인정보처리자는 정보주체 또는 제3자의 이익을 부당하게 침해할 우려가 없는 경우 데이터 값 삭제, 가명처리, 총계처리, 범주화 등 개인정보를 전부 또는 일부 삭제하거나 대체하여 다른 정보와 쉽게 결합하여도 개인을 알아볼 수 없도록 조치(이하 "비식별조치"라 한다)하여 생성한 정보(이하 "비식별정보"라 한다)를 정보주체의 동의 없이 개인정보의 목적 외의 용도로 이용하거나 제3자에게 제공할 수 있다.
변재일	안 제15조(개인정보의 수집·이용) ① 개인정보처리자는 다음 각 호의 어느 하나에 해당하는 경우에는 개인정보를 수집할 수 있으며 그 수집 목적의 범위 및 수집 목적과 관련성이 있다고 합리적으로 인정되는 범위에서 이용할 수 있다. ③ 개인정보처리자는 제1항의 관련성을 판단함에 있어서는 다음의 사항을 고려하여야 한다. 1. 개인정보주체와 개인정보처리자의 관계 등 개인정보가 수집될 당시의 정황 2. 처리하려는 개인정보가 제23조의 민감정보에 해당하는가 여부 등 그 개인정보의 성격 3. 개인정보의 암호화나 가명화 등 적절한 안전조치의 존재 여부 4. 개인정보를 사용함으로써 개인정보주체에게 발생할 수 있는 효과
오세정	안 제22조의2(가명정보의 이용·제공 등) ① 개인정보처리자는 정보주체 또는 제3자의 이익을 부당하게 침해할 우려가 있을 때를 제외하고는 통계작성, 연구개발 및 시장조사 등의 목적을 위하여 가명정보를 정보주체의 동의 없이 개인정보의 목적 외의 용도로 이용하거나 제3자에게 제공할 수 있다.
김정우	안 제22조의2(비식별정보의 이용·제공 등) ① 개인정보처리자는 정보주체 또는 제3자의 이익을 부당하게 침해할 우려가 없는 경우 다른 정보와 결합하지 아니하고는 특정 개인을 알아볼 수 없도록 개인정보에 대통령령으로 정하는 바에 따라 조치(이하 "비식별조치"라 한다)를 하여 생성한 정보(이하 "비식별정보"라 한다)를 정보주체의 동의 없이 개인정보의 목적 외의 용도로 이용하거나 제3자에게 제공할 수 있다.
김규환	안 제28조의2(가명정보의 이용·제공) 개인정보처리자는 정보주체 또는 제3자의 이익을 부당하게 침해할 우려가 있을 때를 제외하고는 통계작성, 학술연구, 서비스 제공 및 개선 등의 목적을 위하여 필요한 경우 보

	유하고 있는 개인정보를 가명처리하고 이를 통하여 가공된 가명정보를 정보주체의 동의 없이 개인정보의 목적 외의 용도로 이용하거나 제3자에게 제공할 수 있다.
추경호	안 제18조(개인정보의 목적 외 이용·제공 제한) ② 제1항에도 불구하고 개인정보처리자는 다음 각 호의 어느 하나에 해당하는 경우에는 정보주체 또는 제3자의 이익을 부당하게 침해할 우려가 있을 때를 제외하고는 개인정보를 목적 외의 용도로 이용하거나 이를 제3자에게 제공할 수 있다. 다만, 제5호부터 제9호까지의 경우는 공공기관의 경우로 한정한다. … 4. 제22조의3에 따른 비식별정보를 이용·제공하는 경우 … 안 제22조의3(비식별정보의 이용·제공 등) ① 개인정보처리자는 정보주체 또는 제3자의 이익을 부당하게 침해할 우려가 없는 경우 개인정보를 다른 정보와 결합하지 아니하고는 특정 개인을 알아볼 수 없도록 조치(이하 "비식별조치"라 한다)하여 생성한 정보(이하 "비식별정보"라 한다)를 정보주체의 동의 없이 개인정보의 목적 외의 용도로 이용하거나 제3자에게 제공할 수 있다.
인재근	제17조(개인정보의 제공) ④ 개인정보처리자는 당초 수집 목적과 합리적으로 관련된 범위 내에서 정보주체에게 불이익이 발생하는지 여부, 암호화 등 안전성 확보에 필요한 조치를 하였는지 여부 등을 고려하여 대통령령이 정하는 바에 따라 정보주체의 동의 없이 개인정보를 제공할 수 있다. 제28조의2(가명정보의 처리 등) ① 개인정보처리자는 통계작성, 과학적 연구, 공익적 기록보존 등을 위하여 정보주체의 동의 없이 가명정보를 처리할 수 있다. ② 개인정보처리자는 제1항에 따라 가명정보를 제3자에게 제공하는 경우에는 특정 개인을 알아보기 위하여 사용될 수 있는 정보를 포함하여서는 아니 된다. 제28조의7(적용범위) ① 가명정보는 제20조, 제21조, 제27조, 제34조 제1항, 제35조부터 제37조까지, 제39조의8을 적용하지 아니한다. ② 제2조 제1호 가목 및 나목 정보의 가명처리에 관하여는 제15조부터 제18조까지, 제39조의3을 적용하지 아니한다.

가명화조치 관련 의무

김병기	안 제22조의2(비식별정보의 이용·제공 등) ③ 개인정보처리자는 비식별정보를 처리하는 과정에서 개인정보를 생성하기 위한 행위를 하여서는 아니 된다. 다만, 부득이하게 개인정보가 생성되는 경우에는 지체 없이 회수·파기하거나 추가적인 비식별조치를 하여야 한다. ④ 개인정보처리자는 비식별정보를 처리하는 경우에는 그 비식별정보가 분실·도난·유출·위조·변조 또는 훼손되지 아니하도록 안전성 확보에 필요한 조치를 하여야 한다.
송희경	안 제22조의2(비식별정보의 이용·제공 등) ② 개인정보처리자는 비식별정보를 처리하는 과정에서 개인정보를 생성하기 위한 행위를 하여서는 아니 된다. 다만, 부득이하게 개인정보가 생성되는 경우에는 대통령령으로 정하는 바에 따라 지체 없이 회수·파기하거나 추가적인 비식별조치를 하여야 한다. ③ 개인정보처리자는 비식별정보를 처리하는 경우에는 그 비식별정보가 분실·도난·유출·위조·변조 또는 훼손되지 아니하도록 대통령령으로 정하는 바에 따라 안전성 확보에 필요한 조치를 하여야 한다. ④ 개인정보처리자는 비식별조치의 적정성을 평가하기 위하여 대통령령으로 정하는 바에 따라 제31조에 따른 개인정보 보호책임자를 포함한 평가단을 구성·운영하여야 한다.
변재일	안 제22조의2(가명정보의 취급) ② 개인정보처리자는 제1항에 따른 조치를 취하는 경우에도 그 목적을 위하여 필요한 범위에서 최소한의 기간에 최소한의 정보만을 처리하여야 하며, 정보의 안전한 관리를 위하여 필요한 기술적·관리적 및 물리적 보호조치, 개인정보의 처리에 관한 고충처리, 그 밖에 개인정보의 적절한 처리를 위하여 필요한 조치를 마련하여야 한다.
오세정	안 제22조의2(가명정보의 이용·제공 등) ② 개인정보처리자는 제1항에 따라 가명정보를 이용하거나 제3자에게 제공하려는 때에는 다음 각 호의 사항을 대통령령으로 정하는 바에 따라 공개하여야 한다. 1. 가명정보를 제공받는 자 2. 가명정보의 이용 또는 제공 목적(제공받는 자의 이용 목적을 말한다) 3. 가명처리된 개인정보의 항목 4. 가명정보의 이용 또는 제공 방법 5. 가명정보의 이용 또는 제공의 정지를 요청할 수 있는 권리 및 그 권

	리의 행사방법 ③ 개인정보처리자는 정보주체가 가명정보의 이용 또는 제공의 정지를 요청하는 경우에는 이에 따라야 한다. ④ 개인정보처리자는 가명정보와 결합하면 특정 개인을 알아볼 수 있도록 하는 다른 정보를 대통령령으로 정하는 바에 따라 가명정보와 분리하여 보관하여야 한다. ⑤ 누구든지 특정 개인을 알아보기 위하여 가명정보와 제4항에 따라 분리하여 보관된 정보 또는 그 밖의 정보를 결합하여서는 아니 된다. ⑥ 개인정보처리자는 처리하는 가명정보가 분실·도난·유출·위조·변조 또는 훼손되지 아니하도록 대통령령으로 정하는 바에 따라 안정성 확보에 필요한 조치를 하여야 한다. ⑦ 개인정보처리자는 가명정보를 처리하는 과정에서 부득이하게 개인정보가 생성된 경우에는 대통령령으로 정하는 바에 따라 지체 없이 이를 회수·파기하거나 추가적인 가명처리를 하여야 한다. ⑧ 개인정보처리자는 가명정보를 이용하거나 제3자에게 제공하는 경우에는 대통령령으로 정하는 바에 따라 가명정보의 이용 또는 제공에 관한 기록을 작성하여 보관하여야 한다. ⑨ 개인정보처리자가 처리하는 가명정보에 관하여는 제20조, 제21조, 제27조 및 제34조 제1항을 적용하지 아니한다.
김정우	안 제22조의2(비식별정보의 이용·제공 등) ① 개인정보처리자는 정보주체 또는 제3자의 이익을 부당하게 침해할 우려가 없는 경우 다른 정보와 결합하지 아니하고는 특정 개인을 알아볼 수 없도록 개인정보에 대통령령으로 정하는 바에 따라 조치(이하 "비식별조치"라 한다)를 하여 생성한 정보(이하 "비식별정보"라 한다)를 정보주체의 동의 없이 개인정보의 목적 외의 용도로 이용하거나 제3자에게 제공할 수 있다. ② 개인정보처리자는 대통령령으로 정하는 바에 따라 평가단을 구성하여 비식별조치의 적정성을 평가하여야 한다. ③ 개인정보처리자는 비식별정보를 처리하는 과정에서 특정 개인을 알아보기 위한 재식별행위를 하여서는 아니 된다. 다만, 부득이하게 특정 개인을 재식별할 수 있는 개인정보가 생성된 경우에는 지체 없이 개인정보를 회수·파기하거나 개인정보에 추가적인 비식별조치를 하여야 한다. ④ 개인정보처리자가 비식별정보를 처리하는 경우에는 그 비식별정보가 분실·도난·유출·위조·변조 또는 훼손되지 아니하도록 제29조에 따른 안전성 확보에 필요한 조치를 하여야 한다.

김규환	안 제28조의3(가명정보 이용 등의 통보) 원본 개인정보를 가명처리한 개인정보처리자가 개인정보의 종류·규모 등 대통령령으로 정하는 기준에 해당하는 가명정보를 제28조의2에 따라 이용 또는 제공하려는 때에는 다음 각 호의 모든 사항을 정보주체에게 알려야 한다. 다만, 개인정보처리자가 수집한 정보에 연락처 등 정보주체에게 알릴 수 있는 개인정보가 포함되지 아니한 경우에는 그러하지 아니하다. 1. 가명정보 이용 또는 제공의 목적 2. 가명정보가 개인정보의 목적 외의 용도로 이용되거나 제3자에게 제공될 수 있다는 사실 3. 가명정보 이용 또는 제공의 정지를 요구할 권리가 있다는 사실 안 제28조의4(개인정보 생성 행위의 금지 등) ① 개인정보처리자는 가명정보를 처리하는 과정에서 개인정보를 생성하기 위한 행위를 하여서는 아니 된다. 다만, 부득이하게 개인정보가 생성된 때에는 대통령령으로 정하는 바에 따라 지체 없이 회수·파기하거나 추가적인 가명처리를 하여야 한다. ② 제1항에도 불구하고 공공기관이 범죄의 수사 등 법령 등에서 정하는 소관 업무의 수행을 위하여 불가피한 경우에는 개인정보를 생성하여 이용할 수 있다. 안 제28조의5(가명정보의 관리) ① 개인정보처리자는 가명정보를 처리하는 경우 그 가명정보가 분실·도난·유출·위조·변조 또는 훼손되지 아니하도록 대통령령으로 정하는 바에 따라 안전성 확보에 필요한 조치를 하여야 한다. ② 개인정보처리자는 가명정보와 결합하면 특정 개인을 알아볼 수 있게 되는 다른 정보는 대통령령으로 정하는 바에 따라 가명정보와 분리하여 필요한 조치를 하여야 한다. 안 제28조의6(가명처리의 적정성 평가) ① 개인정보처리자는 원본 개인정보를 가명처리한 경우 이를 통하여 가공된 가명정보를 이용하거나 제3자에게 제공하기 전에 가명처리의 적정성을 평가하여야 한다. ② 개인정보처리자는 제1항에 따른 가명처리의 적정성을 평가하기 위하여 대통령령으로 정하는 바에 따라 제31조에 따른 개인정보 보호책임자와 3명 이상의 외부전문가로 구성되는 평가단을 구성·운영하여야 한다. 안 제28조의7(가명정보를 제공받는 자에 대한 제한 등) ① 개인정보처리자는 가명정보를 목적 외의 용도로 제3자에게 제공하는 경우에는 가명정보를 제공받는 자에게 이용 목적, 이용 방법, 그 밖에 필요한 사항에 대하여 제한을 하거나, 가명정보의 안전성 확보를 위하여 필요한 조치

를 마련하도록 요청하여야 한다.

② 제1항에 따른 요청을 받은 자는 특별한 사유가 없으면 가명정보의 안전성 확보를 위하여 필요한 조치를 하여야 한다.

안 제38조의2(가명정보의 열람, 정정·삭제, 처리정지 등) 가명정보의 열람, 정정·삭제, 처리정지와 정보주체의 그 권리행사의 방법 및 절차에 대하여는 제35조부터 제38조까지를 적용한다. 다만, 개인정보처리자가 열람등요구 대상인 가명정보가 이를 요구한 정보주체의 개인정보로부터 가공된 정보임을 확인할 수 없는 경우에는 제35조제3항, 제36조제2항 및 제37조제2항에도 불구하고 열람등요구를 거부할 수 있다.

추경호	안 제22조의3(비식별정보의 이용·제공 등) ② 개인정보처리자는 비식별정보를 처리하는 과정에서 개인정보를 생성하기 위한 행위를 하여서는 아니 되고, 부득이하게 개인정보가 생성된 때에는 대통령령으로 정하는 바에 따라 지체 없이 회수·파기하거나 추가적인 비식별조치를 하여야 한다. ③ 개인정보처리자는 비식별정보를 처리하는 경우 그 비식별정보가 분실·도난·유출·위조·변조 또는 훼손되지 아니하도록 대통령령으로 정하는 바에 따라 안전성 확보에 필요한 조치를 하여야 한다. ④ 개인정보처리자는 비식별조치의 적정성을 평가하기 위하여 대통령령으로 정하는 바에 따라 평가단을 구성·운영하여야 한다.
인재근	제28조의4(가명정보에 대한 안전조치의무 등) ① 개인정보처리자는 제28조의2에 따른 정보를 처리하거나 제28조의3에 따라 정보집합물의 결합을 수행한 경우에는 원상태로 복원하기 위한 추가 정보를 별도로 분리하여 보관·관리하는 등 해당정보가 분실·도난·유출·위조·변조 또는 훼손되지 않도록 대통령령이 정하는 바에 따라 안전성 확보에 필요한 기술적·관리적 및 물리적 조치를 하여야 한다. ② 개인정보처리자는 제28조의2에 따른 정보를 처리하는 경우 및 정보집합물을 결합하거나 결합된 정보집합물을 처리하고자 하는 경우에는 대통령령으로 정하는 바에 따라 관련 기록을 작성하여 보관하여야 한다. 제28조의5(가명정보 처리 시 금지의무 등) ① 누구든지 특정 개인을 알아보기 위한 목적으로 제28조의2에 따른 정보 또는 제28조의3에 따라 결합된 정보집합물을 처리하여서는 아니 된다. ② 개인정보처리자는 제28조의2에 따른 정보 또는 제28조의3에 따라 결합된 정보집합물을 처리하는 과정에서 특정 개인을 알아볼 수 있는 정보가 생성된 경우에는 즉시 해당 정보 또는 결합된 정보집합물의 처리를 중지하고, 지체 없이 회수·파기하여야 한다.

3. 정보통신망법 및 위치정보법 개정안

정보통신망법 및 위치정보법의 개정을 통하여서도 개인정보를 활용하려는 시도가 이루어져 왔다. 정보통신망법의 경우 비식별조치에 대하여 개인정보보호법 개정안과 유사한 개정안이 제출되었다.

대표발의 의원	내 용
윤영석 (6618) (2017.4.5.)	안 제2조 (정의) 14. "비식별화"란 개인정보의 전부 또는 일부를 삭제하거나 대체함으로써 다른 정보와 결합하여도 특정 개인을 알아볼 수 없도록 하는 것을 말한다. 제28조의2(개인정보의 비식별조치 등) ① 정보통신서비스 제공자등은 개인정보의 일부 또는 전부를 삭제하거나 대체함으로써 다른 정보와 결합하여도 특정 개인을 알아볼 수 없도록 하는 조치(이하 "비식별조치"라 한다)를 할 수 있다. ② 정보통신서비스 제공자등은 비식별조치를 통하여 다른 정보와 결합하여도 특정 개인을 알아볼 수 없도록 가공된 정보(이하 "비식별정보"라 한다)를 처리하는 과정에서 개인정보가 생성된 경우에는 이를 지체 없이 파기하거나 추가적인 비식별조치를 하여야 한다. ③ 제1항에 따른 비식별조치의 방법과 제2항에 따른 개인정보의 파기 및 추가적인 비식별조치의 방법 등에 필요한 사항은 대통령령으로 정한다. 제28조의3(비식별조치의 적정성 평가 등) ① 정보통신서비스 제공자등은 비식별조치의 적정성을 평가하기 위하여 제27조에 따른 개인정보 보호책임자를 포함한 평가단(이하 "평가단"이라 한다)을 구성·운영할 수 있다. ② 평가단의 구성·운영 등에 필요한 사항은 대통령령으로 정한다.
추경호 (15646) (2018.9.20)	안 제26조의3(비식별정보의 이용·제공 등) ① 정보통신서비스 제공자는 정보주체 또는 제3자의 이익을 부당하게 침해할 우려가 없는 경우 개인정보를 전부 또는 일부 삭제하거나 대체하여 다른 정보와 쉽게 결합하여도 개인을 알아볼 수 없도록 조치(이하 "비식별조

치"라 한다)하여 생성한 정보(이하 "비식별정보"라 한다)를 정보주
체의 동의 없이 개인정보의 목적 외의 용도로 이용하거나 제3자에
게 제공할 수 있다.
② 정보통신서비스 제공자는 비식별정보를 처리하는 과정에서 개
인정보를 생성하기 위한 행위를 하여서는 아니 되고, 부득이하게
개인정보가 생성된 때에는 대통령령으로 정하는 바에 따라 지체
없이 회수·파기하거나 추가적인 비식별조치를 하여야 한다.
③ 정보통신서비스 제공자는 비식별정보를 처리하는 경우 그 비식
별정보가 분실·도난·유출·위조·변조 또는 훼손되지 아니하도
록 대통령령으로 정하는 바에 따라 안전성 확보에 필요한 조치를
하여야 한다.
④ 정보통신서비스 제공자는 비식별조치의 적정성을 평가하기 위
하여 대통령령으로 정하는 바에 따라 평가단을 구성·운영하여야
한다.

정보통신망법 및 위치정보법 개정안은 개인정보를 활용하기 위하여
비식별조치 이외의 방안도 제시하고 있다. 곧 정보통신서비스제공자가
개인정보를 수집하여 이용하기 위해서는 동의를 받아야 하지만, 개인정
보의 수집·이용 목적과 관련하여 기존 서비스와 합리적인 관련성이 있
는 기능 추가 등 서비스 개선을 목적변경으로 보지 않는 것으로 하고 있
다.[2] 이 개정안은 목적제한의 원칙과 관련하여 서비스 개선을 목적변경
으로 보지 않음으로써, 서비스 개선을 위해서는 동의를 받지 않고 개인
정보를 이용할 수 있도록 하는 것이다. 정보통신망법 및 위치정보법 개
정안은 유럽연합의 개인정보지침이나 GDPR의 수집목적과 불일치하지
않는(not incompatible) 목적을 위한 사용의 허용이나 미국의 전후맥락의
원칙(context principle)과 유사한 것이라 할 수 있다.

---

2 정보통신망 이용촉진 및 정보보호 등에 관한 법률 일부개정안(방송통신위원회 제
2016호-56호)(2016.9. 입법예고) §22①; 위치정보 보호 및 이용 등에 관한 법률 일
부개정안(방송통신위원회 제2016-57호)(2016.9. 입법예고) §18①.

현행 정보통신망법	개정안
제22조(개인정보의 수집·이용 동의 등) ① 정보통신서비스 제공자는 이용자의 개인정보를 이용하려고 수집하는 경우에는 다음 각 호의 모든 사항을 이용자에게 알리고 동의를 받아야 한다. 다음 각 호의 어느 하나의 사항을 변경하려는 경우에도 또한 같다. 1. 개인정보의 수집·이용 목적	안 제22조(개인정보의 수집·이용 동의 등) ① 정보통신서비스 제공자는 이용자의 개인정보를 이용하려고 수집하는 경우에는 다음 각 호의 모든 사항을 이용자에게 알리고 동의를 받아야 한다. <u>다만, 제1호의 개인정보의 수집·이용 목적과 관련하여 기존 서비스와 합리적인 관련성이 있는 기능 추가 등 서비스 개선은 목적변경으로 보지 않는다.</u> 1. 개인정보의 수집·이용 목적

Ⅲ. 유럽연합의 가명 및 익명정보

1. 데이터 지침 및 e-Privacy 지침

GDPR은 일반적인 개인정보, 가명정보 및 익명정보라는 개념을 사용함으로써 기술의 발전을 고려하는 동시에 개인정보를 보호하고 활용하기 위하여 규범적으로 매우 합리적인 접근방법을 취하고 있다. 가명 및 익명정보의 개념은 1995년 EU 데이터 보호지침(이하 '데이터 지침')[3]과 2002년의 e-Privacy 지침[4]으로 거슬러 올라간다. 데이터 지침은 해설서(Recital)를 통하여 개인정보주체를 더 이상 식별할 수 없을 정도로 익명

---

3 Directive 95/46/EC of the European Parliament and of the Council of 24 October 1995 on the protection of individuals with regard to the processing of personal data and on the free movement of such data, Official Journal L 281, 23/11/1995, pp.0031-0050.

4 Directive 2002/58/EC of the European Parliament and of the Council of 12 July 2002 concerning the processing of personal data and the protection of privacy in the electronic communications sector (Directive on privacy and electronic communications), OJ L 201, 31.7.2002, pp.37-47.

화된 데이터에 대해서는 데이터 보호원리가 적용되지 않는다는 것을 밝히고 있다(Recital 26). 데이터의 익명화는 개인정보주체가 식별될 수 없을 정도로 데이터로부터 충분히 요소들을 제거하여야 하고, 통제자나 제3자에 의하여 합리적으로 사용할 가능성이 있는 모든 수단을 사용(특정인을 식별할 수 있는지 여부를 판단함에 있어서는 통제자 등이 합리적으로 사용할 가능성이 있는 모든 수단을 고려하여야 하기 때문이다. 데이터지침 Recital §26)하여 특정 자연인을 더 이상 식별할 수 없을 정도로 데이터를 처리하여야 하고, 처리가 불가역적인(irreversible) 것이어야 한다. 데이터 지침은 익명화의 방법은 설명하지 않고 있고 모범행위기준(code of conduct, 지침 §27)에서 규정될 수 있음을 시사하고 있다(Recital 26).

e-Privacy 지침은 익명 개념뿐만 아니라 가명 개념까지 사용하고 있다. 곧 회원국 등은 가능하다면 익명이나 가명 데이터를 사용하는 것을 고려하는 데 협조하고(Recital 9), 통신서비스 영업이나 부가가치서비스 제공을 위하여 사용되는 트래픽 데이터는 서비스 제공 이후에 삭제하거나 익명화하여야 하고(Recital 26), 트래픽 데이터가 통신의 전송 목적을 위하여 더 이상 필요하지 않은 경우 익명화할 의무는 IP 주소를 캐싱(caching)하는 것과 같은 인터넷상에서의 절차와 충돌하는 것이 아니라고 하는 등(Recital 28) 해설서에서 여러 차례 익명의 개념을 사용하고 있다. 또한 트래픽 데이터는 통신 전송 목적을 위하여 더 이상 필요하지 않은 경우 삭제하거나 익명화하여야 하고(§6①), 트래픽 데이터 이외의 위치 데이터는 익명화 또는 이용자의 동의에 의하여 처리될 수 있다(§9①). 이상에서 볼 수 있는 바와 같이 데이터 지침은 익명의 개념만을 해설서에서 사용하고 있고, e-Privacy 지침은 가명 개념을 해설서에서, 익명 개념은 해설서 및 조문에서 사용하고 있다.

2. GDPR의 익명정보

GDPR은 가명정보의 개념을 개인정보 보호 및 활용을 위한 핵심적인 수단의 하나로 사용하고, 이와 연관하여 익명개념을 해설서를 통하여 정의하고 있다. 익명정보는 ㉮ 식별되거나 식별될 수 있는 자연인과 관계되지 않는 정보, 또는 ㉯ 개인정보주체가 식별되지 않거나 더 이상 식별되지 않도록 익명화된 정보로서, 익명정보에 대해서는 GDPR의 보호원칙, 곧 개인정보 규범이 적용되지 않는다(Recital 26). 개인정보주체와 관계가 없거나 개인정보주체를 식별할 수 없는 정보에 대해서는 개인정보를 그 대상으로 하고 있는 개인정보법제와 관계가 없는 것이 된다. 따라서 익명정보에 대해서는 개인정보법제에 규정할 필요성이 없게 되는데, GDPR은 조문의 형식으로 규정하지 않음으로써 익명정보에 관한 규율을 개인정보 규범에 편입시키지 않았으며, 해설서에서만 언급함으로써 개념적으로 익명정보를 개인정보나 가명정보와 구별하고자 한 것이라 할 수 있다.

GDPR에서 사용하는 가명정보의 개념은 한국에서 개인정보보호법 개정안에서 사용하고 있는 가명정보는 물론이고 비식별정보와도 다른 개념이다.

3. GDPR의 가명정보

(1) 가명정보의 개념 및 의의

GDPR은 가명정보를 (i) 개인정보가 추가적인 정보를 사용하지 않고서는 더 이상 개인정보주체를 특정할 수 없도록, 그 개인정보를 처리하는 것으로서, (ii) 개인정보가 식별되거나 식별될 수 있는 자연인을 특정하지 않도록, 그 추가적인 정보를 ㉮ 별도로 보관하고 ㉯ 기술적 · 관리적 안전조치를 취한 것으로 정의하고 있다[GDPR §4(5)]. 가명처리는 별도로 보관되고 있고 기술적·관리적 안전조치가 적용되어 있는 추가적인 정보 없이는 특정 개인과 연계되지 않도록 데이터로부터 직접 식별자(direct identifier)를 분리시키는 과정으로서, 데이터를 익명화시키는 것에 해당하지 않으면서 개인정보주체를 직접 식별하는 것에 해당하지 않도록 처리하는 것이라 할 수 있다.

GDRP이 가명정보를 조문에 전격 도입한 것은 개인정보를 보호하는 동시에 이를 활용하기 위하여 매우 융통적인 접근방식을 채택한 것으로 평가된다. 곧 가명처리된 정보는 여전히 식별가능한 자연인에 관한 정보, 곧 개인정보로서(Recital 26) 개인정보 규범의 적용 범위에 편입되어 보호받게 된다. 그러나 다른 한편으로는 가명처리된 정보는 별도로 보관되고 안전조치가 적용된 것으로서 ㉮ 프라이버시 침해 위험을 감소시키고 ㉯ 개인정보 통제자의 의무 이행에 도움이 되어(Recital 28) 일정한 범위에서 활용되는 것이 허용되고 있다. 익명정보는 데이터 가치의 효용성, 다른 목적을 위한 이용의 이점, 데이터 소유권 등 데이터 활용의 가치가 사라지거나 상당히 감소한다. 그런데 프라이버시 보호를 향상(강화)시키는 기술을 사용하여 그 침해 위험이 감소된 가명정보는 익명정보보다 훨씬 더 가치가 있는 것으로서 활용할 수 있도록 하는 접근방법을 취하고 있다. 가명정보의 바로 이러한 활용이 GDPR의 핵심적인 것의 하나로서 빅데이터 활용 등 개인정보를 활용함에 있어서 중요한 시사점을 제공하고 있다.

가명조치는 개인정보 규범의 적용대상이 되는 개인정보와 적용대상이 되지 않는 익명정보 간의 절충적인 개념이라고 할 수 있다. 곧 통제자는 가명정보에 대하여 개인정보의 보호원리를 적용함으로써 개인정보를 보호할 수 있고, 개인정보주체는 그만큼 보호를 받게 된다. 그러나 다른 한편으로는, 개인정보주체를 식별할 수 있는 추가적인 정보를 별도로 보관하고 이에 대하여 안전화 조치를 취함으로써, 통제자는 데이터의 상업적인 가치를 그대로 보유하면서도 개인정보주체의 권리 침해

를 두려워하지 않고 보다 더 자유롭게 개인정보를 활용할 수 있는 반면
에, 개인정보주체는 어떠한 데이터가 자신과 연계될 가능성을 두려워하
지 않게 된다.

(2) 수집 시 목적과 다른 목적을 위한 처리 허용 방법으로서의 가명화

GDPR은 가명조치를 취하는 경우, 수집 시의 목적과 다른 목적을 위
한 처리를 할 수 있도록 더 많은 재량을 허용하고 있다. 개인정보는 명
확하고, 명시적이고, 적법한 목적을 위하여 수집되어야 하고, 이러한 수
집 목적과 불일치하는(incompatible) 방식의 추가적인 처리는 허용되지
않는다[§5.1(b)]. 따라서 수집목적과 일치하는 개인정보의 추가적인 처
리는 허용되는데, 추가적인 처리가 수집목적과 일치하는지 여부를 결정
함에 있어서 가명조치가 이루어졌는지 여부를 고려할 수 있다. 수집목
적과 다른 목적을 위해 처리하는 것이 정보주체의 동의 또는 유럽연합
이나 회원국의 법에 바탕 하지 않는 경우, 통제자는 이러한 다른 목적이
수집목적과 일치하는지 여부를 판단함에 있어서, ① 개인정보 수집 목
적과 추가적인 처리를 의도하는 목적 간의 관계(link), ② 개인정보가 수
집된 전후상황(context), 특히 데이터 주체와 통제자와의 관계에 관한 전
후상황, ③ 개인정보의 성격, 특히 제9조(민감정보의 처리)에 따라 특정
범주의 개인정보가 처리되는지 여부 또는 제10조(형사범죄 관련 개인정
보 처리)에 따라 형사 범죄와 관련된 개인정보가 처리되는지 여부, ④ 추
가적으로 처리함으로써 데이터 주체에게 발생할 수 있는 결과, ⑤ 적절
한 안전조치의 존재(안전조치에는 암호화나 가명조치가 포함될 수 있음) 등
을 고려할 수 있다[§6(4)].

GDPR은 개인정보의 수집목적이 명확하고, 명시적이고, 적법할 것을
규정하면서, '일치하지 않는(불일치하는, 양립하지 않는, incompatible)' 방
식에 의한 추가적인 처리(further processing)를 금지하고 있다[§5.1(b)].
추가적인 처리의 수집목적과의 일치(compatibility)에 대하여 GDPR은

개인정보의 추가적인 처리가 수집목적과 '일치'할 것을 요구하는 것이 아니라, 수집목적과 '일치하지 않는' 방식에 의하여 처리되어서는 '아니된다'는 식으로 2중의 부정에 의하고 규정하고 있다. 곧 수집목적과 일치하지 않는 것이 아니라면 추가적인 처리가 허용되는 셈으로써, 추가적인 처리에 대하여 일정한 융통성을 부여한 것이라 할 수 있다. 추가적인 처리는 수집목적과 일치할 수도 있고 달라질 수도 있다. 수집목적과 다른 목적을 위하여 추가적인 처리를 한다고 하더라도 추가적인 처리가 자동적으로 불일치하는 것이 된다는 것을 의미하는 것은 아니고, 다른 목적을 위한 추가적인 처리가 수집목적과 일치·불일치하는지 여부는 개별적인 사례에 따라 평가할 필요성이 있다.

유럽연합 회원국들은 수집 시에 명시된 목적과 개인정보가 추가적으로 처리되는 방식이 일치하는지 여부를 평가하기 위하여 이미 많은 기준을 개발해 왔다. 이러한 기준들은 실제로 이미 광범위하게 활용되고 있는데, GDPR은 이러한 기준으로서 5가지를 규정하고 있다[§6(4)]. 이러한 5가지 기준 중의 하나가 암호화나 가명조치 등 적절한 안전조치의 존재여부이다. 안전조치는 목적의 변경이나 목적이 수집 시에 명확하지 않은 것에 대하여 '보상(compensation)'으로서의 역할을 하게 된다. 이러한 안전조치에는 부분·완전한 익명화, 가명화, 총계화 등과 같은 기술적·관리적 조치, 그리고 투명성의 강화나 정보주체의 반대 내지 동의할 기회를 제공하는 등 정보주체의 이익을 위한 추가적인 조치 등이 있을 수 있다. GDPR은 이러한 안전조치의 예로서 가명조치를 제시함으로써 가명조치에 대한 특별한 의미를 부여한 것이라 할 수 있고, 결국 수집목적과 추가적인 처리의 '일치'라는 큰 틀 내에서 수집목적과 다른 목적을 위하여 수집목적과 다른 목적을 추가적으로 처리할 수 있는 가능성을 열어 놓은 셈이라 할 수 있다. 곧 수집목적과 다른 목적을 위하여 개인정보를 처리하더라도 가명조치가 이루어졌다면, 그러한 처리는 수집목적과 일치하는 것으로 될 가능성이 있고, 결국 통제자는 가명조치에 의하여 수집목적과 다른 목적을 위하여 개인정보를 처리할 재량을 가지게 된다.

(3) 공익목적을 위한 기록보존, 과학, 역사 및 통계목적 처리의 안전조치로서의 가명화

개인정보는 제89조 제1항에 따라 ① 공익목적의 기록보존, ② 과학 또는 역사연구 목적이나 ③ 통계 목적을 위한 개인정보의 추가적인 처리를 하더라도 수집목적과 불일치하지 않는 것으로 여겨지지 않는다[§5.1(b)]. 공익목적의 기록보존 등을 위한 개인정보의 추가적인 처리는, 제89조 제1항의 요건을 준수한다면 목적제한의 원칙에 위배되지 않게 되므로, 공익목적의 기록보존 등에 대해서는 목적제한의 원칙에 대하여 예외를 허용하는 것이 된다.

공익목적의 기록보존 등을 위한 처리를 위해서는 개인정보주체의 권리와 자유를 위하여 적절한 안전조치를 취하여야 하고, 이러한 안전조치는 특히 개인정보 수집최소화의 원칙을 보장하기 위하여 기술적 · 관리적 조치를 취하도록 해야 한다(§89.1). 기록보존 목적 등을 위한 '추가적인 처리'는 적절한 안전조치가 존재하는 경우 개인정보주체를 식별하지 않거나 더 이상 식별하지 않도록 처리함으로써 가능하고, 안전조치에는 개인정보의 가명화조치가 포함된다(§89.1). GDPR은 목적제한의 원칙에 대한 예외로서 기록보존 목적 등을 위한 개인정보의 추가적인 처리를 허용하는데, 다만 통제자는 적절한 안전조치, 특히 개인정보수집 최소화의 원칙을 관철하기 위하여 기술적 · 관리적 조치를 취하여야 하고, 기록보존 목적 등을 위한 추가적인 처리가 가명화 조치와 같은 안전조치에 의하여 개인정보주체가 식별되지 않는 경우에 허용된다. 결국 기록보존 목적 등을 위한 추가적인 처리는 가명화 조치와 같은 안전조치를 취하면 허용되는 셈이고, 가명화 조치는 기록보존 목적 등을 위한 추가적인 처리를 위한 좋은 예가 되는 셈이다.

(4) 데이터보호 중심설계 이행방법으로서의 가명화

가명화 조치는 기술적·관리적 조치의 예로서 개인정보보호 중심설계(data protection by design, privacy by design)의 중심적인 개념을 차지한다(§25.1). 개인정보보호 중심설계는 프라이버시를 보호하는 핵심적인 구성요소로서, 어떠한 생산 시스템을 처음 설계하는 단계부터 시스템이 작동할 때까지의 전 과정을 통하여 개인정보 보호가 고려되어야 한다는 것을 의미한다. 곧 개인정보를 보호하는 안전조치가 제품이나 서비스를 개발하는 첫 단계에서부터 제품이나 서비스에 포함되어야 한다.

GDPR은 개인정보보호 중심설계를 처음으로 개인정보 보호입법에 입법화하였다. 곧 통제자는 최신기술, 실행비용, 개인정보 처리의 성격·범위·맥락·목적, 개인정보 처리에 의하여 야기되는 개인의 권리 및 자유에 대한 위험 및 심각성을 고려하여, 개인정보를 처리하는 시기뿐만 아니라 처리를 위한 수단을 결정하는 시기에도 적절한 기술적·관리적 조치를 취하여야 한다. 이와 같이 조치를 취하는 것은 GDPR의 요건을 충족하고 개인정보주체의 권리를 보호하기 위하여 개인정보수집 최소화의 원칙과 같은 개인정보 보호원칙을 효과적인 방법으로 실현하고 이를 위하여 필요한 안전조치가 개인정보를 처리하는 과정에 흡수되도록 하기 위한 것이다(§25.1).

개인정보보호 중심설계는 개인정보를 보호하기 위한 안전조치를 개인정보를 처리하고 개인정보의 처리 수단을 결정하는 모든 시기에 취하도록 하는 것인데, GDPR은 안전조치의 예로서 가명화 조치를 규정하고 있다. 따라서 가명화 조치는 어떠한 프로젝트의 시작 단계에서부터 종료단계까지 개인정보를 보호하기 위한 안전조치로 작용함으로써 개인정보보호 중심설계를 실현하는 대표적인 수단이 되는 셈이다.

(5) 데이터 안전조치 요건 충족을 위한 가명화

가명화 조치는 개인정보 통제자 및 처리자가 취하여야 하는 적절한 기술적·관리적 조치를 이행하는 수단이 된다(§32). 곧 개인정보 통제자 및 처리자는 최신기술, 실행비용, 개인정보 처리의 성격·범위·맥락·목적, 개인정보 처리에 의하여 야기되는 개인의 권리 및 자유에 대한 위험 및 심각성을 고려하여, 위험에 상응하는 정도의 보안을 보장하기 위하여 적절한 기술적·관리적 조치를 취하여야 하는데, 이러한 조치의 하나로 예시되어 있는 것이 개인정보의 가명화 조치 및 암호화이다 [§32.1(a)].

가명화 조치를 취한다는 것은 안전조치를 취하여야 하는 의무를 이행하는 것에 한정되는 것이 아니라 개인정보 유출에 대하여 통지하는 것을 방지할 수 있는 역할을 한다. GDPR은 미국이나 한국과 마찬가지로 개인정보가 유출되었을 경우 개인정보통제자로 하여금 감독당국이나 개인정보주체에게 통지하도록 하고 있는데(§§33, 34), 가명화 조치에 의하여 개인정보 유출의 위험은 낮아지고 이에 따라 개인정보 주체에 대한 피해 위험성도 낮추게 된다. 따라서 개인정보의 가명화 조치는 개인정보 유출사고에 대한 통지를 회피할 가능성을 높이는 중요한 역할을 하게 된다.

(6) 개인정보주체의 권리를 제공하지 않는 요건으로서의 가명화조치

개인정보를 처리하는 목적이 개인정보주체를 식별할 것을 요구하지 않거나 더 이상 요구하지 않는 경우, 통제자는 추가적인 정보를 별도로 보관하고 기술적·관리적 안전조치를 취할 의무를 부담하지 않는다(§11.1). 가명화 조치의 개념은 '어떠한 정보'와 결합하여 특정 개인을 식별하는 '추가적인 정보'를 별도로 보관하고, 추가적인 정보에 대하여 기술적·관리적 조치를 취하는 것을 구성요소로 하고 있다[§4(5)]. 추가적인 정보가 별도로 보관되고 이에 대하여 기술적·관리적 조치를 취한 경우, 이러한 추가적인 정보와 결합하여 특정 개인을 식별하는 '어떠한 정보'는 가명정보가 된다.

이러한 경우에 통제자가 개인정보주체를 식별할 수 없다는 것을 증명하고 이를 개인정보주체에게 통지하는 것이 가능하여 통지한 경우, 개인정보주체는 제15조 내지 제20조에 규정된 개인정보주체에게 접근권, 정정 및 삭제권(잊혀질 권리), 처리제한권, 정정·삭제·제한에 대한 통지권 및 데이터이전권 등을 가지지 않는다. 개인정보주체가 이러한 권리를 행사하기 위해서는 자신에 대한 식별을 가능하게 하는 추가적인 정보를 제공하는 경우에 한정된다(§11.2).

GDPR 제11조는 입법단계에서부터 가명화 조치를 염두에 둔 규정으로서, 가명화 조치 정보와 관련하여 통제자에게 개인정보주체의 권리를 부여하지 않아도 되는 인센티브를 제공하기 위한 것이다. 가명화 조치의 개념은 '어떠한 정보'와 결합하여 특정 개인을 식별하는 '추가적인 정보'를 별도로 보관하고, 추가적인 정보에 대하여 기술적·관리적 조치를 취하는 것을 구성요소로 하고 있다[GDPR §4(5)]. 그런데 통제자가 개인정보를 보유하는 목적상 더 이상 개인정보주체를 식별할 필요성이 없다고 가정해 보자. 통제자는 GDPR을 준수할 목적만을 위하여 다른 정보와 결합하여 개인정보주체를 식별할 수 있는 이러한 추가적인 정보를 유지, 획득, 처리할 의무를 부담하지 않는다(§11.1). 따라서 통제자는 이러한 추가적인 정보를 별도로 보관하고 안전조치를 취하는 가명화 조치를 취하는 대신에 추가적인 정보 자체를 아예 삭제할 수 있다. 통제자가 이러한 추가적인 정보를 획득할 수 없고 획득할 필요성도 없다면, 통제자는 추가적인 정보 없이 자신이 가지고 있는 정보만으로는 개인정보를 식별할 수 없게 된다. 이러한 상태는 추가적인 정보 없이는 개인정보주체를 식별할 수 없기 때문에 통제자의 입장에서는 개인정보주체가 식별될 수 있는 위험성 내지 가능성은 없어지게 된다. 따라서 개인정보주체에게 권리를 인정할 필요성도 사실상 없어지게 된다.

요컨대 GDPR은 첫째, 추가적인 정보에 대한 보관 의무 등을 면제함으로써 추가적인 정보에 대하여 별도 보관 및 기술적·관리적 안전조치를 면제하고(§11.1), 둘째, 통제자 자신이 보유하고 있는 개인정보의 주체가 행사할 수 있는 권리를 부여하지 않아도 되도록 함으로써(§11.2), 추가적인 정보에 대하여 가명조치를 취하는 대신에 아예 삭제하도록 하는 인센티브를 제공하는 것이다. 물론 개인정보주체가 자신의 권리를 행사하기 위하여 추가적인 정보를 제공하는 경우 통제자는 개인정보주체에게 권리를 부여하여야 한다.

(7) 가명화촉진 모범행위기준의 채택 장려

GDPR은 회원국 등으로 하여금 GDPR의 적절한 적용에 기여할 수 있도록 하는 모범행위기준(code of conduct)의 채택을 장려하고 있는데, 통제자 · 처리자들의 협회나 이들을 대표하는 단체는 모범행위기준을 채택할 수 있고 모범행위기준에는 개인정보의 가명조치를 포함시킬 수 있다(§40.2). 모범행위기준을 준수하는 경우, ① 통제자의 기술적 · 관리적 안전조치의무 이행(§32), ② 통제자의 적법한 처리 준수의무 이행(§24), ③ 처리자의 처리 관련의무 이행(§28) 등을 증명하는 수단이 되고, ④ EU 이외 지역 기업들에 대한 데이터의 국외이전을 용이하게 하는 수단이 된다(§46). 곧 모범행위기준은 '처리자'를 대표하는 협회나 기관에 의하여 작성될 수 있고, 통제자는 데이터를 처리할 처리자를 선택할 경우 모범행위기준을 충분히 준수하는 처리자만 선택하면 되고, 모범행위기준에 대한 처리자의 준수 여부는 협회 등에 맡기면 된다. 통제자를 고객으로 유지하고자 하는 처리자는 모범행위기준을 준수하게 되고, 처리자는 모범행위기준에 포함되는 가명화조치를 하려는 동기가 발생한다. 또한 EU 이외 지역의 통제자 · 처리자는 모범행위기준을 준수함으로써 제3국가나 국제기구에 개인정보를 이전하기 위한 적절한 안전조치를 취하였다는 것을 증명할 수 있다[§46(2)(e)].

모범행위기준에는 가명화조치 이외에도 공정하고 투명한 처리, 특정한 상황에서 통제자가 추구하는 적법한 이해관계, 개인정보의 수집, 일반공중 및 개인정보주체에게 제공되는 권리, 개인정보주체의 권리행사, 어린이에게 제공되는 정보 및 어린이의 보호 그리고 어린이에 대한 부모로서 책임을 부담하는 주체의 동의를 획득하는 방법, 제24조 및 제25조의 조치 및 절차 그리고 제32조의 처리의 안전성을 보장하기 위한 조치, 개인정보 유출에 대하여 감독 당국에 대한 통지 및 개인정보주체에 대한 통지, 개인정보의 제3국 또는 국제기구로의 이전, 처리에 관하여 통제자와 개인정보주체 간의 분쟁을 해결하기 위한 소송 이외의 절차 및 기타 분쟁해결절차(제77조 및 제79조에 따른 개인정보주체의 권리에 영향을 미치지 않음) 등이 포함될 수 있다(§40.2). 따라서 모범행위기준에는 가명화조치만 포함되는 것은 아니지만, 개인정보에 가명화조치가 포함된 모범행위기준을 준수하면 이러한 혜택을 누릴 수 있으므로 가명화조치는 개인정보통제자에게 상당한 혜택을 부여하는 셈이 된다.

IV. 미국과 영국의 비식별화 및 익명화

1. 미국 HIPAA

(1) 프라이버시 규칙에 의한 보건정보의 보호

미국은 개인정보 보호에 관한 일반법이 존재하지 않고 일정한 개별적인 분야에서 개인정보를 보호하고 있다. 이러한 개별적인 분야 중의 하나가 보건의료분야인데, 개인정보를 보호하는 규범이 HIPAA 프라이버시 규칙이다. HIPAA(Health Insurance Portability and Accountability Act)는 1996년에 제정된 것으로서 보건의료 전반에 대하여 규정하는 법률이다. 이 법은 '개인식별가능 보건정보(individually identifiable health information)'의 불법적인 획득과 제공을 금지하고(HIPAA §262), 보건후생부(HHS) 장관으로 하여금 의회에 개인식별가능 보건정보의 프라이버시 보호에 관한 기준 권고안을 제출할 것을 규정하고 있다(§263). 이에 따라 제정된 규범이 HIPAA Privacy Rule(45 CFR Part 160 및 Part 164)이다.

프라이버시 규칙의 보호대상은, 그 형태·매체 또는 전자적·종이·구두의 형태인가에 관계없이, 규칙을 적용받는 기관(규칙적용대상기관)이 보유하거나 송신하는 것으로서 '보호되는 보건정보(protected health information)'이다(45 C.F.R. §160.103). '개인식별가능 보건정보'는 개인으로부터 수집하는 인구통계학적 정보(demographic information) 등 보건정보에 해당하는 것으로서, (i) 규칙적용대상기관 등이 생성·수령하고, (ii) 개인의 과거·현재·미래의 신체·정신적 건강·상태, 개인에 대한 보건의료 제공, 개인에 대한 보건의료 제공을 위한 과거·현재·미래의 비용지급에 관계되는 것으로서, ① 개인을 식별하거나, ② 정보가 개인을 식별하는 데 사용될 수 있는 것이라고 합리적으로 믿을 만한 근거가 있는 것에 관한 정보이다(45 C.F.R. §160.103).

프라이버시 규칙의 목적은 규칙적용대상기관에 의하여 개인의 보호되는 보건정보가 이용되거나 제공될 수 있는 경우를 정의하고 제한하기 위한 것이다. 프라이버시 규칙은, 규칙적용대상기관이 (i) 규칙이 허용하거나 요구하는 경우, 또는 (ii) 개인정보주체가 서면에 의하여 허락한 경우를 제외하고는, 보호되는 보건정보를 이용하거나 제공하는 것을 금지하고 있다[45 C.F.R. §164.502(a)]. 첫째, 규칙적용대상기관은 ① 개인이 요청하는 경우, ② 보건후생부가 준수여부를 조사하거나 집행조치를 취하는 경우 개인의 보호보건정보를 제공하여야 한다.

둘째, 규칙적용대상기관은 ① 개인에게 제공할 수 있고, ② 치료·비용지급·보건관리를 위하여 이용·제공할 수 있고, ③ 개인에게 직접 질문하거나, 동의·묵인·반대할 기회를 명확하게 제공한 경우, 비공식적인 허락을 받을 수 있는데 이 경우 이용·제공할 수 있으며, ④ 기타 허용되는 이용이나 제공에 부수적인 경우 이용·제공할 수 있으며, ⑤ 국가적인 주요 12개 목적(법률에 의하여 요구되는 경우, 공공 보건행위, 보건·안전에 대한 심각한 위협, 보건 감독행위 등 12가지의 공익행위)을 위하여 이용·제공할 수 있으며, ⑥ 연구·공공보건·보건관리의 목적으로 개인·친척·가족 구성원·고용주에 대한 직접 식별자가 제거된 보호보건정보를 사용할 수 있다[45 C.F.R. §164.502(a)(1)].

셋째, 치료 등의 목적이 아니거나 또는 프라이버시 규칙에 의하여 허용되거나 요구되지 않는 보호보건정보를 이용하거나 제공하기 위해서는 개인으로부터 서면에 의한 허락을 받아야 한다(45 C.F.R. §164.508).

(2) 보건정보의 비식별화

프라이버시 규칙은 비식별화된 보건정보(de-identified health information)와 관련하여 2가지를 규정하고 있다. 첫째, 규칙적용대상기관은 개인을 식별할 수 없는 보건정보(비식별 보건정보)를 생성하기 위하여 보호보건정보를 활용하고, 보호보건정보를 비식별 보건정보를 생성할 목적으로 협업기관(business associate)에게 제공할 수 있다. 둘째, 비식별화 기준과 요건을 충족한 보건정보는 개인식별보건정보로 취급되지 않으며, HIPAA에 따른 요건은 이러한 기준과 요건을 충족한 정보에 대해서는 적용되지 않는다. 다만 코드를 부여한 정보나 기타 비식별화된 정보를 재식별할 수 있도록 하기 위한 코드나 기타 기록확인 수단을 공개하는 행위는 보호보건정보를 공개하는 것에 해당한다. 또한 비식별화된 정보가 재식별될 경우, 적용대상기관은 이러한 재식별 정보를 HIPAA에 의하여 허용되거나 요구된 경우에 한하여 사용하거나 공개할 수 있다[45 C.F.R. §§164.502(d)(2)].

(a) 비식별화 기준

① 개인을 식별하지 아니하고 ② 정보가 개인을 식별하기 위하여 사용될 수 있다고 믿을 만한 합리적인 근거가 없는 보건정보는 개인식별보건정보가 아니다[§164.514(a)].

(b) 비식별화 요건

규칙적용대상기관이 일정한 보건정보가 개인식별보건정보가 아니라고 결정할 수 있는 경우, 곧 비식별화된 보건정보라고 결정하는 것은 다음 2가지의 선택적인 방법에 의한다. 첫째, 일정한 주체가 개인에 대한 정보의 식별 위험성이 낮다고 결정한 경우이다. 곧 정보가 개인을 식별하지 못하도록 하기 위하여 일반적으로 채택된 통계 및 과학적 원칙과 방법에 대하여 적절한 지식과 경험이 있는 자가 ① 이러한 원칙과 방법을 이용하여, 정보가, 단독으로 또는 다른 합리적으로 이용가능한 정보와 함께, 정보를 사용할 것으로 예상되는 자에 의하여 정보주체인 개인이 식별될 위험성이 낮고, ② 이러한 결정을 정당화하는 방법 및 분석결과를 문서화하는 경우이다[45 CFR §164.514(b)(1)].

둘째, 일정한 식별자가 제거된 경우로서, 개인 및 개인의 친척, 고용주 및 가족의 일정한 식별자가 제거되는 경우이다. 이러한 식별자로는 (i) 이름, (ii) 지리적 위치(번지수 및 거리 이름, 도시, 카운티, 선거구나 경찰관할구와 같은 일정 구역), (iii) 개인과 직접 관계되는 모든 유형의 날짜[생일, 입학·입소 등의 허가일, 해고·석방 등의 날짜, 사망일(여기까지는 연도 제외)], 89세를 초과하는 모든 나이와 이 같은 날짜를 나타내는 모든 유형의 날짜(연도 포함)(이러한 나이와 날짜가 90세 이상의 나이로 총계화되는 경우에는 제외), (iv) 전화번호, (v) 팩스 번호, (vi) 전자우편 주소, (vii) 사회보장번호, (viii) 의료기록번호, (ix) 의료보험번호, (x) 계좌번호, (xi) 인증서·허가서 번호, (xii) 차량 식별자 및 시리얼 번호(번호판 숫자 포함), (xiii) 기기 식별자 및 시리얼 번호, (xiv) URL, (xv) IP 주소, (xvi) 생체식별자[지문 및 성문(聲紋) 포함], (xvii) 얼굴 전체 이미지 및 이와 비슷한 이미지, (xviii) 기타 식별번호, 특성, 코드(비식별화된 정보를 재식별하기 위하여 코드나 식별수단을 부여한 경우 제외) 등이다[45 CFR §164.514(b)(2)].

(c) 재식별

프라이버시 규칙은 비식별화된 보건정보의 재식별 가능성을 스스로 인정하고 있다. 곧 일정한 요건을 충족하는 경우, 규칙적용대상기관은 비식별화된 정보를 자신이 재식별하기 하기 위하여 기록으로 확인할 수 있는 코드나 수단을 부여할 수 있다[45 CFR §164.514(c)]. 이러한 요건으로는 첫째, 기록으로 확인할 수 있는(record identification) 코드나 수단이 개인에 관한 정보로부터 파생된 것이 아니고 그 외에 개인을 식별하기 위하여 변환될 수 없는 것이어야 한다.

둘째, 규칙적용대상기관이 기록으로 확인할 수 있는 코드나 기타 수단을 어떠한 목적을 위해서도 공개하지 않으며, 재식별을 위한 방법을 공개하지 않아야 한다.

2. FTC의 비식별화

미국 연방거래위원회(Federal Trade Commission: FTC)는 2012년 21세기의 소비자 프라이버시를 보호하기 위한 보호체제(framework)를 제안하는 보고서를 공표하였다.[5] FTC는 소비자의 프라이버시를 보호하기 위한 모범관행(best practices)으로서 기업으로 하여금 프라이버시 중심 설계, 기업과 소비자를 위한 간편한 선택, 투명성 강화를 권고하였다. FTC는 기업이 정보가 비식별화되도록 하는 합리적인 조치를 취하고, 정보를 재식별하지 않겠다고 공개적으로 천명하고, 정보를 제공받는 주체가 정보를 재식별하는 것을 계약에 의하여 금지시킨 경우, FTC는 해당 정보가 합리적으로 연계되지 않는다는 입장을 취하였다. 기업에게 모범 관행을 권고하는 프라이버시 보호체제는 특정 소비자, 컴퓨터 및 기타 기기에 합리적으로 연계될 수 있는(reasonably linked) 소비자에 관한 정보를 수집하거나 이용하는 모든 상업적 실체에 대하여 적용된다. 따라서 비식별화 조치를 취한 정보는 소비자 등과 합리적으로 연계되지 않

---

5 FTC, Protecting Consumer Privacy in an Era Rapid Change, Recommendations for Businesses and Policymakers(2012.3).

게 되어 모범관행을 권고하는 프라이버시 보호체제가 적용되지 않는다. 곧 비식별화 조치를 취한 정보에 대해서는 개인정보규범이 적용되지 않는 셈이다. 따라서 기업에 대해서는 정보를 비식별화 조치를 취하도록 하는 인센티브를 제공하는 것이 된다.

FTC는 비식별화를 권고하고 있지만 비식별화를 정의한 것은 아니며 다만 데이터 영역(fields)을 삭제 또는 수정하거나, 비식별화에 대한 기술적인 접근방법으로서 데이터에 충분한 소음(noise)을 추가하거나, 통계적으로 샘플링하거나, 총계적(aggregate) 또는 종합적(synthetic) 데이터를 사용하는 것을 예시하고 있을 뿐이다. FTC의 프라이버시 보호체제는 기업에게 모범관행을 권고하는 것에 불과한 것이지만, 미국의 개인정보규범이 자율규제에 바탕을 두고 있다는 것을 고려한다면 상당히 의미 있는 것이라 할 수 있다. 이러한 보호체제에서 비식별조치를 취한 소비자 정보는 모범관행으로부터 그 적용이 배제되는 것이므로, GDPR의 익명화조치를 취한 정보와 유사한 위치에 있는 셈이 된다.

3. 미국의 Consumer Privacy Bill of Rights Act of 2015

Consumer Privacy Bill of Rights Act of 2015는 비록 입법으로 채택되지는 않았지만 오바마 행정부가 강력하게 추진했던 입법으로서, 2012년 백악관이 디지털 경제에서 프라이버시를 보호하기 위한 체제를 제안하였던 보고서에 바탕을 두고 있다. 이 법안은 투명성, 개인에 의한 통제, 정황(context)의 존중 등의 원칙을 담고 있는데, 개인정보에 포함되지 않는 개념으로서 비식별화 정보(de-identified data)를 도입하고 있다. 비식별화 정보는 법안의 적용대상기관이 ① 정보가 특정 개인이나 기기에 실제로 연계될 수 없다고 합리적으로 기대할 수 있는 근거가 있다고 할 정도로 변경시키고, ② 개인이나 기기를 식별하려고 시도하지 않겠다고 공개적으로 천명하고 이러한 식별을 방지하기 위한 적절한 통제를 채택하고, ③ 적용대상기관으로부터 정보를 제공받는 각 주체에 대하여 계약이나 기타 법에 의하여 금지함으로써, 이러한 주체가 정보를 특정 개인이나 기기에 연계시키려고 하는 시도를 금지하고 이러한 주체가 이후에 다시 정보를 제공하는 것에 대하여서도 동일한 것을 요구하고, ④ 적용대상기관으로부터 정보를 제공받는 각 주체가 특정 개인이나 기기로 연계시키는 것을 시도하지 않겠다고 공개적으로 천명하도록 하는 경우 비식별화 정보가 된다[§4(a)(2)].

이 법안은 비식별화를 정의한 후 비식별화 정보를 개인정보에 아예 포함하지 않도록 함으로써 규범의 적용을 배제하는 방식을 취하고 있다. 이러한 접근방법은 FTC의 비식별화 정보의 개념과 동일한 것으로서, 규범의 적용을 배제하는 면에서는 GDPR의 익명화 정보에 가까운 개념이라고 할 수 있다. 그러나 GDPR의 익명화 정보는 특정 개인을 완전히 식별할 수 없는 것임에 반하여, 이 법안의 비식별화 정보는 여전히 재식별의 가능성은 인정하면서 계약 등에 의하여 재식별을 방지하고자 하는 경우 규범의 적용을 배제하는 면에서 다르다고 할 수 있다.

4. 영 국

영국은 익명화, 비식별화, 가명화의 개념상의 모호함을 인정하면서 이들 개념을 구별하고 있다. 영국은 대체로 비식별화와 익명화로 구분하고, 가명화(pseudonymisation)는 비식별화에 포함되는 개념으로 파악하고 있다. 또한 비식별화도 익명화의 하나의 수단으로 파악하는데 비식별화는 익명화를 위하여 필요조건은 될 수 있으나 충분조건은 되지 않는 것으로 파악하고 있다.[6]

영국의 개인정보보호법(Data Protection Act, DPA)은 익명화나 익명정

---

6 ICO, Anonymisation: managing data protection risk code of practice (2012); UKAN, The Anonymisation Decision-Making Framework (2016).

보에 대하여 규정하고 있는 것은 아니다. 그러나 영국은 GDPR과 같이 익명화(anonymisation)가 개인정보주체를 완전히 식별할 수 없는 절대적인 개념으로 사용하고 있지 않고, 비식별화 및 가명화를 익명화에 포함되는 개념으로 파악하고 있다. 따라서 익명정보를 영국의 개인정보보호법의 적용으로부터 완전히 배제하는 것이 아니다. 그러나 정보를 익명화하는 경우 정보를 공중에 이용·제공하면서 개인정보를 보호하기 위한 의무를 이행할 수 있고, 익명화된 정보를 제공하는 경우에는 개인정보를 제공하는 것보다 법적 제한이 적게 적용되며, 익명화된 정보에 대해서는 목적제한의 원칙이 적용되지 않으므로 수집목적과 달리 새로운 목적에 활용할 수 있다.

영국은 익명화 정보를 그 자체로 어떠한 개인을 식별하지 않으며 다른 정보와 결합하여 어떠한 개인이 식별될 수 있도록 할 가능성이 없는 정보로 파악하고 있다.[7] 이러한 영국의 익명화 개념은 개인정보에 절대 해당하지 않는다는 GDPR의 익명화 개념과 구별되는 것이다. 익명화조치를 취한 이후에도 원본 정보는 여전히 존재하며 따라서, 극히 예외적인 경우를 제외하면, 통제자는 원본 정보를 참고하여 익명화된 정보에서 개인을 식별할 수 있게 된다. DPA의 개인정보에 대한 정의[§1(1)]에 의하면, 이러한 익명화된 정보는 여전히 개인정보인 것처럼 보인다. 이러한 모순을 해결하기 위하여 ① 익명화된 정보를 개인정보라고 하고 익명화된 정보를 제3자에게 제공할 수 있는지 여부는 공정한 처리에 해당하는지에 관한 개인정보 보호규범에 따르게 하는 방법과 ② 익명화된 정보는 원래의 통제에 대해서는 개인정보이지만, 익명화된 정보를 사용하는 주체에 대해서는 개인정보가 아닌 것으로 하는 방법이 있을 수 있다.

이러한 방법 중에서 영국은 후자의 방법을 따르고 있는데, 다음과 같

---

7   Ibid., at 6.

은 근거를 제시하고 있다.[8] 첫째, 후자의 입장이 익명화 개념을 개인정보와 관련되는 상황, 곧 이용자가 접근하는 다른 출처와 직접 연결시키고, 한편으로는 공정한 처리의 문제와 다른 한편으로는 식별가능성의 문제와 같이, 개인정보를 보호하여야 하는 복잡성을 명쾌하게 구분할수 있다. 둘째, 첫 번째의 방법은 의도하지 않은 결과에 이르는 문제점이 발생한다. 곧 예컨대 익명적인 웹서베이를 통하여 정보를 수집한 A는 어떠한 개인을 식별할 수 없고, 따라서 그 익명정보는 개인정보가 되지 않고, A는 개인정보통제자가 되지 않으며 익명화된 정보를 공개할수 있어야 한다. 그런데 별개의 정보에 대하여 접근할 수 있는 기업 B가이러한 정보를 이용하여 A가 공개한 정보에서 특정 개인을 식별할 수있는데, 익명화된 정보의 사용자인 B는 통제자로서 책임을 부담하여야할 것이다. 그런데 위의 첫 번째 방법을 채택하면 B뿐만 아니라 A도 통제자로서 책임을 부담하는 불합리한 결과가 발생한다.

따라서 영국에서는 익명화 정보가 개인정보인지 여부는 일정한 상황에 따라 달라지게 된다. 곧 어떠한 개인정보통제자가 일정한 데이터세트에서 개인을 재식별할 수 있는 다른 정보를 보유하고 있음에 반하여, 익명화된 데이터세트의 이용자는 재식별할 수 없거나 재식별할 가능성이 없는 경우, 데이터세트는 개인정보통제자에 대해서는 개인정보이지만, 이용자에 대해서는 개인정보에 해당하지 않게 된다.

영국은 익명화가 특정 개인을 완전히 식별할 수 없도록 하는 것으로 개념적으로 파악하기보다는 현실적인 측면에서 실용적으로 파악하려는 것으로 보인다. 곧 100%의 익명화가 가장 바람직한 방법이지만 이러한 요건은 기술적으로나 현실적으로 불가능한 것이고 따라서 개인정보보호법이 요구하는 판단기준도 아닌 것이 된다. 따라서 익명화는 개인정보를 보호하고 활용하는 하나의 방편이 되는 것으로서, 100% 익명화는

---

8 UKAN, The Anonymisation Decision-Making Framework 10-13(2016).

불가능하고 익명화는 정보의 수집이나 재식별 환경이 각각의 주체나 상황에 따라 달라질 수 있으므로, 익명정보가 개인정보가 되는 경우와 그렇지 않은 경우도 있는 것으로 파악하고 있다. 따라서 익명정보가 개인정보가 되지 않는 경우에는 개인정보보호법이 적용되지 않으며 GDPR이 상정하는 익명정보와 같이 자유로이 활용할 수 있다. 물론 익명정보가 개인정보가 되는 경우에는 개인정보보호법이 그대로 적용된다. 따라서 영국은 익명정보를 개념적으로 파악하기보다는 기술적 및 현실적인 측면에서 파악하여 상황에 따라 개인정보가 되는 경우와 아닌 경우로 달리 파악하여 융통적인 개념으로 활용하고 있는 것으로 보인다. 요컨대 영국은 익명화 및 비식별화라는 용어를 사용하는데, 비식별화를 익명화의 하나의 방법으로 파악하고 있고, 익명화의 개념을 상황에 따라 융통적으로 사용하면서 익명화된 일정한 정보에 대해서는 자유로운 활용을 허용하고 있는 것으로 파악할 수 있다. 또한 익명화 정보에 대한 재식별 가능성이 여전히 존재하지만 위험성은 상당히 낮으므로 일정한 범위에서 활용을 허용함으로써 정보의 활용 및 보호를 균형시키고 있다고 할 수 있다.

V. 정보의 활용을 위한 각국 접근방법의 평가

1. GDPR 가명·익명정보

GDPR은 개인정보, 가명정보 및 익명정보로 구분하고, 익명정보는 이론적으로 특정 개인을 전혀 식별할 수 없는 정보로, 가명정보는 추가적인 정보를 별도로 보관하고 이에 대하여 기술적·관리적 조치를 취한 정보로 정의하고 있다. 익명정보는 개인을 식별할 수 없는 정보이므로 개인정보 규범을 적용할 필요성이 없고 따라서 이에 관하여 규범을 적용할 필요가 없다. 익명정보는 개인정보의 정의에 따라 결정되고, GDPR 은 이에 대하여 해설서에서만 언급하고 있을 뿐이다. 가명정보는 별도 의 정보와 결합하여 특정 개인을 식별할 수 있으므로 여전히 개인정보 이므로 개인정보 규범이 적용되지만, 다만 추가적인 정보를 별도로 보 관하고 이에 대하여 안전조치를 취한 것이므로 프라이버시를 침해할 위 험성이 상당히 감소한 것이다. 가명정보는 한편으로는 다른 정보와 결 합하여 개인을 식별할 수 있으므로 규범의 적용으로부터 완전히 배제하 는 것은 적절하지 않고 따라서 여전히 개인정보 규범이 적용되도록 한 다. 그러나 다른 한편으로는 별도 보관과 안전 조치로 인하여 프라이버 시 침해 위험성이 상당히 감소한 것이므로 일정한 범위에서 활용토록 하고 있다.

GDPR의 접근방법은 가명정보의 개념을 도입하여 보호와 활용을 모 두 추구하는 측면에서 획기적인 것이라 할 수 있다. 이러한 접근방법은 프라이버시 침해의 위험성에 따라 정보에 대한 규범의 적용 내지 정보 의 활용을 달리하려는 입법이다. 그러나 어떠한 정보가 특정 개인을 전 혀 식별할 수 없다는 것은 어디까지나 이론적인 측면에서만 가능할 뿐 이라는 것이 문제이다. 물론 특정 개인과 전혀 관계없는 정보도 존재할 수 있으나, 상황에 따라서는 일정한 정보가 익명정보에 해당하는지 여 부를 판단하는 것이 용이하지 않을 수 있다. 예컨대 '50명의 사람이 매 일 아침 이 커피숍에 갔다'라는 정보는 특정인을 식별할 수 없으므로 익 명화된 것이라 할 수 있다. 그러나 특정 저서의 저자명을 삭제한 경우 저자를 바로 알아낼 수 없지만, 저서에 나타난 저술 형태를 분석하고 이 저서의 저술 형태와 동일한 (저자명이 있는) 다른 저서를 찾아낸 경우, 이 저서의 저자명을 삭제한 것은 완전한 익명화라고 하기 어렵다. 또한 Sweeney 교수가 미국의 1990년 인구조사자료를 기초로 5자리의 우편 번호, 생년월일, 성별 정보 등 세 가지 정보만을 결합하여서도 87.1%의 미국인을 식별할 수 있었던 사실이나 현대의 데이터 분석기술의 발전을

고려하면, 완전한 익명화는 이론적으로만 가능할 뿐이라는 것을 알 수 있다.[9]

또한 익명정보의 활용 가치가 떨어진다는 문제점이 있다. 특히 GDPR이 상정하는 익명정보는 이론적으로 개인을 전혀 식별하지 못하는 정보이므로 활용의 가치가 상당히 많이 떨어질 수 있다. 특히 의료정보의 경우 데이터를 연계시키는 것이 중요한데, 익명화된 데이터는 이와 관련된 개인과 연계되지 않으므로 활용 가치가 떨어지게 된다. 활용가치가 떨어지는 익명정보는 가명정보에 의하여 보완될 수 있으나, GDPR이 허용하는 가명정보의 활용 범위도 넓지 않다는 문제점이 있다.

GDPR이 가명정보라는 개념을 설정하여 활용을 허용한다는 점에서는 개인정보 규범에서 진일보한 것이라 할 수 있으나, 활용의 측면에서는 여전히 만족스럽지 않다. 첫째, GDPR은 가명화 조치를 취한 경우 여러 가지 혜택을 부여하고 있지만, 정보의 활용과 관련하여서는 사실상 수집시와 다른 목적을 위한 추가적인 처리를 하고 공익목적을 위한 처리의 안전조치로서 인정하는 것만 존재한다. 데이터보호 중심설계 이행 방법으로서의 가명화 조치 등은 정보의 활용과 직접 관련되는 것이 아니다.

둘째, 가명화조치를 취한 경우 수집 시 목적과 다른 목적을 위한 처리를 허용한다고 하고 있지만, 가명화 조치 자체가 이러한 추가적 처리를 허용하는 것이 아니다. 곧 가명화 조치는 수집 시 목적과 다른 목적을 위하여 정보를 처리하는 것이 수집 시 목적과 일치하는지 여부를 판단함에 있어서 고려할 수 있는 여러 가지 요소 중의 하나에 불과하고, 이러한 판단도 다른 목적과 수집목적이 일치하는지 여부를 판단하기 위한 것이므로 가명화 조치를 취하였다고 하여 수집 시 목적과 전혀 다른 목적을 위하여 처리하는 것이 허용되는 것이 아니다. 결국 수집목적과 일

---

9   L. Sweeney, Simple Demographics Often Identify People Uniquely, Carnegie Mellon University, Data Privacy Working Paper 3 (Pittsburgh 2000).

치하는 목적을 위한 처리만이 허용되고, 가명화 조치는 수집목적과 다른 목적으로 처리하는 것이 수집 시 목적과 일치하는지 여부를 판단하는 데 고려하는 하나의 요소에 불과한 것이 된다. 따라서 가명화 조치를 취하였다고 하여 수집 시 목적과 일치하지 않는 목적을 위하여 처리할 수 있는 것은 아니다.

셋째, 가명화 조치 자체는 공익목적의 기록보존 등을 위한 처리를 허용하는 것이 아니라 이러한 처리를 위한 요건인 안전조치 중의 하나에 불과하다. 비록 공익목적의 기록보존 등을 위한 처리는 목적제한의 원칙에 대한 예외로 허용되고 가명화 조치는 이러한 처리를 위한 요건을 충족하기 위한 방법의 하나이므로, 가명화 조치는 목적 외 이용을 허용하는 수단이 된다. 그러나 가명화 조치 자체가 목적 외 이용인 공익목적의 기록보존 등을 위한 처리를 허용하는 것은 아니다.

GDRP이 ① 공익목적의 기록보존, ② 과학 또는 역사연구 목적이나 ③ 통계 목적을 위한 개인정보의 추가적인 처리를 위한 요건을 이행하는 방법 중의 하나로서 가명화 조치를 규정하고 있지만, 한국의 개인정보보호법은 '통계작성 및 학술연구 등의 목적을 위하여 필요한 경우로서 특정 개인을 알아볼 수 없는 형태로 개인정보를 제공하는 경우' 목적 외 이용 및 제3자 제공을 허용하고 있고(§18② v), 공공기관이 처리하는 개인정보 중 통계법에 따라 수집되는 개인정보에 대해서는 개인정보보호법 제3장 내지 제7장의 적용을 배제하고 있다(§58① i). '개인을 알아볼 수 없는 형태'의 의미가 정확하지 않지만, 한국의 개인정보보호법은 GDPR이 허용하고 있는 것 이상으로 정보의 활용을 허용하고 있는 셈이다. 따라서 공익목적의 기록보존 등을 위한 활용의 측면에서 판단한다면 GDPR이 가명화 조치를 통하여 한국의 개인정보보호법보다 활용을 확대하는 것이 되지 않는다.

이상 살펴본 바와 같이 가명정보는 개인의 프라이버시 보호와 개인정보 활용을 모두 추구하고자 하는 것이지만, 정보의 활용 측면에 있어서는 그리 만족스럽게 활용을 허용하는 것이라 하기 어렵다.

2. 영국의 익명화

영국은 비식별화를 직접 식별자를 제거하거나 숨기는 절차라고 하고 가명화도 비식별화에 포함되는 것으로 파악하고, 익명화를 데이터를 통하여 개인이 식별될 위험이 무시될 정도가 되도록 하기 위한 절차로 파악하고 있다. 비식별화는 익명화를 위한 충분조건을 되지만 익명화가 비식별화의 충분조건이 되는 일은 없으며, 따라서 익명화는 비식별화 조치 이상을 필요로 하는 것으로서 통계적인 연계를 방지하기 위하여 비식별화된 데이터를 추가적으로 변경하거나 숨기는 것을 필요로 한다. 또한 익명화된 데이터를 개인정보로 전환시키는 것에 의한 재식별화, 제대로 익명처리가 되지 않은 데이터(poorly-anonymised data), 효과적인 (effective) 또는 완전한(perfect) 익명화 등과 같이 익명화 용어를 사용하는 것에서 볼 수 있듯이, 익명화를 특정 개인을 전혀 식별할 수 없는 개념으로 파악하는 것이 아니라, 재식별이 가능하고 원본 데이터가 존재할 수도 있는 개념으로 사용하고 있다. 영국은 데이터에 대하여 추구하고자 하는 고정된 목표라는 것에 익명화의 초점을 맞추는 것은 잘못된 것으로 파악하고 있다. 곧 첫째, 익명화는 데이터의 특성에만 초점을 맞추는 개념이지만, 데이터가 실제로 익명화되었는지 여부는 데이터와 데이터 환경 양자의 기능에 따라 결정되는 것이다. 둘째, 익명화되었다는 것은 데이터집합물 내에서 어떠한 개인이 재식별될 확률이 전혀 없다는 것을 의미하는 것으로 잘못 인식될 수도 있다. 셋째, 익명화를 데이터를 처리하기 위한 목표로 인식한다면, 데이터를 익명화한 후에는 목표를 달성한 것이 되어 더 이상 익명화된 데이터에 대하여 주의를 하지 않음으로써 비생산적인 것이 될 수 있다. 요컨대 영국은 익명화를 목표가 아니라 수단이고, 익명화 절차와 (데이터 공유나 제공과 같이) 익명화를 위한 목적은 분리시킬 수 없는 것으로 파악하고 있다.

영국은 완전한 익명화에 의하여 대부분의 개인정보 보호원칙이 이행될 수 있다고 파악하고 있다. 곧 완전한 익명화에 의하여 안전조치의 원칙이 충족될 수 있고, 목적 달성을 위하여 필요한 기간 동안 개인정보를 보유하여야 한다는 원칙은 목적 달성 후 원래 데이터를 삭제함으로써 데이터가 더 이상 개인정보가 되지 않음으로써 달성된다. 개인정보의 해외 이전제한에 관한 원칙은 익명 데이터에만 적용되는 것이 아니라 모든 데이터에 적용되는 문제이다. 목적 제한의 원칙과 관련하여 익명화된 데이터를 공개하였을 경우, 익명화된 데이터를 개인정보가 되도록 하는 데이터가 공개된 것이 아니므로 목적제한의 원칙도 이행된다고 파악하고 있다. 공정하고 적법한 처리원칙을 위해서는 사법절차, 법령·정부·기타 공익기능을 행사하기 위하여 필요하거나, 데이터 통제자의 적법한 이익에 따른 것이거나, 공익적 성격의 기능을 행사하기 위한 것 등의 정당화 근거가 존재하는데, 익명화된 데이터를 공개·공유하는 대부분의 경우 이러한 정당화 근거 중의 하나가 적용될 것으로 파악하고 있다.

익명정보에 대한 영국의 접근방법은 완전한 익명화는 있을 수 없으며, 익명화 자체를 목적이 아니라 수단으로 파악하는 특성을 가지고 있다. 익명화된 정보에 대하여 개인정보 규범을 적용하는가, 않는가 여부는 익명화 자체에 의하여 결정되는 것이 아니라 익명화가 어느 정도로 이루어졌는가에 따라 결정된다. 따라서 영국의 가명화·비식별화 개념은 물론이고 익명화 개념도 규범의 적용 여부나 적용 범위를 명확하게 밝히는 것이 아니게 되고, 익명화에 의하여 정보의 활용이 완전히 보장되지 않는 단점이 있다.

사람에 관한 것이 아니면서 개인을 식별할 수 없는 비개인 데이터 (apersonal data)는 GDPR의 익명정보에 가까운 것이 된다. 또한 익명화 데이터는 사람에 관한 것이지만 개인을 식별할 수 없는 데이터인데, 영

국은 데이터를 익명화한 이후에도 데이터 통제자가 원본 데이터를 소유
하는 것으로 파악하고 있고 따라서 익명화된 데이터와 원본 데이터를
결합함으로써 개인을 식별할 수 있게 된다. 영국의 개인정보보호법의
문언적 해석에 의하면 이러한 익명화된 데이터는 여전히 개인정보가 될
수밖에 없다. 그런데 영국은 이와 같이 익명화된 데이터를 공개한 경우,
익명화된 데이터는 원래의 데이터 통제자에 대해서는 개인정보이지만
데이터 이용자에 대해서는 개인정보가 아닌 것으로 된다. 따라서 이러
한 점에 있어서 익명화된 데이터의 이용이 가능할 수 있는데, 영국에서
의 이러한 익명화는 개념상으로는 GDPR의 가명정보와 유사하지만, 활
용의 측면에 있어서는 GDPR보다 광범위하게 활용을 허용한 것이라 할
수 있다.

3. 미국의 비식별화

미국 HIPAA가 사용하는 '비식별 보건정보(de-identified health infor-
mation)'는 특정 개인을 전혀 식별하지 않는, 식별할 수 없는 정보가 아
니다. HIPAA 자체가 비식별화된 정보를 재식별할 수 있도록 하기 위한
코드 등을 부여하도록 하고 있고[45 CFR §164.514(c)], 18개의 식별자를
제거하거나 적절한 지식과 경험이 있는 주체에 의하여 정보가 개인을
식별하기 위하여 사용될 위험성이 적다고 결정하였다고 하여 개인정보
가 되지 않는 것이 아니기 때문이다.

HIPAA는 정보의 활용을 가장 많이 허용하는 입법인 것으로 보인다.
첫째, 개인을 식별하지 않고 또한 개인을 식별하기 위하여 사용된다고
믿을 만한 합리적인 근거가 없는 보건정보를 개인식별보건정보가 아니
라고 규정하고 있다[45 CFR §164.514(a)]. 한국의 비식별화조치 가이드라
인이 결여하고 있는 부분이 바로 이러한 규정인데, 가이드라인이 HIPAA
와 유사하게 조치를 취하였음에도 불구하고 '가이드라인 차원에서' 개인

정보가 아닌 것으로 추정한다고 함으로써 비식별조치를 취한 정보가 개인정보가 아닌 것이라고 단언할 수 없게 된다. 둘째, HIPAA 적용대상기관은 개인 및 그 친척·고용주·가족구성원의 16가지 식별자를 제거한 '제한적인 데이터집합물(dataset)'을 연구, 공공보건, 의료활동(health care operation)의 목적을 위하여 사용·공개할 수 있도록 하고 있다.

HIPAA는 매우 합리적인 방법에 의하여 정보의 광범위한 활용을 허용하고 있다. 첫째, 전문가에 의하여 비식별정보 여부를 결정하도록 하는 비교적 간단한 절차를 채택하고 있다. 곧 일반적으로 채택된 통계·과학 원리·방법에 대한 적절한 지식과 경험이 있는 주체가, 이러한 지식과 경험을 이용하여, 정보주체가 식별될 위험성(정보의 수령자가 단독 또는 합리적으로 획득가능한 다른 정보와 결합하여 정보주체를 식별할 위험성)이 매우 낮다고 결정하고 이러한 결정을 정당화시키는 분석 방법 및 결과를 서류화하는 방법에 의하여 비식별정보 여부가 결정될 수 있다. 한국의 비식별조치 가이드라인이 해당 기관의 개인정보 보호책임자가 3명 이상의 관련 분야 전문가로 구성하고, 외부전문가를 과반수 이상 위촉하고, 평가단의 단장을 선출토록 하고, 착수회의를 포함하여 최소 2회 이상 운영토록 요구하는 것과 큰 차이가 있다.

둘째, 전문가에 의한 결정 이외에, 18개 식별자를 제거하고 적용대상기관이 정부주체를 식별하기 위하여 사용될 수 있다는 것을 실제로 알지 못하는 것에 의하여서도 비식별정보가 결정된다. 한국의 개인정보 정의에 의하면 18개의 식별자가 제거된 정보도 얼마든지 개인정보에 해당할 수 있다. 그러나 18개의 식별자가 제거된 정보에 의하여 특정 개인이 식별될 위험성은 상당히 낮아질 수밖에 없다. 이러한 정보가 여전히 개인정보에 해당한다고 하여 개인정보 규범을 그대로 적용하여 활용을 전면적으로 배제할 것이 아니라, 일정한 범위에서 활용토록 하면서 재식별될 위험성을 줄이는 것이 바람직하다.

VI. 결 론

1. 가이드라인의 한계

정부의 비식별 조치 가이드라인과 개인정보보호법 및 정보통신망법 개정안은 모두 '비식별 조치' 및 '비식별 정보'라는 용어를 사용하고 있다. 개인정보 보호법제는 개인정보를 특정 개인을 '알아볼 수 있는'이라는 용어를 사용하고 있는데, '알아볼 수 있는' 이라는 용어가 '식별할 수 있는'이라는 것을 의미한다면, 비식별 정보는 개인정보에 해당하지 않게 되어 개인정보 규범이 적용되지 않는 정보가 된다. 그러나 가이드라인과 개정안들이 비식별정보가 개인정보에 해당하지 않는다고 파악하는 것은 아니다. 가이드라인에 의하면, '적정하게 비식별 조치가 된 정보'는 더 이상 '개인을 알아볼 수 없으므로' 개인정보가 아닌 것으로 '추정'되고, 비식별 정보는 정보주체로부터 동의를 받지 않고 이용하거나 제3자에게 제공할 수 있다. 그러나 가이드라인은 비식별 정보의 재식별 가능성을 인정하여 관리적 · 기술적 보호조치를 이행토록 하고 있다.

개인정보와 관련한 비식별 정보, 가명정보, 익명정보와 비식별(화) 조치, 가명(화) 조치, 익명(화) 조치 등은 모두 일정한 한도에서 정보의 활용(이용 및 제3자 제공 등)을 위한 개념들이다. 한국의 비식별조치 가이드라인과 개인정보보호법 및 정보통신망 개정안이 모두 '비식별' 조치 · 정보라는 용어를 사용하는 것은 문제이다. 개인정보보호법과 정보통신망법 개정안은 개인정보를 전부 또는 일부 삭제하거나 대체하여 '다른 정보와 결합하여도 개인을 알아볼 수 없도록' 조치(비식별 조치)할 수 있도록 하는데, 비식별 조치한 정보(비식별 정보)는 개인정보가 되지 않아 규범의 적용범위에 속하지 않아야 한다. 그런데 개정안은 개인정보처리자로 하여금 비식별 정보를 처리하는 과정에서 개인정보를 생성하기 위한 행위를 금지하거나(보호법 개정안), 처리 과정에서 개인정보가 생성된 경우 지체 없이 파기하거나 추가적인 비식별 조치를 하도록 하고 있다(정보통신망법 개정안). 이것은 비식별 정보가 다른 정보와 결합하여 특정 개인을 재식별할 수 있다는 것, 곧 비식별 정보도 개인정보라는 것을 의미하는데, 이것은 비식별 조치에 대한 정의와 모순되는 것이다.

가이드라인의 경우, ① 비식별 조치를 취하였더라도 ② 적정성 평가를 받도록 하고, 적정성 평가를 부정적으로 받은 경우 추가적으로 비식별 조치를 하도록 하고 있다. 적정성 평가를 받은 경우에는 빅데이터 분석 등에 정보를 이용하거나 제공할 수 있지만, ③ "비식별 조치된 정보가 유출된 경우 다른 정보와 결합하여 식별될 우려가 있으므로" 필수적인 보호조치를 이행하도록 하고 있다. 적정성 평가를 부정적으로 받았다거나, 적정성 평가 이후에도 안전조치를 취하도록 하는 것은, 비식별 조치를 취하거나 적정성 평가를 받았더라도, 비식별 정보가 다른 정보와 결합하여 특정 개인을 식별할 수 있고 따라서 여전히 개인정보임을 자인하는 것이다. 비식별 정보가 개인정보에 해당함에도 불구하고 개인정보가 아닌 것으로 '추정'하여 활용할 수 있도록 하는 것은 개인정보에 대한 정의와 배치되는 것으로서, 법률적으로 문제가 될 수밖에 없다.

적정하게 비식별 조치가 된 정보가 '더 이상 개인을 알아볼 수 없다면', 그 비식별 정보를 개인정보가 아닌 것으로 '추정'할 것이 아니라 개인정보의 규범의 적용범위에서 '배제'해야 할 것이다. 비식별정보가 개인정보가 아니라고 추정한다는 것은 어디까지나 가이드라인에 의한 것으로서 법적 근거가 없다. 오히려 개인정보에 대한 정의에 의하면 비식별정보는 개인정보에 여전히 해당할 수 있다. 이러한 비식별정보의 개념은 법적 불안정성을 그대로 내포하게 되고 따라서 정보 활용을 활성화시키는 데 적절하지 않다. 뿐만 아니라 적정성 평가 등 비식별조치는 많은 거래비용을 소요시키는 절차를 포함하고 있다.

또한 가이드라인은 추정의 근거로서 비식별 정보가 더 이상 개인을 알아볼 수 없다고 하면서도 재식별의 가능성을 인정하는 모순이 있음을 밝히고 있다. 이러한 모순은 특정 개인을 알아볼(식별할) 수 있는지 여부에 따라 규범의 적용 여부가 좌우되는데, 알아볼 수 있는지 여부는 극히 유동적인 것이라는 점에서 발생한다. 따라서 알아볼 수 있는지 여부라는 극히 유동적인 개념에 따라 규범의 적용 여부를 결정할 것이 아니라, '식별 위험성의 정도'에 따라 규범에 따른 규제를 달리하여야 할 필요가 있다는 것을 의미한다.

가이드라인과 개정안은 한국에서 정보를 활용할 수 있도록 하기 위한 노력의 일환에서 나온 것이다. 그럼에도 불구하고 문제가 있는 것은 근본적인 해결책을 모색하지 않고 지엽적인 측면에서 해결책을 모색한 것에서 기인된 것이라 할 수 있다. GDPR은 익명정보를 이론적으로 개인정보에 해당하지 않는 것으로 하고 따라서 규범에서 규정할 필요성이 없고, 해설서(recital)에서만 그 의미를 설명하고 있다. 이와 달리 가명정보는 별도의 분리보관 및 안전조치 의무를 구성요소로 개념을 정의하고, 분리보관 및 안전조치로 인하여 프라이버시 침해 위험성이 낮아지므로 목적 외 이용 등 일정한 한도에서 정보의 활용을 허용하는 방식을 취하고 있다.

2. 프라이버시 침해 정도에 따른 정보 활용의 필요성

개인정보에 해당하는 '다른 정보와 쉽게 결합하여 특정 개인을 알아볼 수 있는 정보'라는 것은 정보의 활용에 지대한 영향을 미치고 있고, 가명, 익명, 비식별 정보에 대한 논의와도 관계된다. 한국의 현재 개인정보규범은 일정한 정보가 개인정보에 해당하는가 여부에 따라 그 적용 여부가 좌우된다. 그런데 다른 정보와 쉽게 결합하여 특정 개인을 식별하는 정보도 개인정보에 해당하기 때문에 개인정보에 해당하는 정보가 매우 광범위해진다. 이러한 정보도 다른 정보와 결합하여 특정 개인을 식별할 수 있고 보호받아야 하기 때문에 개인정보규범의 적용으로부터 배제하는 것은 적절하지 않으며, 그렇다고 하여 현재의 정보화 사회에서 그 활용을 배척한다는 것도 적절하지 않다. 특정 개인과 연계될 수 있는 정보는 매우 다양하고 광범위하지만, 이러한 정보들이 특정 개인과 연계되어 프라이버시를 침해할 수 있는 위험성은 각기 다르다. 현재의 개인정보규범은 이러한 정보의 다양성이나 침해의 위험성은 고려하지 않고, 매우 불명확한 개념인 개인정보에 해당하는지 여부에 따라 적용 여부를 결정하는 문제점을 지니고 있다. 따라서 개인정보규범의 기본적인 방향은 프라이버시 침해 위험성의 정도에 따라 그 규제를 달리하는 것이 되어야 한다. 가명, 익명, 비식별 정보 개념에 대한 논의는 바로 여기에서 출발한다.

개인(들)과 관계 · 연계될 수 있는 정도에 따라 정보는 ① 개인들과 관계되지 않는 정보, ② 어떠한 개인과도 연계될 수 없는 정보, ③ 여러 개인들과 '불명확하게 연계될 수 있는' 정보, ④ 특정 개인과 '명확하게 연계될 수 있는' 정보, ⑤ 특정 개인과 '연계되는' 정보 등으로 분류할 수 있다.[10] NIST도 비식별화, 익명화, 가명화라는 용어 간의 혼란을 인정하면서, 일정한 경우에는 비식별화된 정보가 재식별될 수 있고 일정한 경우에는 재식별될 수 없다는 의미로 비식별화 개념을 사용하고 있다. 따라서 NIST가 사용하는 비식별화 개념은 GDPR의 익명화 개념과는 구별된다. 그런데 ⑤의 단계에서 ①의 단계로 갈수록 식별가능성 내지 프라이버시 침해 위험성은 낮아진다. 따라서 개인정보의 보호 및 규제의 정도는 이러한 식별가능성 내지 침해 위험성에 따라 결정되어야 할 것이다. ①의 정보는 개인정보와 전혀 관계되지 않는 정보이므로, 특정 개인을 식별할 수 없도록 한다는 것은 어떠한 정보를 ②의 단계에 해당하도록 처리하는 것이 되어야 할 것이다. 다만 특정 개인을 완전하게 식별할 수 없도록 어떠한 정보를 처리하는 것은 이론적으로만 가능할 뿐이다.

---

10   NIST, De-Identification of Personal Information 6 (October 2015).

따라서 특정 개인을 식별할 수 없도록 처리한 정보가 실제로 특정 개인을 식별할 수 없는지, 아니면 재식별 가능한 것인지 여부를 판단하는 것은 현실적으로 불가능한 일이다.

목적 명확성의 원칙, 목적 제한의 원칙, 최소 수집의 원칙, 고지 및 동의 등 개인정보 규범을 관통하고 개인정보보호원칙(fair information practices principles, FIPPs)상 정보가 빅데이터 분석 등을 활용하는 데 걸림돌이 되고 있다. 개인정보는 원칙적으로 개인정보주체의 동의를 받아야 수집할 수 있으며 수집목적 범위 내에서 이용할 수 있고(개 §15①), 개인정보를 수집하는 경우에도 그 목적에 필요한 최소한의 개인정보를 수집하여야 하고(개 §16①), 개인정보처리자의 정당한 이익을 달성하기 위한 경우 수집은 할 수 있지만(개 §15① vi) 제3에게 제공할 수는 없고(§17①), 빅데이터 분석 등과 관련되는 목적 외 이용으로 허용되는 것은 통계작성 및 학술연구 등의 목적을 위하여 필요한 경우로서 특정 개인을 알아볼 수 없는 형태로 개인정보를 제공하는 경우로 제한되는 등(개 §18②iv), 정보를 활용할 수 있는 길이 막혀 있다. 현재의 이러한 정보 활용 체계로는 빅데이터, 사물인터넷 등 새로운 ICT 기술과 융합 환경에서 한국 개인정보 규범의 한계를 극복할 수 없다. 정보의 활용을 확대하는 것은 산업발전에 중요한 역할을 하는 것으로서 현행 규범의 한계를 극복할 필요성이 있다. 그러나 이러한 정보의 활용은 개인의 프라이버시를 존중하는 것을 전제로 하여야 할 것이다.

GDPR은 익명정보와 가명정보를 개념적으로 구분하고, 가명정보를 일정한 한도에서 활용토록 하는 측면에서 진일보한 모델이라 할 수 있다. GDPR의 가명정보는 추가적인 정보를 별도로 보관하고 이에 대하여 안전화 조치를 취하였으므로 프라이버시 침해 위험성이 상당히 감소한 정보가 된다. 이러한 측면에서 GDPR은 정보를 가명화시키도록 여러 인센티브를 제공하고 있으나, 정보의 활용 측면에서는 충분한 것이라 할 수 없다. 따라서 정보의 활발한 활용을 추구하고자 한다면 GDPR

의 가명화 조치는 훌륭한 모델이 되기 어렵다.

프라이버시 침해의 위험성이 현저히 낮은 정보임에도 불구하고 일반 개인정보와 동일하게 취급하는 것은 적절하지 않다. 미국의 HIPAA는 비록 '비식별화'라는 용어를 사용하고 있으나, 정보의 활용 측면에서 적절한 모델을 제시하고 있는 것으로 보인다. 데이터 분석기술의 발달로 인하여 대부분의 정보는 특정 개인과 연관될 수 있고 따라서 이를 모두 개인정보로 취급하는 것은 불합리하다. HIPAA는 여전히 특정 개인을 재식별할 가능성이 있다고 할지라도, 비식별화와 관련된 전문적 지식이나 경험이 있는 자가 식별 위험성이 낮다고 결정하였다거나 18가지의 식별자를 제거하는 경우, 정보의 활용을 허용하는 것이다. 식별의 위험성을 판단하는 데 거래비용이 적게 소요되고, 많은 식별자를 삭제하였으므로 프라이버시 침해 위험성은 상당히 낮아진 정보를 활용토록 하는 것이다. 프라이버시 침해 위험도에 따라 규제를 달리하고 활용을 가능하게 하는 합리적인 모델이라 할 수 있다.

비식별조치 가이드라인은 사실상 HIPAA를 상당히 참고했다고 할 수 있는데, 가이드라인이라는 것과 절차가 복잡하여 거래비용이 비교적 많이 소요되는 문제점이 있다. 가이드라인을 통하여 비식별정보를 개인정보가 아닌 것으로 추정할 것이 아니라, 가이드라인의 내용을 개선하여 개인정보보호법을 개정하면 정보의 활용을 위한 활로를 만들 수 있게 된다. 따라서 가이드라인이나 지엽적인 규정에 대한 개정안이 아니라, 개인정보보호법 전반적인 차원에서 정보를 활용할 수 있도록 하여야 할 것이다.

인공지능과 새로운 개인정보보호 과제

박영우*

Ⅰ. 4차 산업혁명과 인공지능

세계 각국은 지금 정보통신 기술을 활용하여 자국의 산업을 정보화 및 지능화시키려고 노력하고 있다. 바로 4차 산업혁명(4th Revolution)이다.[1] 우리나라도 4차 산업혁명에서 뒤처지지 않기 위해 2017년 8월 「4차산업혁명위원회」라는 대통령 직속의 기구를 설치하여 종합적인 국가전략 수립 등을 추진하고 있다. 4차 산업혁명의 특징으로 드는 것이 "초연결·초지능 기반" "인공지능" "전(全) 산업의 지능화" 등 지능화이며, 이 지능화의 핵심이 인공지능이다.

인공지능(AI: Artificial Intelligence)은 사물인터넷(IoT: Internet of Things), 클라우드 컴퓨팅(Cloud Computing), 빅데이터(Big Data) 등과 함께 4차

---

* 한국인터넷진흥원 연구위원.

1 1차 산업혁명은 기계생산과 증기 에너지 사용(1784년), 2차 산업혁명은 대량생산과 전기 에너지 사용(1870년), 3차 산업혁명은 전자공학과 정보기술 사용(1969년)을 말한다(김승택, "제4차 산업혁명 도래에 대한 시각", Deloitte Anjin Review, No.9, 38쪽 내용 정리).

산업혁명을 가능하게 하는 핵심 요소이다. 그동안 인간의 노동을 대신하여 자동으로 해 주는 새로운 형태의 자동화 과정이 산업혁명이라는 이름으로 불리는 패러다임의 대변화를 가져왔다. 기계가 주로 인간의 신체적 노동을 자동화하였다면, 소프트웨어는 인간의 인지적 노동을 그리고 인공지능은 더 나아가 인간의 인지적 노동 가운데 지능적인 부분까지 자동화하기에 이른 것이다.[2] 인공지능 기술은 또 연간 약 3조 4천억 달러에서 약 5조 7천억 달러의 가치를 창출할 수 있으며, 2030년까지 세계 경제에 최대 약 15조 1,400억 달러의 기여를 할 것으로 추정된다.[3]

따라서 세계 각국이 인공지능 기술의 개발 및 활용을 적극 추진하고 있다. 2017년에는 핀란드가 조종그룹(steering group)을 임명하고 인공지능에 관한 비전을, 프랑스가 인공지능 기술개발 전략을 발표했다.[4] 2018년 초에는 프랑스가 인공지능 국가전략(National Artificial Intelligence Programme)을 발표했으며, 2018년 12월에는 독일이 인공지능 전략을 발표하였다. 유럽연합(EU) 차원에서도 유럽평의회(European Council)의 요청에 따라 유럽 집행위원회가 인공지능 전략을 마련하였으며,[5] 함께 마련한 「인공지능 협력 선언문(Declaration of Cooperation on AI)」에 모든 회원국이 서명했다.

우리나라도 2018년에 인공지능 기술개발을 위한 「I-Korea 4.0 실현

---

2 김현철, "자율주행자동차의 지능정보기술", 「인공지능과 자율주행자동차, 그리고 법」, 세창출판사, 2017, 15쪽부터 19쪽까지 참조.

3 AI Forum 2018 in Finland, 8 October 2018 to 9 October 2018. https://ec.europa.eu/digital-single-market/en/news/ai-forum-2018-finland (2018.10.30. 방문)

4 2017년 3월 프랑스 고등교육연구혁신부는 인공지능 이해관계자로 구성된 전략위원회 및 실무그룹의 인공지능 목표 및 정책 제안사항을 담은 「인공지능 기술개발 전략(Stratégie France I.A., pour le développement des technologies d'intelligence artificielle)」을 발표하였다.

5 EU 인공지능 전략은 세 갈래 접근을 제시하고 있다: 첫째, 경제 전반에 걸쳐 EU의 기술 및 산업 역량을 향상시키기 위한 투자의 증가 둘째, 인공지능에 의한 사회 경제적 변화에 대비 셋째, 적절한 윤리적 및 법적 체계의 보장.

을 위한 인공지능(AI) R&D 전략」(과학기술정보통신부, 5월)과 인공지능 기술개발용 데이터 확보를 위한 「데이터 산업 활성화 전략 — I-KOREA 4.0 데이터 분야 계획, I-DATA⁺」(관계부처 합동, 6월)을 마련하여 인공지능 기술 확보에 노력하고 있다.

II. 인공지능의 활용과 개인정보 이슈

1. 인공지능의 개념과 발전

인공지능이란 컴퓨터가 인지(認知), 사고(思考), 학습, 자기계발 등 인간의 지능적인 행동을 모방할 수 있도록 하는 소프트웨어를 뜻한다.[6] 인공지능은 소프트웨어이기 때문에 그 자체로 존재하는 것이 아니라, 컴퓨터 과학의 다른 분야와 직간접적으로 많은 관련을 맺고 있다. 특히 로봇, 빅데이터 분석, 자동차 등 다양한 분야에 인공지능 기술을 도입하여 그 분야의 문제 해결에 활용하려는 시도가 매우 활발하다.

인공지능은 크게 '강(强) 인공지능(Strong AI)'과 '약(弱) 인공지능(Weak AI)'으로 구분할 수 있다. 강(强) 인공지능은 자아를 지닌 인공지능으로 영화에 나오는 인공지능 슈퍼컴퓨터, 자아를 지닌 로봇 등에 탑재되는 두뇌에 사용하는 자아를 지닌 고성능 인공지능이라고 할 수 있다. 강(强) 인공지능은 다시 인간과 같은 자아를 지닌 인공지능과 인간과 다른 형태의 지각과 사고 추론을 발전시키는 컴퓨터 프로그램인 비인간형 인공지능으로 구분할 수 있다. 현재 인공지능 개발 단계에서는 강(强) 인공지능과 관련하여서 가시적인 성과가 없는 상황이다. 이와 달리 약(弱) 인공지능은 자아가 없는 인공지능으로 사람이 아닌 기계가 수칙에 따라

---

6 CHO Alliance, 「인공지능과 사물인터넷이 선도하는 킬러 서비스 스마트 홈 비즈니스 실태와 사업전략」, 2016, 62쪽.

시설 등을 관리하는 것과 같이 현재 널리 사용되고 있는 인공지능 체계를 말한다. 현재 약(弱) 인공지능 분야는 상당히 가시적인 발전이 이루어졌다.

인공지능 기술의 비약적 발전은 2000년대 들어 기계학습(Machine Learnig)[7]의 하나로 인공신경망을 이용하는 딥러닝(Deep Learning) 방식이 큰 성과를 거두면서이다. 또 빅데이터 등 컴퓨터 환경의 비약적인 발전과 저렴한 가격 등으로 인공지능의 발전을 위한 기반이 마련되었다.

그림 1. 인공지능 기술 발전 전망[8]

한편 인공지능은 크게 언어인지 기술, 시각인지 기술, 공간인지 기술, 인지 컴퓨팅, 슈퍼 컴퓨터, 뉴로모픽 칩 등으로 분야가 나눠지며 이를 위한 기계학습 방법이 채택되고 있다. 언어인지 기술은 음성 인식, 자연어 처리, 텍스트 마이닝, 자연어 질의응답, 대화의미 분석 등을 말하며, 구글(Google) 번역, 애플(Apple) 시리(Siri), 마이크로소프트(MS) 코타나, 한국 전자통신연구원(ETRI) 지니톡 등이 해당된다. 시각인지 기술은 객

---

7 명시적으로 프로그램하지 않아도 경험에 의해 자동으로 데이터를 학습하고 개선하는 기능을 시스템에 제공하는 인공지능 애플리케이션을 말한다.
8 과학기술정보통신부, 「I-Korea 4.0 실현을 위한 인공지능(AI) R&D 전략」, 2018년 5월, 5쪽에서 인용.

체 인식, 컴퓨터 비전, 행동·상황 이해, 영상 지식처리, 동영상 검색 등을 말하며, 페이스북 딥페이스, 구글 페이스넷 등이 해당된다. 뉴로모픽 칩은 뇌에서 일어나는 일을 인공적으로 따라 해서 칩을 이용한 가상 뇌 세포를 구축하는 것으로 IBM 트루노스칩, 퀄컴 제로 프로그램(Zeroth Program) 등이 해당된다.[9]

한편 인공지능과 로봇 프로세스 자동화(RPA: Robotic Process Automation)는 구분할 필요가 있다. RPA는 사람이 수행하던 규칙 기반의 단순 반복적인 업무를 소프트웨어를 통해 자동화하는 것으로 물리적인 로봇이 아니라 소프트웨어를 통해 단순 반복 업무를 자동화하는 것이며, 4차 산업혁명 시대를 맞아 제조 분야에서 스마트 팩토리와 공장 자동화(FA: Factory Automation)를 통한 생산성 증대와 사무, 서비스 영역에서 사무 자동화를 통한 생산성 향상에 기여할 수 있다.[10] RPA는 사소한 작업순서가 자동화되어야 하는 경우 반드시 인공지능을 수반하지 않아도 되나, RPA가 표준절차의 편차에 적절히 대응하고 자체 오류를 인식하고 그로부터 배우거나 자체 처리 결과를 검증하는 경우 인공지능의 사용 또한 RPA의 맥락에서 점점 더 적절하다. 특히 RPA를 사용하여 대용량 데이터 또는 복잡하고 동적인 프로세스를 자동으로 제어할 때에는 인공지능을 사용하는 것이 필수적이며, 현재 '인지 RPA' 또는 '자체학습 RPA'가 개발 중에 있다.[11]

---

9 CHO Alliance, 「인공지능과 사물인터넷이 선도하는 킬러 서비스 스마트 홈 비즈니스 실태와 사업전략」, 2016, 65쪽.

10 임완섭, "프로세스 마이닝과 RPA(Robotic Process Automation)", 「프로디스커버리」, https://blog.naver.com/prodiscovery/221321884940 (2018.10.30. 방문)

11 Häuser/Schmid, "Robotic Process Automation", Computer und Recht 2018, S. 266. http://www.computerundrecht.de/51815.htm (2018.10.30. 방문)

그림 2. 인공지능 서비스 개요[12]

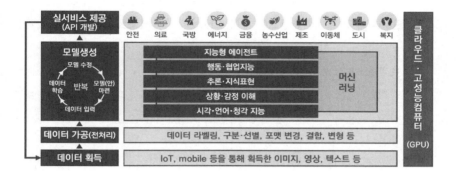

2. 인공지능의 활용

2011년 2월 IBM의 인공지능 컴퓨터 '왓슨'이 제퍼디 퀴즈쇼에서 우승하면서 크게 주목을 받은 이래 구글, 페이스북, 마이크로소프트, IBM, 아마존, 애플 등 글로벌 대기업들이 인공지능 기술의 개발과 활용에 적극적으로 앞장서고 있다. 국내에서도 네이버, 카카오, 엔씨소프트, 삼성, LG 등이 인공지능 기술의 개발과 활용을 적극 추진하고 있다. 인공지능 기술은 계속 발전하여 현재는 개인 · 가정, 기업, 공공 등 많은 분야에서 활용되기에 이르렀다.

개인 및 가정의 경우 스마트 폰, 스마트 TV, 스마트 카, 스마트 홈까지 "스마트"라는 수식어가 붙은 것은 대부분 인공지능이 적용되었다고 할 수 있다. 최근에는 거의 모든 가전 기기에 인공지능을 적용하는 수준에 이르렀다.[13] 이제는 "인공지능" 자체를 내세워 제품과 서비스를 홍보

---

12 과학기술정보통신부, 「I-Korea 4.0 실현을 위한 인공지능(AI) R&D 전략」, 2018년 5월, 2쪽에서 인용.

13 예컨대 구글 홈에 탑재된 인공지능 음성비서 구글 어시스턴트는 미국의 거의 모든 스마트홈 기기 브랜드를 지원하며, 스마트TV, 냉장고, 에어컨, 제습기, 공기청

하기까지 한다. 가정의 경우 주로 인공지능 음성비서 스피커[14]를 중심으로 스마트홈 기기와 연동하여 이를 제어하는 방향으로 나아가고 있다. 스마트홈 기기와 연동되는 인공지능 음성비서 스피커는 다음으로 쇼핑에 영향을 미칠 것으로 예상된다. 어느 주기로 식료품을 구매하고 어떤 브랜드의 상품을 선호하는지 실시간으로 데이터를 축적한 인공지능 스피커는 어느 수준에 이르면 생필품 구매 주기를 따져 알아서 주문서를 넣고 사용자가 좋아할 법한 상품을 추천해 주는 단계에 이를 것으로 전망한다.[15]

　기업의 경우 의료(신약개발), 자동차, 로봇, 가상현실, 게임, 법률상담, 채용, 고객상담 등 다양한 분야에서 인공지능이 활용되고 있다.[16] 다음은 주요한 사례이다:

- IBM의 인공지능 '왓슨': 금융, 의료, 보험, 이동통신 등에서 활용
- 네이버: 음성인식 검색서비스, N드라이브 사진분류서비스, 지식iN 서비스에 딥러닝 기술을 활용
- 카카오: 즉답 검색서비스와 여행지 추천서비스에 머신러닝 기술을 활용

　공공의 경우 쓰레기 재활용, 싱크홀 예측, 신선식품 벤딩, 스마트 신

정기, 오븐, 식기세척기, 보안 카메라, 조명기기, 디지털 온도조절장치, 스위치 등 다양하다.
14　'아마존 에코'(알렉사 탑재), '구글홈'(구글 어시스턴트 탑재), '애플 홈팟'(시리 탑재), '알리바바 티몰 지니'(알리지니 탑재), 샤오미 '미', 'SK텔레콤 누구', 'KT 기가 지니', '네이버 웨이브/프렌즈'(클로바 탑재), '카카오 카카오미니'(카카오 아이 탑재), '페이스북 스마트 스피커(M 탑재)' 등.
15　구태언, 「미래는 규제할 수 없다」, 클라우드나인, 2018, 3장 인공지능이 미래 소비 시장을 장악한다, 특히 92-95쪽 참조.
16　국내외 인공지능 기술 및 시장 전망에 대해서는 CHO Alliance, 「인공지능과 사물인터넷이 선도하는 킬러 서비스 스마트 홈 비즈니스 실태와 사업전략」, 2016, 62-72쪽 참조.

호등·스마트 파킹, 심리 상담, 가뭄 관리, 질병 예측, 보안 검색 등 각
종 행정 서비스에도 인공지능이 적극 활용될 전망이다.[17]

3. 인공지능과 개인정보 이슈

(1) 인공지능과 데이터 및 개인정보

인공지능이 제대로 된 기능을 발휘하기 위해서는 다량의 정확한 데이
터를 필요로 한다. 뿐만 아니라 인공지능 소프트웨어의 개발을 위해서
도 인공지능을 학습시킬 수 있는 충분한 데이터(인공지능 학습용 데이터)
의 확보가 중요하다.[18] 따라서 인공지능에 있어서 데이터는 필수불가결
한 요소라고 할 수 있다.

인터넷의 보급에 따른 빅데이터의 활용과 컴퓨팅 환경의 비약적 발전
등으로 데이터 양이 크게 늘었고 또 인공지능에 필요한 방대한 양의 데
이터가 구축되면서 인공지능 기술의 가능성이 현실화되고 있다. 따라서
데이터 및 개인정보 문제에 있어서는 인공지능이 빅데이터와 구별되지
않는 경우가 많다. 이는 인공지능이 대개의 경우 빅데이터를 기반으로
하기 때문이다.

인공지능은 기존의 데이터베이스(DB) 데이터를 사용하기도 하지만
IoT 라든가 센서 등 각종 단말장치를 통해 필요한 데이터를 새로 얻기
도 한다. 그리고 인공지능이 개인 또는 집단이든 사람을 대상으로 그 기
능을 하는 경우에는 불가피하게 개인에 관한 각종 데이터(개인정보)를
수집하여 분석(이용)하게 된다. 즉 주어진 제한된 데이터를 활용하는 데
서 나아가 적극적으로 자신에게 필요한 데이터를 광범위하게 수집하게

---

17 한국정보화진흥원, 「4차 산업혁명과 지역 혁신을 위한 정책과제 100선」, 2018.
18 이를 위해서 우리나라 정부는 의료, 제조, 농수산업, 도시, 교통, 환경 등 산업별
    실제데이터 및 AI데이터를 전방위로 구축하고 민관의 데이터를 획기적으로 개방
    하려고 한다(관계부처 합동, 「데이터 산업 활성화 전략 ─ I-KOREA 4.0 데이터
    분야 계획, I-DATA⁺」, 2018.6, 14쪽 참조).

된다.

(2) 인공지능과 개인정보 보호 이슈

인공지능 기술이 급속히 발전하여 일상생활에 영향을 미치게 됨에 따라 인간과 기계가 상호작용하고 살아가는 방식을 변화시키며 사회경제적 기회를 창출할 뿐만 아니라 규제, 윤리 및 책임 문제도 야기하고 있다. 인공지능 기술의 활용과 관련한 개인정보 보호 문제도 그중 하나이다.[19]

그러나 인공지능과 관련한 개인정보 보호 문제는 아직까지 구체적으로 드러난 바가 없다. 따라서 대부분의 문제 제기는 인공지능의 특성 및 기능에 따라 추론되는 데 그치고 있다. 인공지능과 관련하여 제기되는 개인정보 보호 문제는 인공지능이 (인간의 개입이 없이) 자율적으로 인식하고 판단한다는 점에서 기존의 개인정보 보호 문제와 다른 점이 있으며, 이는 인공지능의 사용에 따른 다음과 같은 효과에 기인한다.

가. 개인화

인공지능 기반의 개인정보 분석으로 개인화된 서비스와 콘텐츠 제공이 가능하다. 이는 인터넷상의 개인화된 광고에만 적용되는 것이 아니며, 오히려 수집된 정보들이 온라인 상점의 서비스, 보험료 및 가격뿐만 아니라 메시지를 개인별 상황에 맞추는 데 사용될 수 있다.

또 인공지능 기반 알고리즘은 페이스북의 콘텐츠를 필터링하거나 이용자에게 개별적인 직업 제안을 한다. 이는 전반적으로 가격 조작의 가

---

19 우리나라뿐만 아니라 다른 나라에서도 인공지능과 같은 새로운 기술의 활용에 개인정보 보호가 큰 장애가 된다고 지적된다. 독일의 경우 600개 이상 조사대상 기업의 3분의 2(63%)가 개인정보 보호는 새로운 기술을 사용하는 데 있어 가장 일반적인 장애물이라고 응답하였다(Bitkom-Presseinfo: Zwei Drittel der Unternehmen sehen sich durch Datenschutzregeln behindert, 25. Mai 2018. https://www.bitkom.org/Presse/Presseinformation/Zwei-Drittel-der-Unternehmen-sehen-sich-durch-Datenschutzregeln-behindert.html) (2018.10.30. 방문).

능성과 자유 시장을 제한하고 지식에 대한 접근과 콘텐츠에 영향을 미칠 위험성이 있다. 또 이러한 방식으로 선거가 영향을 받을 수도 있다.

나. 개인 식별

인공지능 사용의 또 다른 결과는 인터넷과 오프라인 모두에서 익명성의 상실이다. 사진 처리 및 얼굴 인식으로 인해 개인 식별 가능성이 높아진다. 여기에 교차추적 방법이 더해지면 더욱 그렇다.

은행은 이미 생체 행동제어를 정보보안에 일부 사용하여 실제 계정 소유자 또는 타인이 계정에 로그인하려고 하는지 여부를 몇 초 만의 사용자 행동 분석으로 알 수 있다.

그리고 지능형 비디오 감시를 통해 감시를 대규모로 확대하고 최적화할 수 있다. 행동 및 이동 분석을 통해 그리고 얼굴 인식을 기반으로 해서 개인은 지속적인 모니터링을 받는 투명한 사람이 된다. 모든 사람이 의심스러운 행동을 하지 않도록 조심해야 한다. 예컨대 도난 방지에 사용되는 경우 슈퍼마켓에서 노인이 물건을 주머니에 잠시 보관하고 지나가도 시스템이 경보를 발령할 수 있기 때문이다.

다. 행동 분석

또한 인공지능 기반 응용프로그램은 음성 및 이미지 기록을 통해 학습 과정을 구현함으로써 사람의 행동과 감정을 보다 정확하게 평가하고 이용할 수 있다. 이동 경로, 채팅 프로그램의 키보드 입력 또는 온라인 뱅킹의 클릭 행위조차도 생체인식 기능을 기반으로 개인 식별 및 심리적 평가를 할 수 있다. 이를 통해 얻어진 정보는 정보보안뿐만 아니라 개인의 구매 행동을 조작하거나 고용주의 지원자 선택을 용이하게 할 수 있다. 그러나 이는 사람들의 자기 결정 및 외부 인식에 대한 통제력 상실을 초래할 수 있다.

라. 미래 예측

사람을 대신하여 많은 질문에 대한 답을 제공하는 기계의 미래 비전은 우려의 큰 이유이다. 그리고 "예측 치안(predictive policing)"도 패턴

인식을 통해 도난 가능성이나 처벌 가능성이 계산되는 등 많은 영역에서 최근 일상화되었다. 그러나 이는 많은 사람들의 편견, 실수 및 차별을 초래할 수 있다. 이 응용프로그램을 담당하는 사람들이 얼굴 인식 및 다른 분석방법으로 질병이나 자살 생각을 알아내고 또 대출 취소 판정을 내릴 수 있는 경우 어떻게 하여야 하는지는 매우 불분명하다.

마. 자동화된 의사결정

인공지능에는 수집한 정보를 처리하고 판단을 내리는 자동화된 의사결정 즉, 인공지능 알고리즘이 필수적이다. 이 인공지능 알고리즘의 가장 일반적인 문제는 차별이다.[20] 개인정보의 분석은 서비스 개선, 연구 개발 및 차별 퇴치에 사용될 수 있으나, 개인에 대한 차별 대우 또는 취약한 공동체에 대한 유해한 영향을 줄 우려가 있다. 이러한 우려는 자동화된 의사결정에 인종, 성별, 가족 상태 등 민감한 데이터를 사용하거나, 주택, 고용 또는 기타 핵심 서비스에 대한 개인의 자격에 영향을 줄 때 증폭될 수 있다.

또한 기계학습을 통해 알고리즘을 생성하려면 컴퓨터에 광범위한 데이터가 제공되어야 한다. 이 원본 자료가 불균형한 경우 알고리즘은 편파적일 수 있으며, 예를 들어 피부색, 성별 또는 거주지에 따른 원치 않는 차별을 계속할 수 있다(이를 숨은 편향[hidden biases] 또는 숨은 차별[versteckte Diskriminierung]이라 한다). 또 잘못된 이미지 인식이나 잘못된 신용등급 부여와 같은 오작동은 알고리즘의 효율성과 수익성에 영향을 줄 수도 있다.[21]

---

20 알고리즘에 의한 불공정 또는 차별 문제는 자동화된 의사결정 내지 인공지능과 관련하여 많이 제기되는 문제이다. 자동화된 의사결정에 의한 피해를 조망한 대표적인 글은 Lauren Smith, "Unfairness By Algorithm: Distilling the Harms of Automated Decision-Making", December 11, 2017. https://fpf.org/2017/12/11/unfairness-by-algorithm-distilling-the-harms-of-automated-decision-making/ (2018.10.30. 방문).

21 Daniel AJ Sokolov, "Algorithmic Bug Bountys sollen Fehler in Algorithmen

또한 인공지능 알고리즘은 설계자의 영향을 직접적으로 또 매우 크게 받는다. 즉 알고리즘이 설계자에 의해 의도적으로 또는 무의식적으로 인간의 편견을 그대로 학습한 상태로 만들어지는 경우 해당 알고리즘 자체가 편향적일 수 있다. 이 경우 인터넷에 보편화된 여성과 특정 인종에의 차별적 표현을 학습한 인공지능이 그 대상에 대한 편견을 갖는 것은 피할 수 없다.

Ⅲ. 인공지능과 개인정보에 대한 주요국가 논의동향

1. 유 럽

인공지능과 개인정보에 대한 논의에서 가장 앞서 있는 것은 유럽이다. 유럽연합(EU, European Union)은 2018년 5월 25일부터 시행하고 있는 「일반개인정보보호규칙(GDPR, General Data Protection Regulation)」을 중심으로 인공지능에서 개인정보 문제를 활발하게 검토하고 있다.[22] EU 의회는 2017년 2월 16일 자동화의 증가와 점점 더 지능화되는 로봇의 사용을 둘러싼 매우 다양한 법적 문제와 사회적 문제를 다루는 「로봇에 대한 사법 규정(Civil Law Rules on Robotics)」이라는 제목의 결의안을 채택했다.[23] 이 결의안 제19항에서 개인정보 보호와 관련하여 로봇 분야의 향후 사법 규정이 개인정보 보호를 위한 법적 요구사항, 특히

---

aufspüren", 「heise online」, 2018.3.31. https://www.heise.de/newsticker/meldung/Algorithmic-Bug-Bountys-sollen-Fehler-in-Algorithmen-aufspueren-4152232.html (2018.10.30. 방문).

22 대표적으로 영국이 EU GDPR과 국내 개인정보보호 관계법이 그대로 인공지능에 적용된다는 입장이다.

23 European Parliament resolution of 16 February 2017 with recommendations to the Commission on Civil Law Rules on Robotics (2015/2103(INL)).

EU GDPR을 준수해야 한다고 밝히고 있다.[24] 따라서 로봇의 개발 및 운영에 있어서 개인정보보호법이 충분히 고려되어야 한다. 이 결의안은 또 로봇 공학자를 위한 윤리적 행동강령을 포함하는 「로보틱스 헌장(Charter on Robotics)」을 담고 있으며, EU 의회는 이 행동강령에서도 로봇 분야에서 개인정보보호 조항을 포함하였다.[25] 이에 따르면 로봇 엔지니어는 예외적인 경우를 제외하고는 개인을 식별할 수 없도록 보장해야 한다.[26]

한편 EU 집행위원회는 비개인정보의 자유로운 역내이동을 위해 별도의 규정을 제정하려고 한다.[27] EU의 이러한 노력은 인공지능의 개발 및

---

[24] 19. Calls on the Commission and the Member States to ensure that civil law regulations in the robotics sector are consistent with the General Data Protection Regulation and in line with the principles of necessity and proportionality; calls on the Commission and the Member States to take into account the rapid technological evolution in the field of robotics, including the advancement of cyber-physical systems, and to ensure that Union law does not stay behind the curve of technological development and deployment;

[25] 프라이버시: 프라이버시 권리는 항상 존중되어야 한다. 로봇 공학자는 개인정보가 안전하게 보관되고 또 적절하게 사용되도록 보장해야 한다. 또한 로봇 공학자는 예외적인 경우에 명확하고 구체적인 고지에 의한 동의가 있는 경우를 제외하고는 개인이 식별될 수 없도록 보장해야 한다. 사람과 기계 간 상호작용 전에 사람에 의해 정보가 제공되고 동의가 얻어져야 한다. 따라서 로봇 설계자는 유효한 동의, 기밀성, 익명성, 공정한 대우 및 적법 절차에 대한 절차를 개발하고 준수해야 할 책임이 있다. 설계자는 관련 데이터가 파괴되고 모든 데이터 세트에서 제거하라는 요청을 준수한다.

[26] 예외적인 경우란 개인정보 주체의 명시적이고 구체적인 동의를 얻어야 하는데, 개인 식별 혹은 개인정보 처리에 대해서 아니면 모두에 대해 동의를 얻어야 하는지 명확하지 않고 또 행동강령이 개인정보의 처리 내지 개인 식별의 허용근거로 개인정보 주체의 동의만을 드는 데 대해서는 문제 제기가 있다 (Carlo Piltz, "Regelungen für Roboter-Entwicklung: EU-Parlament legt Wert auf Datenschutz und IT-Sicherheit", Posted on 20. Februar 2017. https://www.delegedata.de/2017/02/regelungen-fuer-roboter-entwicklung-eu-parlament-legt-wert-auf-datenschutz-und-it-sicherheit/) (2018.10.30. 방문).

[27] Carlo Piltz, "Verordnung über den freien Verkehr nicht personenbezogener Daten in der Europäischen Union kurz vor Verabschiedung - Abgrenzungsfragen

활용을 위한 토대를 마련하기 위한 것이다. EU 집행위원회는 또 인공지능에 대한 공공 및 민간 투자를 늘리고, 사회경제적 변화에 대비하며, 적절한 윤리적 및 법적 체계를 확보하는 3갈래 접근법을 제시하고 있다. 이는 유럽 지도자들이 EU 전체 차원의 인공지능 접근법을 요구한 데 따른 것이다. EU 집행위원회는 또한 개인정보보호 및 투명성과 같은 원칙을 고려하고 유럽 과학 및 신기술 윤리그룹의 작업을 기반으로 EU 기본권 헌장에 근거하여 2018년 말까지 인공지능 개발에 관한 윤리적 가이드라인을 제시하고자 한다. 이 가이드라인의 개발을 지원하기 위해 EU 집행위원회는 「유럽 AI 동맹(European AI Alliance)」의 모든 관련 이해관계자를 모으려고 한다. EU 집행위원회는 또 2019년 중반까지 결함이 있는 제품의 경우 소비자와 생산자를 위한 법적 명확성을 보장하기 위해 기술 발전에 맞춘 「제조물책임 지침(Product Liability Directive)」의 해석 가이드라인을 마련하려고 한다.

영국의 경우 개인정보보호 감독기구인 ICO(Information Commissioner's Office)가 「EU GDPR 적용 가이드(Guide to the General Data Protection Regulation(GDPR))」에서 개인정보에 대한 인공지능 적용과 관련한 가이드라인을 싣고 있다. 특히 개인정보 수집·이용 고지와 관련하여 다음 사항을 들고 있다:[28]

- 개인정보에 대한 인공지능 적용을 솔직하게 밝히고 인공지능 사용목적을 설명한다.

---

zur DSGVO", Posted on 29. Juli 2018. https://www.delegedata.de/2018/07/ verordnung-ueber-den-freien-verkehr-nicht-personenbezogener-daten-in-der-e uropaeischen-union-kurz-vor-verabschiedung-abgrenzungsfragen-zur-dsgvo/) (2018.10.30. 방문).

28 ICO, Guide to the General Data Protection Regulation(GDPR), 2017, 98쪽. https://ico.org.uk/for-organisations/guide-to-the-general-data-protection-regul ation-gdpr/ (2018.10.30. 방문).

- 처리 목적이 처음부터 분명하지 않은 경우 사람들에게 자신이 데이터로 수행할 작업을 표시한다. 그리고 처리 목적이 명확해짐에 따라 개인정보 보호 고지사항을 업데이트하고 이를 적극적으로 알린다.
- 실제로 처리를 시작하기 전에 개인정보의 새로운 용도에 대해 알린다.
- 법적인 또는 유사하게 중요한 영향을 미치는 사람들에 대한 자동화된 결정을 내리는 데만 인공지능을 사용하는 경우, 사용하는 정보, 관련성이 있는 이유 및 향후 예상되는 영향을 알린다.
- 사람들에게 정보를 제공하고 자기 개인정보의 추가 사용을 제어할 수 있게 해 주는 적시통지(just-in-time notice) 및 대시보드 사용을 고려한다.

또 자동화된 개인별 의사결정은 사람의 개입이 없이 자동화된 수단으로 이루어진 결정으로 온라인 대출결정, 사전 프로그램된 알고리즘 및 기준을 사용하는 채용 적성검사 등이 이에 해당하며, 자동화된 개인별 의사결정은 프로파일링을 포함하지는 않으나 포함하는 경우가 자주 있다고 지적한다.[29] 그리고 매우 다양한 출처로부터 개인에 관한 정보가 수집되며, 수집 데이터의 유형으로 휴대전화, 소셜 네트워크, 비디오 감시 시스템 및 사물인터넷에서 수집한 인터넷 검색, 구매 습관, 라이프 스타일 및 행동 데이터가 있다고 밝힌다. 이들 정보는 알고리즘 및 기계학습을 사용하여 사람들을 상이한 그룹 또는 부문으로 분류하기 위해 분석되며, 개인의 프로필을 만들기 위해 다양한 행동과 특성 간의 연결고리를 식별하는데, 유사하게 보이는 다른 사람들의 특성에 따라 프로파일링을 사용하여 개인의 취향 파악, 개인의 행동 예측, 개인에 대한 결정을 수행한다고 한다. 이는 의료, 교육, 금융 서비스 및 마케팅을 비롯한 여러 분야의 조직 및 개인에게 매우 유용하며, 자동화된 개인별 의사결정 및 프로파일링은 보다 빠르고 일관된 의사결정으로 이어질 수

---

29 ICO, 앞의 책, 148쪽.

있으나, 무책임하게 사용된다면 개인에게 중대한 위험이 있다고 지적한다. ICO는 EU GDPR 조항이 이러한 위험을 해결하기 위해 마련되었으며, 책임성은 규제 당국에 대해서만 아니라 개인에 대해서도 준수를 입증해야 하며 그중에서도 개인은 수집하는 개인 데이터, 사용 이유 및 공유 대상에 대해 알 권리가 있다고 밝힌다. 또한 인공지능 및 기계학습과 같은 기술을 사용하여 사람들에 대한 결정을 내리는 경우 개인은 이러한 결정에 대한 설명을 요청하고 이에 대한 이의를 제기하여 책임을 물을 권리가 있으며, 개인정보로 수행하는 작업에 대해 사람들에게 정보를 제공하고 자동화된 결정을 설명하고 검토하는 효과적인 방법을 찾아야 한다고 지적한다.[30]

독일의 경우 2018년 12월 인공지능 전략의 발표에 앞서 같은 해 7월 18일 연방정부가 「인공지능 전략에 대한 연방정부 입장(Eckpunkte der Bundesregierung für eine Strategie Künstliche Intelligenz)」을 발표하고 먼저 EU GDPR이 인공지능 분야에서도 혁신적인 기술과 응용에 대한 신뢰할 수 있는 법적 틀을 이루며, EU GDPR이 개인정보의 처리에서 사람의 보호와 개인정보의 자유로운 이동에 대한 규정을 갖고 E-프라이버시 규정의 제정으로 이러한 보호 개념이 완성될 것이라고 밝혔다.[31] 또 인공지능 연구와 관련하여 연구와 국가, 시민사회, 경제, 개인정보보호 및 정보보안 영역의 외부 이해관계자 간 협력체제 구축, 노동과 관련하여 고용, 기술, 인간-기계 인터페이스, 개인정보보호 등에서 노동계에서 새로운 애플리케이션의 체계적인 영향을 모니터링하기 위한 유럽 및 국가 시스템의 개발을 밝히고 있다.[32] **프랑스**의 경우 데이터 오류나 편향으

---

30 ICO, 앞의 책, 162쪽.

31 Eckpunkte der Bundesregierung für eine Strategie Künstliche Intelligenz, 4쪽. https://www.bmwi.de/Redaktion/DE/Downloads/E/eckpunktepapier-ki.pdf?__blob=publicationFile&v=10 (2018.10.30. 방문).

32 Eckpunkte der Bundesregierung für eine Strategie Künstliche Intelligenz, 5쪽과 8쪽.

로 인한 사회적 불평등 재생산 또는 사생활 침해의 가능성을 최소화하고 데이터 알고리즘을 연구·감시하는 방안을 마련하려고 한다.[33]

한편 유럽의 경우 민간 차원에서도 활발한 활동이 이루어지고 있다. '자이트 재단(Zeit-Stiftung)'은 2016년 11월 30일 「유럽 디지털 권리장전(European Digital Charter)」 초안을 발표했다.[34] 지오바니 디 로렌조(Giovanni di Lorenzo)를 비롯하여 많은 유명 인사들에 의해 지지된 이 초안은 23개 조항으로 이루어져 있으며 "개인의 자율성과 자유, 인공지능의 사용과 개발, 정보자기결정 및 데이터 보안"에 대해 규정하고 있다. 알고리즘에 대해서는 1) 누구든지 삶을 영위하는 데 중요한 의미가 있는 자동화된 결정의 대상이 되지 않을 권리가 있다. 자동화된 절차가 영향을 주는 경우 사람에 의한 공개, 심사 및 결정을 요구할 권리가 있다. 자동화된 의사결정의 기준은 공개되어야 한다. 2) 특히 빅데이터의 처리에 있어서는 익명처리와 투명성이 보장되어야 한다고 규정한다(제7조). 또 인공지능에 대해서는 1) 윤리적·규범적 결정은 오직 인간에 의해서만 가능하다. 2) 기본권과 관련된 영역에서 인공지능의 사용과 개발은 사회적으로 지지하고 입법부가 규제해야 한다. 3) 자기학습 기계의 작동과 그 결과는 항상 자연인 또는 법인이 책임져야 한다. 4) 사회의 기능에 필수적인 기반시설에서는 국가통제 및 위기대응이 보장되어 있어야 한다고 규정하고 있다(제8조).[35] 이 초안의 목적은 디지털 기본

---

33 프랑스는 사용자 친화적 인터페이스 구축으로 사용자의 데이터 알고리즘 이해도 제고를 목표로 인공지능기술 전문가 그룹을 구성하여 데이터 알고리즘 분석을 위한 모델을 개발하고자 한다.

34 유럽 디지털 권리장전(European Digital Charter) 홈페이지: https://digitalcharta. eu/. 2016년 초안은 독일어로만 공개되어 있으며, 2018년판은 독일어 외에 영어로도 공개되어 있다.

35 2018년판 유럽 디지털 권리장전은 제5조 자동화된 시스템 및 의사결정(Automated Systems and Decisions)에서 인공지능과 관련한 내용을 담고 있다: (1) 윤리 원칙은 사람만이 만들어야 하고 또 기본권에 영향을 미치는 결정도 사람만이 하여야 한다(Ethical principles shall only be formulated by human beings, and

권에 관한 토론을 시작하여 유럽의회에서의 논의가 이루어지게 하는 것이다. 이를 위해 헌장 초안이 2016년 12월 5일 브뤼셀에서 열린 EU 의회의 인권, 사법 및 내무 위원회(LIBE)에 제출되었다.

2. 미 국

미국의 경우 인공지능과 관련한 개인정보 보호가 연방과 주 차원에서 각기 이루어진다. 오바마 행정부에서 과학기술국(Office of Science and Technology Policy)은 인공지능의 윤리적 의미에 대한 백서를 발간했다. 그러나 트럼프 행정부는 기업들이 이 문제에 앞장서기를 바라고 있다. 과학기술국의 마이클 크라시오스 부국장은 2018년 2월에 열린 한 컨퍼런스에서 "정부는 지나친 규제가 혁신을 제한하고 미국의 경쟁력을 떨어뜨릴 수 있음을 우려하고 있다."고 말했다. 크라시오스 부국장은 "우리는 광범위하고 높은 수준의 인공지능 규칙을 추구하지 않을 것"이라고 말하고 "중요한 것은 위대한 차세대 기술이 미국에서 일어날 수 있도

---

decisions that impact fundamental rights shall only be made by human beings). (2) 자동화된 의사결정에 대한 책임은 자연인 또는 법인이 져야 한다 (The responsibility for automated decisions must lie with a natural or legal person). (3) 디지털 프로파일링과 같이 자동화된 의사결정을 내리는 기준은 투명하게 만들어져야 한다(The criteria leading to automated decisions, in cases such as digital profiling, must be made transparent). (4) 자신의 삶에 중대한 영향을 미치는 자동화된 의사결정에 따라야 하는 사람은 사람이 하는 독립한 심사 및 판단을 받을 권리를 가진다(Every person subject to an automated decision that has a significant impact on his or her life shall have the right to have an independent review and ruling conducted by a human being) (4) 생명 및 죽음, 신체적 불가침 그리고 자유 박탈에 대한 결정은 사람만이 하여야 한다(Decisions about life and death, physical integrity, and the deprivation of liberty shall only be made by human beings). (6) 기본권 침해가 일어날 수 있는 영역에서 인공지능과 로봇의 사용은 사회적 논의를 거쳐 입법으로 규율하여야 한다(The use of artificial intelligence and robotics in areas sensitive to possible fundamental rights violations must be subject to social debate and regulated by legislation).

록 보장하는 규제 환경을 만드는 것"이라고 주장했다.[36] 주 차원에서는 뉴욕시가 2017년 8월 뉴욕시 기관들이 사용하는 알고리즘에 대한 소스 코드를 기업들이 공개하도록 요구하는 법안을 제출하자, 기술 회사들이 자신들의 재산권인 알고리즘을 보호해야 한다고 하면서 이를 반대했다. 뉴욕시는 결국 2017년 12월 소스코드 요구 조항을 삭제한 채 법안을 통과시켰다.[37]

이렇게 되자 미국에서는 기업들이 나서서 인공지능과 관련한 규범 정립에 적극적이다. 인텔, IBM, 워크데이(Workday Inc.), 페이스북, 애플, 구글 등이 모두 회원으로 가입되어 있는 워싱턴 DC의 정보기술산업위원회가 인공지능의 윤리적 사용에 관한 원칙을 발표했다. 마이크로소프트도 2018년 1월에 '인공지능과 그 사회적 역할'이라는 책을 발표했다. 또 2016년에 「인류와 사회에 기여하기 위한 인공지능 파트너십(Partnership on Artificial Intelligence to Benefit People and Society)」이라는 긴 이름의 윤리제정 기관이 샌프란시스코에 설립되었다. 이 외에도 많은 기업들이 '오픈 AI'(Open AI), 'AI 나우 인스티튜트'(AI Now Institute), '닷에브리원'(Doteveryone), '민주주의 기술센터'(Center for Democracy & Technology) 등 인공지능 업계의 기금 조성에 참여하고 있다. 이들이 제안한 규칙은 정부가 사용할 구체적 지침에서부터 모든 알고리즘은 그 과정을 소비자에게 설명해야 한다는 요건에 이르기까지 다양하다. 대부분의 규칙들은 드론에 운항 규칙을 어떻게 적용할 것인가 또는 알고리즘에서 개인정보 보호 규칙을 어떻게 적용할 것인가 등과 같이 기존의 규칙을 인공지능에 어떻게 적용할 것인가를 다루고 있다.[38]

---

36 "[홍석윤의 AI 천일야화] 기업? 정부? 인공지능 규범 누가 주도해야 할까", 「이코노믹리뷰」, 2018.4.1. http://www.econovill.com/news/articleView.html?idxno=334814 (2018.10.30. 방문)

37 "[홍석윤의 AI 천일야화] 기업? 정부? 인공지능 규범 누가 주도해야 할까", 앞의 기사.

38 "[홍석윤의 AI 천일야화] 기업? 정부? 인공지능 규범 누가 주도해야 할까", 앞의 기

한편 2018년 9월 4일 상무부 국립표준기술연구소(NIST)는 조직이 개인정보 위험을 관리할 수 있도록 자발적인 프라이버시 프레임워크를 개발하는 공동 프로젝트를 발표했다. 그 목적은 사물인터넷과 인공지능 같은 혁신적인 신기술과 네트워크 환경의 복잡성 증가 및 사용자 데이터의 세부 사항에 의해 동기가 부여되어 개인의 사생활 보호가 더욱 어려워지는데, 사이버보안 프레임워크(Cybersecurity Framework)의 광범위한 채택을 바탕으로 개인정보 위험관리를 위한 보완적인 지침을 제공하는 것이라고 밝히고 있다.[39] NIST의 노력과 병행하여 상무부 국가정보통신국(NTIA: National Telecommunications and Information Administration)은 "소비자 개인정보 보호를 위한 국내 법 및 정책 접근법을 개발 중"이라고 밝혔다.

3. 일 본

일본의 경우 정부 차원에서 내각부(內閣府)의 「인간중심의 AI사회 원칙 검토회의(人間中心のAI社会原則検討会議)」가 인공지능 활용의 기본원칙에 대한 검토를 거듭한 결과 2018년 12월 27일 「인간중심의 AI사회 원칙(人間中心のAI社会原則)」 초안을 발표하였다.[40] 동 초안에는 인공지능은 사람의 행복 실현을 위해 활용하고 인공지능의 제안은 사람이 판단하는 '인간 중심의 원칙', 인공지능 이용에서 격차와 약자를 만들지 않기 위한 '교육 · 리터러시 원칙', 사이버 공격 등으로부터 사회를 보호하

사.

39 NIST Launches Privacy Framework Effort, Posted on September 11, 2018. https://www.huntonprivacyblog.com/2018/09/11/nist-launches-privacy-framework-effort/#more-16810 (2018년 10월 30일 방문).

40 「인간중심의 AI사회 원칙 검토회의(人間中心のAI社会原則検討会議)」 웹사이트: https://www8.cao.go.jp/cstp/tyousakai/humanai/index.html (2018.12.30. 방문).

는 '안전성 확보 원칙', 특정 국가나 기업의 데이터 집중에 의한 불공정
한 경쟁과 주권 침해를 방지하는 '공정경쟁 확보 원칙' 등이 포함되었다.
특히 '프라이버시 확보 원칙'은 개인정보를 본인이 원치 않는 형태로 유
통시키지 않는 것을 명기하였다. 또 '공정성, 설명책임, 투명성 원칙'은
인공지능 이용에 따른 차별을 만들지 않고 인공지능의 의사결정에 투명
성을 갖게 하고 가능한 한 설명 책임을 다하는 것을 요구했다.[41]

일본 정부는 이 기본원칙을 2019년 6월에 수립하는 과학기술 기본방
침인 「통합혁신전략」에 반영할 계획이며, 또 같은 달 말에 오사카에서
열리는 주요 20개국(G20) 정상회의에서 의장국으로서 이 기본원칙을 중
심으로 인공지능에 관한 국제규칙 제정의 논의를 주도하려고 한다.

4. 국제 기구 및 단체

인공지능은 전 세계 모든 사람 및 사회와 밀접한 관계가 있는 글로벌
한 이슈이다. 따라서 인공지능에 대한 인간 중심과 가치 중심의 접근방
식을 장려하기 위해서 인공지능의 책임성, 투명성, 개인정보보호 및 정

---

41 인공지능 활용의 기본원칙(안):
  1. 인간 중심의 원칙: 인공지능은 사람들의 자유 확대와 다양한 행복을 위하여 사
     용한다. 인공지능의 제안은 사람이 판단한다.
  2. 교육 · 리터러시의 원칙: 모든 사람이 인공지능을 제대로 이해하고 이익을 얻
     을 수 있도록 교육의 기회를 평등하게 제공한다.
  3. 프라이버시 확보의 원칙: 개인정보를 본인이 원치 않는 형태로 유통시키거나
     이용하지 않는다.
  4. 안전성 확보의 원칙: 사이버 공격과 정보 유출로 안심 · 안전이 손상되지 않아
     야 한다.
  5. 공정경쟁 확보의 원칙 : 특정 국가나 기업이 데이터를 독점하거나 인공지능에
     의해 부(富)가 일부에 편중되어서는 안 된다.
  6. 공정성, 설명책임, 투명성의 원칙: 인공지능의 이용에 의해서 차별이 있어서는
     안 된다. 인공지능의 동작에 대해 가능한 한 설명책임을 진다.
  7. 혁신의 원칙: 인재와 연구의 국제화 · 다양화를 추진한다. 국경을 넘어 데이터
     를 상호 이용할 수 있는 구조를 만든다.

보보안에 대하여 국제적인 논의가 다양하게 이루어지고 있다.

2016년 10월 17일부터 20일까지 모로코의 마라케시에서 열린 제38차 국제 개인정보보호 감독기구 협의체 회의(ICDPPC, International Conference of Data Protection and Privacy Commissioners)에서는 로보틱스와 인공지능이 취급하는 개인정보의 보호에 대해 논의가 이루어졌다.[42] 여기서는 로보틱스와 인공지능과 같이 빠르게 발전하는 기술이 여러 가지 새로운 개인정보보호 문제를 야기한다는 점이 지적되었다. 인공지능의 경우 로보틱스와 마찬가지로 사용자를 돕기 위한 기능을 수행할 때 인간의 특성을 시뮬레이션하는데, 인공지능 또는 기계학습은 이제 막 이해하기 시작한 과제를 제기하며 기계학습이라는 표시는 데이터 처리 기능의 결과에 대한 예측 불가능을 의미한다고 밝혔다. 그리고 이 기능은 결론에 도달하는 데 사용된 알고리즘이 알려지지 않고 또 실제로 해당 애플리케이션의 설계자 또는 사용자가 이를 알 수 없는 경우 자동화된 의사결정의 책임과 관련하여 특히 어려움을 나타낸다고 지적한다. 그리고 기계학습 과정에서 사용된 코딩 또는 샘플 선택에 반영된 최초의 편향은 알고리즘의 결과를 오염시킬 수 있지만, 해당 프로그램이 그 결과 또는 결론을 산출하는 데 사용한 메커니즘은 투명하지 않다고 지적하였다.[43]

한편 2018년 6월 캐나다에서 G7 정상들은 인간 중심의 인공지능과 인공지능의 상업적 도입을 촉진하고 적절한 기술적, 윤리적, 기술중립적 접근 방식을 지속적으로 발전시키기 위해 노력하기로 합의했다.

---

42 ICDPPC는 세계 각국 개인정보보호 감독기구의 연합체로서 매년 국제적으로 새로 대두되는 개인정보 및 프라이버시 이슈를 논의하며, 2018년 제38차 컨퍼런스의 제1주제가 "Artificial Intelligence and Robotics"였다. https://www.privacyconference2016.org/en/program (2018.10.30. 방문).

43 Communique on the 38th International Conference of Data Protection and Privacy Commissioners, 18 October 2016, Marrakesh, Morocco. https://icdppc.org/wp-content/uploads/2015/02/38-Conference-communique-.pdf (2018.10.30. 방문).

5. 소 결

인공지능에 관한 규칙의 제정이 각국에서 꾸준히 진행되고 있다. EU 는 규제색이 짙은 가이드라인의 작성을 추진하고, 미국은 기업이 자율적인 규칙을 책정하는 방향으로 진행하고 있으며, 일본은 중립적인 입장에서 EU 및 미국 등과 연계하여 인공지능 활용에서 핵심적인 역할을 하는 것을 목표로 하고 있다.

특히 인공지능에서 개인정보 보호와 관련하여서는 아직 인공지능에 대해 직접적으로 규율하는 개인정보보호 법제는 없다. 이는 인공지능과 관련한 개인정보보호 규정이 있다고 알려진 EU GDPR도 마찬가지다. EU GDPR의 경우 자동화된 의사결정, 프로파일링 등 인공지능의 요소와 관계있는 규정을 가지고 있을 뿐이다. 이는 인공지능 관련 기술이 계속하여 발전하고 있고, 또 인공지능의 활용도 다양한 분야 및 다양한 업무에서 이루어지고 있고 개인정보에 대한 위험과 그 해결책이 정확하게 파악되지 않았기 때문에 경직된 법률로써 서둘러 규제하는 것이 적합하지 않기 때문이다.

따라서 인공지능의 활용이 개인정보와 관련하여 어떠한 위험이 있는지 사례 혹은 시나리오를 기반으로 충분히 분석하고 나서 이에 맞는 보호 대책을 세우는 것이 순서다. 그리고 이때 가급적 서둘러 입법을 하려고 하기보다는 우리 법에서도 인정하는 자율규제 수단을 최대한 활용하는 것이 바람직하다고 본다.

IV. 현행 개인정보 법제의 적용과 한계

1. 인공지능 및 개인정보 관계 법령

국내의 경우 인공지능에 대해 직접 규율하는 현행 법령이 일부 있으나 인공지능과 관련한 개인정보 문제에 대해 직접 규율하는 현행 법령은 없다.[44] 인공지능의 활용과 관련한 개인정보 문제에 대해서도 원칙적으로 현행 개인정보보호 관계 법령이 그대로 적용된다고 할 수 있다.[45]

현재 개인정보보호 관계 법령은 일반법인 「개인정보 보호법」을 중심으로 정보통신(「정보통신망 이용촉진 및 정보보호 등에 관한 법률」), 금융(「신용정보의 이용 및 보호에 관한 법률」), 교육(「교육기본법」) 등 각 분야별로 특별법 또는 특별규정 형태로 다수의 개별 법률이 존재한다.

이하에서는 인공지능과 관련하여 제기되는 개인정보 이슈에 대해 이들 현행 개인정보보호 관계 법령을 적용하는 경우 그 타당성과 발생하는 문제들을 살펴본다.

2. 인공지능 관련 개인정보 이슈별 법적용 검토

(1) 개인정보보호 일반원칙의 적용

개인정보 보호에 관한 일반법인 「개인정보 보호법」은 개인정보처리자가 개인정보의 처리에 있어 준수하여야 할 여러 가지 원칙을 규정하

---

44 2018년 10월말 현재 국가법령정보센터 및 국회 의안정보를 검색한 결과 인공지능에 대한 조항을 두고 있는 현행 법령은 「4차산업혁명위원회의 설치 및 운영에 관한 규정」(제2조), 「국토교통부와 그 소속기관 직제 시행규칙」(제14조), 「디자인보호법 시행령」(제6조), 「바둑 진흥법」(제12조), 「특허법 시행령」(제9조)이 있고, 입법안은 없다.

45 영국 개인정보보호 감독기구 ICO는 EU GDPR과 영국 국내법인 「Data Protection Act」가 인공지능에도 적용된다는 입장을 취한다.

고 있다(제3조).

　첫째, 개인정보처리자는 개인정보의 처리 목적을 명확하게 하여야 하고 그 목적에 필요한 범위에서 최소한의 개인정보만을 적법하고 정당하게 수집하여야 한다(제3조 제1항, 개인정보 수집의 최소성 및 적법성 원칙). 둘째, 개인정보처리자는 개인정보의 처리 목적에 필요한 범위에서 적합하게 개인정보를 처리하여야 하며, 그 목적 외의 용도로 활용하여서는 아니 된다(제3조 제2항, 개인정보 처리의 목적 적합성 원칙). 셋째, 개인정보처리자는 개인정보의 처리 목적에 필요한 범위에서 개인정보의 정확성, 완전성 및 최신성이 보장되도록 하여야 한다(제3조 제3항, 개인정보의 정확성, 완전성 및 최신성 원칙). 넷째, 개인정보처리자는 개인정보의 처리방법 및 종류 등에 따라 정보주체의 권리가 침해받을 가능성과 그 위험 정도를 고려하여 개인정보를 안전하게 관리하여야 한다(제3조 제4항, 개인정보의 안전성 원칙). 다섯째, 개인정보처리자는 개인정보 처리방침 등 개인정보의 처리에 관한 사항을 공개하여야 하며, 열람청구권 등 정보주체의 권리를 보장하여야 한다(제3조 제5항, 개인정보 처리의 공개 및 정보주체 권리보장 원칙). 여섯째, 개인정보처리자는 정보주체의 사생활 침해를 최소화하는 방법으로 개인정보를 처리하여야 한다(제3조 제6항, 개인정보 처리의 사생활 침해 최소 원칙). 일곱째, 개인정보처리자는 개인정보의 익명처리가 가능한 경우에는 익명에 의하여 처리될 수 있도록 하여야 한다(제3조 제7항, 개인정보 익명처리 원칙). 여덟째, 개인정보처리자는 이 법 및 관계 법령에서 규정하고 있는 책임과 의무를 준수하고 실천함으로써 정보주체의 신뢰를 얻기 위하여 노력하여야 한다(제3조 제8항, 책임성 원칙).

　이러한 개인정보보호 일반원칙은 인공지능과 관련하여서도 기본적으로 타당하다고 할 수 있다. 그러나 개인정보 수집의 최소성 등 일부 원칙은 인공지능의 구체적인 활용 환경에 따라서는 알맞게 조정되어 규율될 필요가 있다.

(2) 사전 예방적 보호장치

가. 인공지능으로 처리할 수 있는 개인정보

인공지능이 제대로 기능하기 위해서는 많은 데이터가 필요하며, 다양한 기기와 연결되거나 다양한 서비스를 제공하는 경우에는 더욱 그러하다.[46] 전통적으로 보호받는 사생활 영역에 배치되고 또 개인적이고 민감한 데이터를 추출하여 보낼 수 있어 기밀성에 대한 중대한 위협이 되는 인공지능에 대해서는 특별한 주의가 필요하다.[47]

그러나 우리 개인정보보호 관계법은 처리할 수 있는 개인정보를 제한하고 있지 않고 이를 동의 또는 법률규정 등 허용 근거로써 해결하고 있다. 따라서 정보주체의 동의 등 허용 근거만 있으면 모든 개인정보를 처리할 수 있다. 이는 사상·신념, 노동조합·정당의 가입·탈퇴, 정치적 견해, 건강, 성생활 등에 관한 정보, 그 밖에 정보주체의 사생활을 현저히 침해할 우려가 있는 유전자검사 등의 결과로 얻어진 유전정보와 범죄경력자료에 해당하는 정보인 민감정보인 경우에도 마찬가지로써, 민감정보 처리에 대한 별도 동의만 얻으면 가능하다(개인정보 보호법 제23

---

[46] 인공지능 비서의 일종인 인공지능 스피커가 수집·이용하는 정보에 대해서는 "더 똑똑해진 'AI 스피커' 내 정보도 마구 가져가네", 한겨레, 2018.4.10. 참조. http://www.hani.co.kr/arti/economy/it/839864.html (2018.10.30. 방문).

[47] 유럽에서 판매되는 인공지능 기반 배우자 로봇의 경우 내구연한이 돼서 바꿔야 하면 이전에 학습했던 정보가 새로운 로봇에 옮겨져야 하는데 축적된 개인 사생활 정보가 외부로 유출될 가능성이 있다("4차산업 윤리 전문가 좌담회—AI에 인간 편견 담기면 위험 … 윤리적 가이드라인 필요", 매일경제 2018.4.9. https://m.news.naver.com/read.nhn?mode=LSD&mid=sec&sid1=105&oid=009&aid=0004129781). 또 인공지능스피커의 경우 사용자의 말을 언제든지 들을 수 있어야 하는 만큼 24시간 마이크가 항상 연결되어 있다. 이 경우 통화나 사적인 대화가 의도치 않게 노출될 수 있고, 또한 인터넷을 활용하기 때문에 해킹에도 취약하다. 따라서 해커가 인공지능스피커 등 음성인식 시스템에 침입하게 되면 손쉽게 도청할 수 있고, 이를 통해 개인정보 유출과 사생활 침해가 가능하다("[인터페이스의 혁명, 음성인식] ③ 지나친 보호도 느슨한 규제도 '문제'", 아시아타임즈 2018.5.3. http://www.asiatime.co.kr/news/articleView.html?idxno=178381) (2018.10.30. 방문).

조 제1항, 동 시행령 제18조).

그리고 아동의 개인정보에 대해서도 그 법정대리인의 동의 또는 법률 규정 등 허용 근거만 있으면 인공지능으로 처리하는 데 아무런 제약이 없다(개인정보 보호법 제22조 제6항, 정보통신망 이용촉진 및 정보보호 등에 관한 법률 제31조 제1항).

나. 인공지능 사용의 표시

개인정보 처리에 인공지능과 같이 개인의 권리와 자유에 중대한 영향을 미치는 기술이 사용되는 경우 이를 개인정보 주체에게 알리는 것이 필요하다.

우리 개인정보보호 관계법은 개인정보처리자(정보통신서비스 제공자 등)가 개인정보의 처리 목적, 처리 및 보유 기간, 제3자 제공, 위탁, 정보 주체와 법정대리인의 권리 · 의무 및 그 행사방법, 개인정보 보호책임자 또는 개인정보 보호업무 및 관련 고충사항을 처리하는 부서, 인터넷 접속정보파일 등 개인정보를 자동으로 수집하는 장치의 설치 · 운영 및 그 거부, 처리하는 개인정보 항목, 개인정보의 파기에 관한 사항을 포함하는 개인정보 처리방침을 정하고 정보주체가 이를 쉽게 확인할 수 있도록 공개하도록 하고 있다(개인정보 보호법 제30조, 정보통신망 이용촉진 및 정보보호 등에 관한 법률 제27조의2).

그러나 개인정보를 자동으로 수집하는 장치는 자동화된 의사결정을 본질로 하는 인공지능의 적용으로 볼 수 없다.[48] 따라서 우리 개인정보

---

48 개인정보를 자동으로 수집하는 등의 자동화된 처리란 새로운 것이 아니라 개인정보 보호법에서 규율한 지 이미 오래되었다. 독일의 경우 "자동화된 처리(automatisierte Verarbeitung)"에 대해 정의하고 있고(독일 2009년 개정 연방개인정보보호법 제3조 제2항), 따로 자동화된 의사결정(automatisierte Einzelentscheidung)에 대해 규정을 두고 있다(동법 제6조c). 우리 개인정보보호 관계법은 따로 자동화된 처리에 대해 정의 또는 규정을 두지 않고 수동 처리와 자동 처리를 모두 대상으로 하고 있는 것으로 해석되며, 또한 자동화된 의사결정에 대해서도 규정을 두고 있지 않았다. 그러다 2016년 3월 29일 법 개정으로 인터넷 접속정보파일 등 개인정보를 자동으로 수집하는 장치의 설치 · 운영 및 그 거부에 관한 사항(해당하는 경우에만 정한

보호 관계법은 자동화된 의사결정을 본질로 하는 인공지능에 대해서 개인정보 처리방침에 이를 표시하도록 하는 직접적인 내용을 두고 있지 않다.

다. 개인정보보호 디자인 및 개인정보보호 설정

인공지능과 같이 개인정보 처리에 특별한 기술이 사용되는 경우 그 기술의 개발 또는 적용 단계에서 개인정보 보호를 고려하고 실현하는 것이 중요하다. 이것이 개인정보보호 디자인(Privacy by Design) 및 개인정보보호 설정(Privacy by Default)이다.

개인정보보호 디자인은 개인정보를 처리하는 애플리케이션, 서비스 또는 제품의 개발이 증가하면서 그 설계 및 디자인 단계부터 개인정보 최소처리 원칙, 투명성 원칙, 가명처리, 개인정보 주체의 통제권 보장 등 개인정보 주체를 보호하기 위해 취해야 하는 기술적 및 관리적 보호조치를 말한다.[49] 또 개인정보보호 설정은 제품 등의 개발, 디자인, 선택 또는 활용과 관련하여 특정 목적과 관련한 개인정보만 처리될 수 있도록 적절한 기술적 및 관리적 조치를 기본 설정하는 것이다. 특히 이는 개인정보의 양, 해당 처리의 범위, 개인정보의 저장 및 접근가능 기간과 관련하여 적용된다.[50]

그러나 우리 개인정보보호 관계법은 개인정보보호 디자인 및 개인정보보호 설정에 대해 직접 규정하고 있지 않다.

라. 개인정보 영향평가

인공지능과 같이 새로운 기술이 개인정보 처리에 사용되는 경우 개인의 권리와 자유에 어떠한 영향을 미치는지 그 효과를 파악하고 필요한 적절한 보호조치를 마련하는 것이 매우 필요하다.

우리 개인정보보호 관계법은 일정 규모 이상 개인정보를 전자적으로

다)을 개인정보 처리방침에 포함하도록 하였다.

49 박노형 외, 「EU 개인정보보호법—GDPR을 중심으로」, 박영사, 2017, 179쪽.

50 박노형 외, 앞의 책, 180쪽.

처리할 수 있는 개인정보파일[개인정보를 쉽게 검색할 수 있도록 일정한 규칙에 따라 체계적으로 배열하거나 구성한 개인정보의 집합물(集合物)]의 운용으로 인하여 정보주체의 개인정보 침해가 우려되는 경우에 그 위험요인의 분석과 개선 사항 도출을 위한 평가 즉 개인정보 영향평가를 하도록 하고 있다(개인정보 보호법 제33조 제1항). 그리고 개인정보 영향평가 의무자는 공공기관으로 한정하고 있고 그 외 개인정보처리자에게는 의무화하지 않고 있다(동조 제8항). 따라서 공공기관의 전자 개인정보파일을 주된 대상으로 하는 우리 개인정보 영향평가 제도는 처리 기술 또는 방법인 인공지능에 대해 직접 적용되지 않는다고 할 수 있다.

특히 인공지능의 경우 설계자(개발자)의 의도나 실수, 입력 데이터의 부족이나 오류에 의해 발생할 수 있는 알고리즘의 오류 혹은 편향에 따른 개인정보보호 문제에 대해 규율할 수 있는 적절한 규정을 두고 있지 않다.

(3) 현장 대응적 보호장치

가. 인공지능 활용에 대한 고지 및 동의

인공지능 기술이 개인정보 처리에 사용되는 경우 개인정보 주체의 자유와 권리에 중대한 영향을 미칠 수도 있다. 따라서 최소한 인공지능 기술의 사용에 대해 알리는 것이 필요하다.

우리 개인정보보호 관계법은 개인정보의 수집·이용을 원칙적으로 금지하고 동의·법률규정에 의해 예외적으로 허용하는 방식이다.[51] 개인정보를 이용하는 새로운 기술이 사용되려면 이를 준수할 수밖에 없다. 그러나 우리 개인정보보호 관계법은 개인정보의 수집·이용에 대해서만 설명 및 동의를 요구할 뿐이다. 따라서 인공지능 기술과 같이 개인정보 주체에게 중요한 의미가 있는 개인정보 처리 방식에 대해서는 따

---

51 이는 개인정보 자기결정권이라는 헌법상 기본권의 인정으로 더욱 강화되어 있다.

로 규율하고 있지 않다.

나. 자동화된 의사결정의 사용

자동화된 또는 알고리즘에 의한 의사결정은 기업 또는 인터넷 사용자와 같은 사인(私人)과 행정, 사법 또는 기타 공공기관이 최종 결정을 내리는 데 영향을 미친다. 따라서 자동화된 또는 알고리즘에 의한 의사결정의 과정에 안전장치와 사람에 의한 통제 및 검증이 마련될 필요가 있다.

그러나 우리 개인정보보호 관계법은 인공지능과 밀접한 관계가 있는 자동화된 또는 알고리즘에 의한 의사결정에 대해 따로 규정을 두고 있지 않다.

다. 정보주체의 권리 보장

우리 개인정보보호 관계법은 정보주체가 자신의 개인정보 처리에 관한 정보를 제공받을 권리를 가진다고 규정한다(개인정보 보호법 제4조 제1호). 이에 대해 정보주체는 개인정보 수집·이용·제공 등의 처리 목적과 범위 등에 관한 정보를 개인정보처리자로부터 제공받을 권리가 있고, 개인정보처리자는 개인정보 수집·이용·제공·위탁의 목적·범위 등의 고지 또는 공개, 개인정보처리방침의 제정·공개 등의 의무를 진다고 해석한다.[52] 그러나 개인정보처리자가 처리하는 자기 개인정보에 대해서만 인정되는 권리일 뿐 인공지능 알고리즘에 대한 정보를 요구할 수 있는 근거가 되지는 못한다.

(4) 사후 구제적 보호장치

우리 개인정보보호 관계법은 사후 구제장치로서 개인정보의 열람 및 정정·삭제, 처리정지, 손해배상을 인정한다(개인정보 보호법 제35조·제36조·제37조·제39조, 정보통신망 이용촉진 및 정보보호 등에 관한 법률 제30조·제30조의2·제32조). 그러나 특별히 인공지능에 맞추어 마련된 사

---

52 이창범, 「개인정보 보호법」, 법문사, 2012, 63쪽.

후구제 장치는 없다.

3. 소 결

인공지능 활용에 따른 개인정보 문제에 대한 우리 개인정보보호 관계법의 적용 가능성을 살펴보았다. 그 결과 우리 개인정보보호 관계법은 인공지능 기술에 맞게 크게 변화할 필요가 있음을 보여 주고 있다. 특히 우리 개인정보보호 관계법은 인공지능과 밀접한 관계가 있는 자동화된 또는 알고리즘에 의한 의사결정에 대해 아무런 규정을 두고 있지 않으며, 인공지능의 활용과 관련한 차별 문제도 규율하지 않는다. 이는 유럽연합(EU)이 1995년에 「개인정보보호 지침」에서 자동화된 의사결정 및 프로파일링과 관련한 규정을 마련하고[53] 2018년 5월 25일부터 시행되는 EU GDPR에서 더 상세한 규정을 두면서 합리적인 해석과 적용을 통하여 인공지능의 사례에 구체화할 수 있는 여러 원칙 규정을 두고 있는 것과 차이가 있다. 이렇게 볼 때 과연 우리 개인정보보호 법제가 자동화 내

---

[53] 유럽에서 자동화된 의사결정이 처음 규율된 것은 1995년 EU 개인정보보호 지침으로 20년도 더 되었다: 1995년 EU 개인정보보호 지침(Directive 95/46/EC) 제15조(자동화된 의사결정) (1) 회원국은 모든 사람에게 그 사람에 관한 법적 효과를 발생하거나 그 사람에게 중대한 영향을 미치는 결정으로 직무능력, 신용, 신뢰, 품행 등과 같이 그 사람의 일정한 개인적 측면을 평가하기 위해서 정보의 자동화된 처리에만 의거한 결정에 따르지 않을 권리를 인정하여야 한다.
(2) 회원국은 이 지침의 다른 규정에 따라 다음 각 호의 어느 하나에 해당하는 결정이 있는 경우 사람은 그 결정에 따를 수 있다고 규정한다.
 (a) 개인정보 주체에 의한 계약의 체결 혹은 이행 요구가 충족되거나 개인정보 주체의 의견 표명을 허용하는 합의와 같이 정당한 이익을 보호하는 적절한 조치가 있는 경우 계약의 체결 혹은 이행 과정에서 이루어진 결정
 (b) 개인정보 주체의 정당한 이익을 보호하는 조치를 규정한 법으로 허용하는 결정
그리고 자동화된 의사결정과 관련하여 콘트롤러에게 데이터의 자동처리에 사용되는 로직(logic)에 대한 정보를 요구할 수 있는 권리를 개인정보 주체에게 인정하고 있다[제12조(a)].

지 인공지능이 중심인 21세기에 맞는 법제라고 할 수 있는지 의문이다.

Ⅴ. 인공지능 활용에서 개인정보 보호 방안[54]

1. 사전 예방적 보호조치

(1) 개인정보보호 디자인 및 개인정보보호 설정

기계학습 및 인공지능 기술의 보급에 따른 프라이버시 문제와 같이 기술에 의한 문제는 기술적 대응이 필요하다. 이러한 이유에서 EU GDPR은 개인정보보호 디자인 및 개인정보보호 설정을 규정하고 있다.

EU GDPR은 프로세스를 설계할 때 자동화된 데이터 처리에서 새로운 제어장치를 고려하도록 하고 있다. 이에 따라 콘트롤러는 개인정보보호 원칙을 효과적으로 구현하기 위한 적절한 기술적 및 관리적 조치를 취해야 한다(EU GDPR 제25조 제1항 개인정보보호 디자인). 또한 미리 기본설정으로 각각의 정해진 처리 목적을 위해 처리가 필요한 개인정보만 처리되도록 적절한 기술적 및 관리적 조치를 취해야 한다(EU GDPR 제25조 제2항 개인정보보호 설정). 전반적으로 기술에 의한 예방적인 개인정보보호 요구사항이 도출된다. 이 경우 콘트롤러가 아닌 제조자도 이

---

54 인공지능과 관련한 개인정보 보호에 대해 직접 그리고 온전하게 규정하는 입법례는 아직 없다. 그러나 EU GDPR에서 규율하는 자동화된 개인별 의사결정(automated individual decision)은 완전하지는 않지만 인공지능과 관계있는 규정으로 볼 수 있다. 이는 독일 정보통신미디어산업협회(Bitkom, Bundesverband Informationswirtschaft, Telekommunikation und neue Medien)가 인공지능의 핵심을 자동화된 의사결정으로 보고 있고(Künstliche Intelligenz verstehen als Automation des Entscheidens, 2017), 또 영국 개인정보보호 감독기구인 ICO가 인공지능에 대해 EU GDPR과 국내 개인정보보호법이 그대로 적용된다고 밝히고 있기 때문이다. 따라서 이하의 인공지능 활용에서 개인정보 보호 방안에서는 EU GDPR의 자동화된 개인별 의사결정과 관련한 규정을 많이 참고하였다.

규정의 수범자에 포섭되어야 하나, 현재는 그렇지 않다. EU GDPR의 입법자들은 제조자에 대해서는 권장하는 입장을 취하고 있다.[55]

따라서 기기가 개인정보보호에 적합한 기본설정을 제공하고 사용자에게 자세한 선택 옵션을 제공해야 하지만, 모든 개인정보보호 관련 프로세스(위치추적, 이미지 및 음향 녹취 등)에 대한 공장 설정을 활성화하지 않아야 한다. 또한 개발 시 사용자가 개별적으로 언제든지 다시 설정할 수 있도록 되어 있어야 한다.

(2) 인공지능 사용에 대한 정보 제공

개인정보 처리에 인공지능이 사용되는 모든 경우에 인공지능 사용을 개인정보 주체에게 알릴 필요는 없다. 그러나 인공지능을 사용한 개인정보 처리가 개인의 권리와 자유 등에 중대한 영향을 미치는 경우에는 개인정보 주체에게 이를 알리는 것이 필요하다.

이와 관련하여 EU GDPR은 개인정보가 개인정보 주체로부터 획득되는 경우 콘트롤러는 개인정보가 획득되는 때에 개인정보 주체에게 일반적인 고지사항과 함께 공정하고 투명한 처리를 보장하기 위하여 자동화된 의사결정의 존재와 적용된 로직(logic)에 관한 의미있는 정보[56] 및 그 처리의 개인정보 주체에 대한 중요성과 예상되는 결과[57]도 알리도록 하

---

55 EU GDPR 상설(recital) 제78항.
56 「우리 기업을 위한 'EU 일반 개인정보보호법(GDPR)' 가이드북」, 한국인터넷진흥원, 2018, 105쪽은 자동화된 의사결정에 적용된 로직(logic)에 관한 의미 있는 정보 제공의 사례로 개인의 대출신청 평가 및 거절과 관련하여 직접 제공된 정보에 기반하여 신용 점수를 계산하는 경우 해당 시스템이 공정하고 책임있는 대출 결정에 도움이 되었음을 설명하고 의사결정에 도달하기까지 고려된 주요 특징, 정보 출처 등(대출 신청서에 개인정보 주체가 기재한 정보, 연체 기록 등 과거 금융서비스 이용기록, 사기 및 연체·파산 등과 같은 공적 기록)을 설명하고 또 개인정보 주체에게 사용된 신용평가 점수 산정방식이 공정하고 효과적이며 편파적이지 않도록 정기적으로 확인하고 있다는 사실도 포함하여 안내하는 것을 들고 있다.
57 「우리 기업을 위한 'EU 일반 개인정보보호법(GDPR)' 가이드북」, 한국인터넷진흥원, 2018, 105쪽은 자동화된 의사결정의 개인정보 주체에 대한 중요성과 예상되

고 있다[제13조 제2항(f)].[58] 또한 개인정보가 개인정보 주체로부터 획득
되지 않는 경우에도 콘트롤러는 개인정보 주체에게 일반적인 고지사항
과 함께 공정하고 투명한 처리를 보장하기 위하여 자동화된 의사결정의
존재와 적용된 로직(logic)에 관한 의미있는 정보 및 그 처리의 개인정보
주체에 대한 중요성과 예상되는 결과를 개인정보 획득 후 1개월 이내의
상당한 기간 내에 알리도록 하고 있다[제14조 제2항(g) 및 제3항].[59]

개인정보 주체의 이 권리가 영업비밀 혹은 지적재산권 그리고 특히
소프트웨어를 보호하는 저작권에 부정적 영향을 미치지 않아야 하나,
그렇다고 하여 개인정보 주체에게 모든 정보의 제공을 거부하는 결과가
되어서도 안 된다(1995년 개인정보보호 지침 상설 제41항 참조).

이와 함께 개인정보 처리방침 등에 인공지능(자동화된 의사결정) 사용
여부의 표시가 필요하다. CCTV와 마찬가지로 개인정보가 인공지능(자
동화된 의사결정)에 사용되는지 밝혀야 한다.[60]

(3) 개인정보 영향평가

개인정보 영향평가는 환경 영향평가를 통해 환경 파괴를 사전에 예방
하는 것과 같이 개인정보 처리의 잠재적인 위험요인을 분석하여 그 위
험을 사전에 예방하는 제도이다. 특히 인공지능과 같이 새로운 기술이

는 결과정보 제공의 사례로 보험회사가 자동화된 의사결정 프로세스를 이용하여
고객의 운전 습관을 모니터링하고 이를 기반으로 보험료를 산정하는 경우 1) 위
험한 운전은 높은 보험료를 유발할 수 있다는 사실을 안내하고 2) 급가속 및 급정
거 등 위험한 운전 습관을 가진 운전자와 보통의 운전자를 상호 비교하는 기능을
제공하는 것을 들고 있다.

58 개인정보 주체가 이미 정보를 갖고 있는 경우에는 이를 적용하지 않는다(EU
GDPR 제13조 제4항).

59 개인정보 주체가 이미 정보를 갖고 있거나, 정보의 제공이 불가능하거나 비밀유
지의무가 적용되는 경우 등에는 이를 적용하지 않는다(EU GDPR 제14조 제5항).

60 독일인공지능연구센터는 채용과 관련하여 개인정보를 인공지능(자동화된 의사결
정)에 사용하지 않는다고 밝히고 있다: https://www.dfki.de/web/stellenange-
bote/datenschutz/view?searchterm=Datenschutz (2018.10.30. 방문).

개인정보 처리에 사용되는 경우 개인의 권리와 자유에 어떠한 영향을 미치는지 그 효과를 파악하고 또 설계자(개발자)의 의도나 실수, 입력 데이터의 부족이나 오류에 의해 발생할 수 있는 알고리즘의 오류 혹은 편향에 따른 문제를 해결하며 필요한 적절한 보호조치를 마련하는 것이 매우 중요하다. 그러나 앞서 살펴본 바와 같이 공공기관의 전자 개인정보파일을 주된 대상으로 하는 우리 개인정보 영향평가 제도는 처리 기술 또는 방법인 인공지능에 대해 직접 적용되지 않는다.

이와 달리 EU GDPR은 새로운 기술을 사용하는 처리 유형이 그 처리의 성격, 범위, 맥락 및 목적을 고려할 때 자연인의 자유와 권리에 대해 중대한 위험을 초래할 가능성이 있을 경우 콘트롤러가 그 처리 전에 예상되는 처리 작업의 개인정보에 대한 영향평가를 수행하도록 규정한다 (제35조 제1항). 그리고 특히 자연인에 관한 법적 효과를 발생시키거나 자연인에게 중대한 영향을 미치는 자동화된 의사결정에 의한 자연인에 대한 체계적이고 포괄적인 평가와 민간정보의 대규모 처리의 경우 개인정보 영향평가를 반드시 수행하도록 하여 개인정보 처리에 인공지능을 사용하는 경우 개인정보 영향평가의 근거가 된다(제35조제3항(a)(b)).

자동화된 의사결정에 대해 개인정보 영향평가를 실시하는 경우에는 특히 1) 자동화된 의사결정 프로세스와 관련한 로직(logic) 및 존재에 대한 개인정보 주체에 고지 2) 개인정보 주체에게 있어 처리의 중요성 및 예상 결과 설명 3) 개인정보 주체에게 자동화된 의사결정에 반대할 수 있는 수단 제공 4) 개인정보 주체에게 자신의 견해를 밝힐 수 있는 권리 허용 등에 대해 살펴야 한다.[61] 그러나 인공지능 기반 시스템의 경우, 자율학습 프로그램이 새로운 수준에 도달하고 스스로 진화를 계속할 때 이러한 규범이 제대로 이행될 수 있는지 여부에 대해 의문이다.

---

61 「우리 기업을 위한 'EU 일반 개인정보보호법(GDPR)' 가이드북」, 한국인터넷진흥원, 2018, 106쪽.

2. 현장 대응적 보호조치

(1) 인공지능에만 의한 법률효과 등 중요한 영향을 미치는 결정 제한

자동화된 또는 알고리즘에 의한 의사결정은 기업 또는 인터넷 사용자와 같은 사인(私人)과 행정, 사법 또는 기타 공공기관이 최종 결정을 내리는 데 영향을 미친다. 따라서 자동화된 또는 알고리즘에 의한 의사결정의 과정에 안전장치와 사람에 의한 통제 및 검증이 마련될 필요가 있다.

이와 관련하여 EU GDPR은 계약 체결 또는 이행을 위하여 필요한 경우,[62] EU 법 또는 회원국 법이 허용하는 경우[63] 및 정보주체의 명시적 동의에 의한 경우[64] 외에는 정보주체에게 법률효과를 발생시키거나 유사하게 중대한 영향을 미치는 결정이 프로파일링을 포함하여 자동화된 처리에만 근거하는 데 따르지 않을 권리를 인정한다(제22조 제1항 · 제2항).

(2) 민감한 개인정보의 사용 제한

인공지능이 인종, 민족, 종교, 정치, 노조활동 등 민감한 정보를 사용하여 개인에 대한 결정을 내리는 경우에는 특히 개인정보 주체의 자유와 권리 등에 중대한 영향을 끼칠 수 있다. 따라서 인공지능에서 이러한

---

62 「우리 기업을 위한 'EU 일반 개인정보보호법(GDPR)' 가이드북」, 한국인터넷진흥원, 2018, 103쪽은 이에 해당하는 사례로 1) 의사결정 과정에서의 인적 오류, 차별 및 권력남용 최소화 등을 통하여 일관성 또는 공정성이 향상될 것으로 기대되는 경우 2) 신용정보확인 등을 통하여 고객이 재화나 서비스에 대한 지불불능 위험이 감소하는 경우를 든다.

63 「우리 기업을 위한 'EU 일반 개인정보보호법(GDPR)' 가이드북」, 한국인터넷진흥원, 2018, 103쪽은 이에 해당하는 사례로 사기나 탈세 방지, 서비스 보안 및 신뢰성 보장 등을 위한 경우를 들고 있다.

64 「우리 기업을 위한 'EU 일반 개인정보보호법(GDPR)' 가이드북」, 한국인터넷진흥원, 2018, 104쪽은 동의 과정에서 자동화된 의사결정에 관한 정보를 충분히 제공받아야 하고 선택의 여지 없이 동의가 강제되거나 고용관계 등 권력의 불균형이 있는 경우에는 적정한 동의가 있다고 보지 않는다.

정보의 사용을 제한하는 것이 필요하다.

이와 관련하여 EU GDPR은 인종이나 민족, 정치적 견해, 종교적 또는 철학적 믿음, 노동조합 가입을 나타내는 개인정보와 유전정보 또는 자연인을 고유하게 식별할 목적의 바이오인식정보, 건강정보 또는 자연인의 성생활 또는 성적 지향에 관한 정보를 근거로 한 자동화된 개인별 결정은 개인정보 주체의 명시적인 동의가 있거나 법에 근거하여 공익을 위해 처리하고 개인정보 주체의 자유와 권리 및 정당한 이익을 보호하는 적절한 조치가 취해진 경우에만 처리가 가능하도록 하고 있다(제22조 제4항, 제9조 제1항 및 제2항).

(3) 아동에 대한 인공지능 사용

아동의 경우 계속하여 변화하고 발전하며 부분적인 정보만으로 전체를 규정짓는 것은 바람직하지 않다. 따라서 자동화된 의사결정을 핵심으로 하는 인공지능을 아동에 대해 적용하는 것을 제한할 필요가 있다.

이와 관련하여 EU GDPR은 아동에 대해 프로파일링 및 자동화된 의사결정의 사용을 금지하는 입장을 밝히고 있다(상설 제71항).[65]

아동이 일반 개인정보 주체에 비해 취약하다는 점과 계속하여 변화하고 발전하며 부분적인 정보만으로 전체를 규정짓는 것은 바람직하지 않다는 점에서 아동에 대한 인공지능의 사용에 대해서는 아동의 복지 등을 위한 예외적인 경우에 한하여 인정하고 마케팅 목적의 아동 프로파일링 및 맞춤형 광고를 제한하는 등 보다 강화된 규제가 필요하다고 본다.[66]

---

65 그러나 실제 조항에는 이에 대해 명시적인 규정을 두고 있지 않다. 따라서 아동의 경우에도 프로파일링 및 자동화된 의사결정의 예외적 허용근거에 따라 가능하다고 해석된다(「우리 기업을 위한 'EU 일반 개인정보보호법(GDPR)' 가이드북」, 한국인터넷진흥원, 2018, 104쪽).

66 「우리 기업을 위한 'EU 일반 개인정보보호법(GDPR)' 가이드북」, 한국인터넷진흥원, 2018, 104쪽 참조.

(4) 차별 금지

인공지능과 관련하여 가장 우려되는 것은 차별 또는 불평등이다. 사람이 쉽게 이해하기 어려운 복잡한 알고리즘을 사용하는 경우 이러한 차별 또는 불평등은 잘 드러나지 않는다.

따라서 자동화된 의사결정에 의한 차별 또는 불평등을 금지하는 것을 법으로 명시할 필요가 있다. 독일의 경우 입법론으로 「일반평등법(AGG: Allgemeines Gleichbehandlungsgesetz)」에 알고리즘에 의한 데이터 평가 또는 자동화된 의사결정 절차에 근거하는 불평등 취급과 관련하여 인종 또는 민족, 성별, 종교 또는 신념, 장애, 연령 또는 성 정체성으로 인한 불이익을 허용하지 않는다는 규정을 신설하자는 의견이 있다(제2조 제9호 신설안).

(5) 개인정보처리자의 보호조치

인공지능을 사용한 개인정보 처리가 개인의 권리와 자유 등에 중대한 영향을 미치는 경우에는 개인정보처리자에게 인공지능의 적절한 사용을 위한 일정한 보호조치를 부과할 필요가 있다.

이와 관련하여 EU GDPR은 콘트롤러에게 법률 규정에 의하는 경우 외에 개인정보 주체에게 일정한 법적 효과를 발생시키거나[67] 중대한 영향을 미치는[68] 자동화된 의사결정을 사용에 대해 콘트롤러 측에서 사람

---

[67] 「우리 기업을 위한 'EU 일반 개인정보보호법(GDPR)' 가이드북」, 한국인터넷진흥원, 2018, 102쪽은 법적 효과를 발생시키는 사례로서 결사의 자유, 투표의 자유 등 개인정보 주체의 법적 권리 또는 법적 상태에 영향을 줄 수 있는 것으로 개인의 법적 상태, 권리, 자유, 시민권 등에 변화를 발생시키는 경우(양육·주택지원제도 등 국가 사회보장의 부여 또는 제한, 입국 거부)와 은행, 보험, 채용 등 계약 행위(통신요금 미납에 따른 휴대폰 자동 연결정지)를 든다.

[68] 「우리 기업을 위한 'EU 일반 개인정보보호법(GDPR)' 가이드북」, 한국인터넷진흥원, 2018, 102쪽은 중대한 영향을 미치는 사례로서 개인정보 주체의 법적 권리에 영향을 미치지 않더라도 동등하거나 유사한 의미의 효과를 발생시키는 학교 입학, 세금 감면, 승진 및 보너스 지급 등을 든다.

이 관여하거나, 개인정보 주체가 자신의 견해를 밝히고 그 결정에 이의를 제기하는 등 개인정보 주체의 자유와 권리 및 정당한 이익을 보호하기 위한 적절한 조치를 하도록 하고 있다(제22조 제3항).

3. 사후 구제적 보호조치

개인정보 처리에 인공지능이 사용되는 경우 개인정보 처리와 관련한 일반적인 권리 외에 인공지능 사용과 관련한 특별한 사후구제 권리를 보장할 필요가 있다.

이와 관련하여 EU GDPR은 개인정보 주체가 자신에게 법적 효과를 발생시키거나 중대한 영향을 미치는 자동화된 의사결정 또는 민감정보에 의한 자동화된 의사결정이 이루어지는지 여부와 그러한 경우 적용된 로직(logic)에 관한 의미 있는 정보와 그러한 처리의 개인정보 주체에 대한 중요성과 예상되는 결과에 대한 정보에 접근할 권리를 인정한다[제15조 제1항(h)].

이 밖에 개인정보 주체에게 자동화된 의사결정에 잘못된 개인정보가 사용되는 경우 사용된 정보 및 정보의 부정확성에 대해 정정요구 및 이의제기하거나 개인정보 추가 제공을 통해 보완할 수 있는 권리(EU GDPR 제16조 정정권 참조), 자동화된 의사결정에서 개인정보 처리를 차단하거나 제한할 수 있는 권리(EU GDPR 제18조 처리제한권 참조)를 인정하는 것을 검토할 필요가 있다.

또 EU GDPR과 같이 콘트롤러에게 개인정보 처리활동을 기록 및 보존하게 하고(제30조), 인공지능의 경우 추가로 프로그램 순서와 의사결정변수에 대해 기록 및 보존하게 하는 방안을 생각해 볼 수 있다. 이를 토대로 개인정보보호 감독기관이 개인정보보호를 위하여 인공지능과 관련하여 필요한 정보를 획득하고 또 적절한 조치를 취할 수 있다.

4. 자율규제의 활용

우리나라 「개인정보 보호법」은 개인정보처리자의 자율적인 개인정보 보호활동을 촉진하고 지원하는 방편의 하나로서 자율규약의 제정·시행을 지원한다고 규정한다(제13조 제4호). 그러나 이렇게 제정되는 자율규약은 현행 법령의 규율 내용을 그대로 수용하는 것이어야 하지 충돌되는 내용을 담을 수 없다. 즉 자율규제 수단을 활용하려고 해도 이에 대한 법적인 효과가 주어지지 않는 관계로 과거 빅데이터 개인정보보호 가이드라인이나 비식별조치 가이드라인과 같이 법위반이라는 시비가 발생할 수 있다. 따라서 자율규제 수단에 일정한 법률효과를 부여하는 법 개정이 필요하다고 본다.

또 알고리즘은 기계학습으로 생성되며 매우 복잡하여 의도하지 않거나 불법적인 작동을 탐지하기가 종종 어렵다. 뛰어난 평가자도 적다. 따라서 표창, 상금 또는 학술발표 등으로 알고리즘의 오류를 찾고 책임있는 방식으로 신고하게 하는 알고리즘 버그바운티[69]를 적극적으로 활용하면 좋을 것이다.

VI. 맺는 말

우리는 새로운 기술을 대할 때 수용 혹은 배척 중 하나의 입장을 택하여야 한다. 그런데 새로운 기술을 배척하는 경우 발전하지 못하고 이를 수용하는 경우 발전하는 사례를 인류 역사에서 숱하게 발견할 수 있다. 따라서 새로운 기술은 대개 많은 편익과 함께 위험을 수반하고 있으며,

---

69 알고리즘 버그바운티(Algorithm Bugbounty)는 알고리즘의 오류를 찾아내서 신고하는 경우 보상금을 지급하는 것을 말한다. 이미 정보보안에서는 소프트웨어 등의 취약점을 해결하는 데 많이 사용되고 있다.

이러한 위험을 통제하면서 그 편익을 누리는 방향으로 수용하는 것이 바람직하다. 인공지능이라는 새로운 기술의 경우도 마찬가지라고 할 수 있다.

인공지능과 데이터 및 개인정보의 활용은 더 이상 거스를 수 없는 흐름이다. 그리고 인공지능 활용과 개인정보 보호는 양자 택일의 문제가 아니라 양자 조화의 문제이다. 따라서 인공지능을 활용하여 개인정보를 처리하면서도 개인정보 주체의 권리와 이익을 잘 보호하는 방법을 고민하는 것이 필요하다. 인공지능을 위해 개인정보를 포기하는 것이 아니라 인공지능에 맞게 개인정보보호 수단과 방법을 변경하는 것이다. 이를 위해서는 인공지능 기술을 수용하는 데 따른 개인정보 위험이 무엇인지를 정확히 이해하고 이에 맞는 통제 수단과 방법을 강구하여야 한다.

지금까지 살펴본 바에 따르면 인공지능 기술은 과거와 달리 보다 직접적이고 강하게 인간의 자유와 권리에 영향을 미칠 것으로 예상된다. 특히 자유와 평등 등 개인정보 문제에서 그동안 크게 부각되지 않은 문제들에 대해서다. 현재 우리 개인정보보호 관계법은 EU GDPR과 달리 이들 문제를 개인정보보호의 테두리에서 다루고 있지도 않다. 따라서 인공지능 기술은 우리에게 새로운 개인정보보호 과제를 제시하고 있다.

인공지능을 이용해 천국을 건설할 수도 있고, 지옥을 만들 수도 있다. 현명한 선택을 한다면 그 혜택은 무한할 것이지만, 어리석은 선택을 한다면 인류의 멸종이라는 비용을 치르게 될 수도 있다. 현명한 선택을 할지의 여부는 우리 모두의 손에 달려 있다.[70] 그리고 선택의 중심은 인간이 되어야 한다.

70　유발 하라리(조현욱 옮김),「사피엔스」, 김영사, 2015, 11쪽에서 인용.

제4차 산업혁명으로 인한 금융분야의 혁신과 법적 쟁점

―개인정보 보호 문제를 중심으로―

정성구*

Ⅰ. 서 언

이 글을 쓰는 중에도 제4차 산업혁명이라는 용어를 명확히 이해하고 있는지 확신하기 어렵다는 점을 먼저 고백하지 않을 수 없다. 주지하는 바와 같이 이 용어는 2016년 다보스 포럼에서 클라우스 쉬밥(Klaus Schwab) 회장이 주창하여 널리 퍼지게 된 것으로 알려져 있다.[1] 이에 따르면, 제4차 산업혁명은 증기기관으로 대변되는 제1차 산업혁명, 전기와 생산자동화로 대변되는 제2차 산업혁명, 컴퓨터를 이용한 Digital 혁명이라고도 불리우는 제3차 산업혁명과는 구별되는, 각 분야의 놀라운 기술적 발전이 서로 융합되어 놀라운 진보를 이끌어 내는 혁명이라고 한다. 어

---

* 김&장 법률사무소 변호사.

1 쉬밥 회장이 주장한 내용은 "The Fourth Industrial Revolution: what it means, how to respond"라는 글에 잘 요약되어 있다. https://www.weforum.org/agenda/2016/01/the-fourth-industrial-revolution-what-it-means-and-how-to-respond/

차피 현시대의 기술적 진보도 모두 전산장치에 기반하고 있기 때문에, 제4차 산업혁명은 그 전의 1, 2 및 3차의 산업혁명과 같은 뚜렷한 구별점이 없어 보이며, 극단적으로는 그냥 제3차 산업혁명의 확장 내지는 연장이라고 볼 수 있을 것 같기도 하다. 그러나 쉬밥 회장은 3가지 면에서 제4차 산업혁명은 제3차 산업혁명과는 구별된다고 하는데 그 3가지 면을 한 문장으로 나타내면, 제4차 산업혁명은 전례 없는 기하급수적인 속도(Velocity)의 기술적 발전을 동반하여, 모든 국가와 모든 산업의 범위(Scope)에 영향을 미침으로써, 생산, 관리 및 지배구조를 포함한 체계 전반에 효과(Systemic Impact)를 미치는 기술 혁명이라는 것이다.[2] 이러한 설명에도 불구하고, 여전히 제4차 산업혁명의 개념이 추상적이고 손에 잡히지 않는다는 점은 마찬가지인데, 이는 아마도 4차 산업혁명이 완료형이 아닌 진행형이고 따라서 그 누구도 현재 진행 중인 4차 산업혁명의 모습을 단언하기 어렵기 때문이 아닌가 싶다.

그러나 제4차 산업혁명의 정의가 모호하다 하여 현재의 시대가 그 전의 시대와 완연히 다르다는 점을 부정할 수는 없다. 이러한 놀라운 속도의 변화는 불과 1~2년 전만 해도 이름도 들어본 적이 없었던 암호화폐에 투자가 몰리고, 집집마다 인공지능 스피커를 사기 시작하는 현실만 보아도 명약관화하다. 이 글의 목적상 작금의 눈부신 기술적 진보가 가져온 총체적 변화를—구체적으로 정의하기는 어렵더라도—일응 제4차 산업혁명이라고 불러 본다면, 이러한 변화가 한국의 금융 제도를 어떻게 변화시키고 있는가, 또는 이러한 변화와 한국의 금융 제도가 상충되는 부분은 무엇인가를 법률적 측면에서 검토하고자 하는 것이 이 글의 목적이다. 단, 이 글이 지나치게 산만한 내용을 나열하는 것을 피하기 위하여 다음과 같은 점에 주안을 두기로 한다.

---

2   우리나라의 제4차 산업혁명 위원회는 이를 인공지능, 빅데이터 등 범용기술의 혁신으로 촉발되는 초연결기반의 지능화 혁명으로 정의하고 있다. (https://www. 4th-ir.go.kr/4ir/list)

1. 검토대상인 제4차 산업혁명의 태양

제4차 산업혁명이 영향을 미친 모든 분야를 검토할 수는 없기 때문에 '금융산업'에 관련이 있는 제4차 산업혁명의 모습만을 관찰의 대상으로 삼는다. 제4차 산업혁명이 금융산업에 미치는 영향을 보는 관점에도 여러 입장이 있지만, 일단 제4차 산업혁명이란 말의 창시자인 다보스포럼과 딜로이트 컨설팅이 금융서비스의 미래를 진단하여 낸 보고서인 "Cleared for Takeoff"[3]에서 정리한 11가지 혁신[4]을 참조하여 필자가 일응 분류해 본 관점은 아래 5가지 측면이다.

첫째, 제4차 산업혁명은 방대한 정보의 무한한 연결과 상호 접근가능성을 전제로 한다. 광대한 전산망에서 쏟아지는 정보는 이를 감당할 수 있는 전산장치와 저장매체를 만나 상호 결합하면서 엄청난 잠재력을 보여 주게 되었다. 즉, 빅데이터의 시대가 도래한 것이다. 제4차 산업혁명을 어떤 각도에서 정의하고 접근하여도 빅데이터를 빼고는 논의가 진전되지 못할 것이다. 따라서 이 글에서는 빅데이터 시대에 있어서 쟁점이 되고 있는 금융산업의 변모를 우선적으로 논의하게 될 것이다.

둘째, 제4차 산업혁명 시대의 가장 큰 현상적 특색으로 모바일 디바이스의 활용을 손에 꼽지 않을 수 없다. 모바일 디바이스의 활용으로 모든 형태의 정보의 접근, 이용, 전송에 시간적·공간적 제약이 현저히 감소하게 되었다. 즉, 이제는 휴대폰만 있으면 언제 어디서나 정보에 접근할 수 있고, 해당 정보를 이용할 수 있으며, 원하는 정보를 보낼 수 있게

---

3   https://www2.deloitte.com/content/dam/Deloitte/global/Documents/ Financial-Services/gx-fsi-cleared-for-takeoff.pdf

4   Disaggregating forces, Connected World, Alternative Lending Platform, Shifting Customer Preferences, Alternative Capital Raising Platforms, Nest Generation of Process Externalization, Empowered Investors, Smarter Faster Machines, Connecting Buyers and Sellers, Non-traditional Payment Schemes, Cashless World를 말한다.

되었는데, 이것이 의미하는 것은 더 이상 고정된 장소에서 금융서비스를 이용할 필요가 없다는 점이다. 금융산업 분야에서는 이러한 모바일 디바이스의 발전을 어떻게 수용하고 있는지 이에 영향을 받는 금융산업이 무엇인지 검토해야 할 것이다.

셋째, 인터넷과 모바일 디바이스의 발전으로 인한 연결성(Connectivity)의 확장, 즉 초연결성(Hyper-connectivity)은 금융의 공급자와 소비자가 직접 용이하게 만나서 거래할 수 있는 환경을 조성해 주었다. 이는 근본적으로 중개인(Intermediary)의 지위로부터 발전해 온 금융산업의 존재의미를 상당 부분 잠식하고 있는 것이기 때문에, 이러한 연결성의 발전이 금융산업에 미치는 영향 또한 반드시 논의해 봐야 할 부분이다.

넷째, 제4차 산업혁명의 정화인 초지능화(Hyper-Intelligent) 시대의 도래 즉 인공지능(Artificial Intelligence, AI)의 문제를 다루지 않을 수 없다. 금융의 발전은 수학의 발전과 궤를 같이하는 것이기 때문에 원래부터 금융 분야만큼 전산기술 발전의 혜택을 누린 분야는 많지 않다. 뒤에서 다시 언급하겠지만, 금융업계에서는 꽤 오래전부터 컴퓨터가 사람을 대신하여 금융거래를 하여 왔고, 그로 인한 문제와 대처방법이 이미 나와 있는 상태이다. 단, 그러한 전산화된 금융거래는 사람의 판단을 공식화하여 미리 프로그램으로 만들어 놓고 이를 전산장치를 통해서 실행한 것이었으나(따라서, 그러한 공식을 창안한 인간 이상의 성과를 기대하기는 어렵다), 최근 거론되는 금융분야에 있어서의 인공지능의 도입이란, 자체학습을 통해 거래의 판단 자체를 기계에 일임하는 것을 의미하므로 종래와 차별되는 영역이라 할 수 있겠다. 따라서 이러한 인공지능을 단순히 전산효율의 극대화로 볼 수는 없으며 그 도입이 금융산업에 미치는 영향을 검토할 가치가 있다.

마지막으로, 암호화폐(Cryptocurrency)와 분산원장기술(Distributed Ledger Technology: DLT)이다. 사실 앞서 열거한 4가지 변화는 발전된 과학기술을 이용하여 기존의 금융거래에 적용하는 것인 데 반하여, 암호화폐와

DLT는 그 자체로 세상에 없던 것이 창조된 것이다. 따라서, 다른 분야도 마찬가지겠지만 금융산업에서도 종래 이러한 현상에 대비한 제도는 존재하지 않았다. 현재, 암호화폐가 금융상품인가에 대하여는 상당한 논란이 있지만, 대중의 인식으로는 투자나 금융거래의 대상으로 인식되는 상당히 존재하는 것이 사실이고, DLT 또한 금융산업에 지대한 영향을 미칠 것으로 예견되는 분야이므로, 제4차 산업혁명이 금융산업에 미치는 영향을 논의함에 있어 암호화폐와 DLT를 논의하지 않을 수는 없다.

2. 검토대상인 규제의 대상

제4차 산업혁명의 모습을 위 5가지 영역으로 국한하여도 제4차 산업혁명이 금융산업에 미치는 직, 간접적인 영향을 모두 열거할 수는 없다. 금융산업 자체도 대단히 광활한 분야를 포괄하고 있기 때문이다. 결국 이 글의 논의의 집약을 위한 아래와 같은 기준을 추가해 보았다.

첫째, 제4차 산업혁명이 금융산업 이외의 산업에 영향을 미치고, 이로 인하여 다시 금융산업에 미치는 영향, 일종의 간접적 영향까지 이 글의 검토범위에 넣는다면 제4차 산업혁명의 모습을 위 5가지로 제한한 것이 무용해진다. 따라서 이러한 간접적 영향은 검토의 범위에서 제외하고자 한다. 예를 들어 인공지능과 센서기술의 발전이 자율주행차를 탄생시켰고 그 도입에 따른 자동차 보험의 문제는 분명히 금융산업의 문제이긴 하다. 그러나, 이러한 영향은 간접적 영향이어서 이 글의 검토범위에서는 제외하였다.

둘째, 이 글의 작성 계기가 특히 제4차 산업혁명이 금융산업에 있어서 개인정보보호에 미치는 영향을 먼저 분석해 보고자 하는 것이었다. 이 글의 내용이 개인정보보호 문제에 국한된 것은 아니나, 위에서 분류한 제4차 산업혁명이 금융 분야에 미치는 5가지 영향에 관련된 법률 문

제 중에서도 특히 개인정보보호에 관련된 문제는 빠짐없이 거론해 보고
자 한다.

이하에서는 위에서 설명한 기준을 적용하여, 제4차 산업혁명이 금융
분야에 끼친 영향을 5가지로 나누어 위에서 언급한 순서대로 검토해 보
기로 한다.

II. 빅데이터와 금융

소프트뱅크의 손정의 회장이 말했듯이, 빅데이터는 제4차 산업혁명
의 핵심 자원이다. 모두에 설명한 제4차 산업혁명을 정의하는 3가지 요
소―속도, 범산업성, 체계적 변화―는 모두 빅데이터가 가져온 변화와
완전히 부합한다. 즉, 빅데이터는 전례없는 속도로 발전하면서 모든 산
업에 영향을 미쳐 우리의 삶을 근본적으로 변화시키고 있다.

적지 않은 인구의 모든 국민이 주민등록번호로 관리되고, 대부분이
통일된 의료보험과 연금시스템에 가입되어 있으며, 인터넷과 휴대폰의
사용 및 보급환경이 세계 정상급인 우리나라는 빅데이터의 축적과 이용
에 최적화된 환경을 갖추고 있으면서도, 빅데이터 이용과 관련한 제도
의 발전에 있어서는 세계 최악의 수준으로 분류되고 있다. 이는 우리나
라가 세계에서 가장 엄격한 수준의 개인정보보호규제를 갖고 있기 때문
인데,[5] 이러한 규제를 갖고 있으면서도 역설적으로 대형 정보유출사고
는 끊이지 않고 발생하고 있고, 개인정보보호에 관한 국민의 신뢰도는
현저하게 낮은 편이다.[6]

---

5 한국의 개인정보보호규제가 엄격한 것은 세계적으로도 잘 알려져 있다. BBC,
  "Which countries are better at protecting privacy"(2013.6.26). (http://www.
  bbc.com/capital/story/20130625-your-private-data-is -showing에서 검색가능)
6 금융연구원, "금융소비자 인식 설문조사" 금융연구원 연구용역보고서(2015.12)
  온-나라 정책연구 사이트에서 검색가능. http://www.prism.go.kr/homepage/

이러한 모순적인 상황에서 그동안 빅데이터 이용 활성화를 위하여 개인정보보호 규제 완화를 요구하는 업계와 프라이버시권의 보호와 신장을 위해 규제 완화에 반대하는 시민단체 등이 지속적으로 대립하여 왔다. 그러한 대립속에 나름대로 타협을 추구한 기회가 된 것이 대통령 직속 제4차 산업혁명위원회가 주최하여 정부, 업계, 학계, 시민단체가 참여한 해커톤(hackathon) 토론이다. 2017.12.부터 2018.4.에 이르기까지 3회의 해커톤이 개최되어 빅데이터와 개인정보보호의 조화를 위해 관련자들이 끝장 토론을 하였고 어느 정도 합의된 결과까지 발표할 수 있었다.[7] 이러한 논쟁을 통해 정부의 빅데이터 관련 규제 개선의 청사진이 확인된 것은 2018.8.30.에 문재인 대통령이 데이터 경제 활성화 규제 혁신에 관한 선언을 한 시점이라고 보인다.[8] 이 선언에서 확인하고 있는 내용 중, 특히 금융 분야와 관련하여 주목할 것은 본인신용정보관리사업의 지원, 클라우드 산업 지원, 가명정보의 개념 도입 등이다.

1. 가명화를 통한 빅데이터 이용

금융데이터는 성격상 완벽하게 정형화된 데이터이고 집적도가 높다. 금융데이터는 각 금융회사에 자연스럽게 집적되어 빅데이터를 이루고 정책목적상 초집중되어 관리되는데, 한국의 경우 신용정보는 한국신용정보원에, 자금세탁방지 목적의 금융거래정보는 금융정보분석원에 추

---

origin/retrieveOriginDetail.do?pageIndex=6&research_id=1160100-201500019&cond_organ_id=1160100&leftMenuLevel=120&cond_research_name=&cond_research_start_date=&cond_research_end_date=&pageUnit=10&cond_order=3

7 상세한 내용은 제4차 산업혁명위원회, "가명정보의 활용 범위와 목적 등에 대한 합의, 클라우드 이용 활성화를 위한 정보등급 체계 개편, 드론산업 발전을 위한 업계의 애로 해소 방안 논의" 보도자료(2018.4.5.).

8 과학기술정보통신부, 행정안전부, 금융위원회, 방송통신위원회, "데이터를 가장 안전하게 잘 쓰는 나라를 만들겠습니다—데이터 경제 활성화 규제혁신 현장방문 행사 실시", 보도자료(2018.8.30.).

가적으로 집중된다. 또한 민간의 신용조회회사에도 신용정보가 집중되는데, 정보집중으로 인한 경쟁력 제고로 인한 자연과점으로 인하여 한국의 신용정보는 대부분 양대 신용조회회사인 NICE 신용정보와 KCB에 집중되어 있다.

이와 같이 금융거래정보는 이미 빅데이터인 상태로 보관되고 있었다. 그러나 문제는 이러한 빅데이터를 쌓아 두고도 이용을 하지 못하는 상황이다. 이유는 신용정보의 이용 및 보호에 관한 법률(이하 "신용정보법")과 개인정보보호법(이하 "개인정보법")이 개인신용정보 또는 개인정보의 이용의 목적과 범위를 엄격하게 제한하고 있기 때문이다.[9] 예를 들어 개인신용정보의 경우 상거래 관계의 설정 및 유지여부의 판단 목적이나 법률에 정한 목적 등 한정된 목적으로만 이용이 가능하며, 그 이상의 목적으로 이용하기 위하여는 해당 개인신용정보의 주체(이하 "정보주체")의 동의를 받아야 한다. 그러나 현실에서 개인신용정보를 처리하려는 금융회사의 입장에서는 빅데이터 방식의 이용에 관하여 미리 정보주체로부터 동의를 받기가 어렵다. 그 이유는 다음과 같다. 첫째, 빅데이터 처리는 대부분 금융거래를 하기 위한 필수적 이용이 아니기 때문에 '선택적 동의사항'으로 분류되어 정보주체로부터 자발적인 동의를 받아 내기 어렵거나, 동의를 받더라도 정보주체가 쉽게 사후에 동의를 철회할 수 있다. 둘째, 빅데이터의 가치는 빅데이터를 분석하는 과정에서 미리 기대하지 않았던 유의미한 결과를 얻어 낼 수 있다는 가능성에 존재한다. 따라서, 빅데이터 처리를 함에 있어서 미리부터 동의서에 기재할 특정한 목적을 가지지 않거나 최초 동의서 수집 시에 예측하지 못하였던 목적으로서의 이용이 요구되는 경우가 많다.

결국 빅데이터의 원활한 이용을 위해서는 정보주체의 동의 없는 처리가 요구되는데, 이 과정에서 정보주체의 자기정보결정권을 다소간에 침

9　개인정보보호법 제18조, 신용정보법 제33조 등.

해하는 것이 불가피하다.[10] 결국, 빅데이터의 원활한 이용과 정보주체
의 권리의 타협점은 정보주체의 권리의 침해가능성을 최소화한 상태에
서 (동의 없는) 빅데이터 이용을 가능하게 하는 경계를 어디에 둘 것인가
의 문제로 볼 수 있다. 침해를 최소화하는 방법으로서 이상적인 것은
즉, 빅데이터 처리자의 입장에서 정보주체를 알 수 없게 하는 것, 즉 익
명화(annonymization)[11]이나, 이는 현실적으로 매우 어렵다. 익명화된
개인정보는 익명화 처리를 한 자의 기준에서도 원래의 정보주체를 재식
별할 수 없어야 한다는 것이 정부의 견해이다.[12] 익명화 처리자 자신이
익명화 이전의 정보(즉, matching table)와 익명화 처리의 방법을 알고 있
음에도 재식별이 불가능할 정도여야 하기 때문에 데이터에 포함된 모든
식별자(identifier)[13]와 속성자(attribute value)[14]의 파괴가 불가피하여 정
보손실이 막심하다. 또한, 현시점에서는 익명화라고 할 수 있어도 기술
의 발전과 추가적인 정보의 취득에 의하여 추후 재식별이 가능해질 수
도 있다는 점도 문제이다.

이런 현실적인 이유에 더하여 11개 시민단체가 2017.11.9. 정부의 비
식별조치 가이드라인에 따라 익명화 조치를 한 정보를 결합한 4개 비식
별화 전문기관 및 20개 민간기업을 고발한 이후로 현재 익명화 기준의
빅데이터 이용은 실무상 거의 이용되고 있지 않은 상태이다.[15] 따라서 업

10　빅데이터가 개인의 자기정보결정권을 침해하는 것에 대한 상세한 논의는, 이대
　　희, "빅데이터와 개인정보보호-통지와 동의의 원칙을 중심으로", 정보법학 제19
　　권 제2호(2015.9), 140쪽 이하에서 잘 설명되어 있다.
11　시간, 비용, 기술 등 개인정보처리자가 활용할 수 있는 모든 수단을 합리적으로
　　고려할 때 다른 정보를 사용하여도 더 이상 개인을 알아볼 수 없게 조치하는 것을
　　말한다.
12　국무조정실 등 관계부처 합동, "개인정보 비식별조치 가이드라인"(2016.6.30), 4
　　쪽 참조.
13　개인 또는 개인과 관련된 사물에 고유하게 부여된 값 또는 이름을 말한다.
14　개인과 관련된 정보로서 다른 정보와 쉽게 결합하는 경우 특정 개인을 알아볼 수
　　도 있는 정보를 말한다.
15　http://news.khan.co.kr/kh_news/khan_art_view.html?art_id=201711091626001

계는 EU의 일반정보보호법(General Data Protection Regulation: GDPR)이
채택한 가명화(psuedonymization)된[16] 정보 수준에서의 빅데이터 이용
을 허용하는 입법조치를 요구하고 있다. 가명화는 재식별이 가능할 수
있다는 점을 인정한 상태에서, 재식별에 필요한 추가정보를 엄격하게
관리하는 조건하에 한정된 목적(주로 문제가 되는 것은 상업적 통계와 산업
적 연구의 목적)의 이용을 허용하는 것이다.[17]

　가명화 개념의 도입은 빅데이터 이용의 최소한의 전제조건이라고 볼
수 있다. 이보다 더 진보된 방법은 아마도 Opt-Out 방식의 동의를 도입
하여, 익명 또는 가명화 조치를 취하지 않은 상태에서 빅데이터를 이용
할 수 있게 하는 것이겠지만, 가명화 자체도 도입이 어려운 현재의 상황
에서는 시기상조로 보인다. 앞서 본 대통령의 발표에 의하면 가명화의
도입은 일단은 정부의 확립된 방침으로 보이므로 2018년 후반 또는
2019년 초반의 입법을 통한 가명화의 도입을 기대해 볼 일이다. 현재 국
회에는 가명화 도입을 위한 개인정보보호법 개정안이 1년 가까이 계류
중인 상태이다.[18]

2. 본인정보관리업(My Data)의 도입과 정보이동권

　본인정보관리 일명 마이데이터(My Data)는 정보주체인 개인의 동의
를 기반으로 해당 정보주체의 개인정보를 보관하고 있는 다수의 자로부
터 해당 정보주체의 개인정보를 수집 한 후에 본인으로 하여금 해당 정

16　추가정보의 사용 없이는 특정 개인을 알아볼 수 없게 조치한 정보를 말한다.

17　GDPR의 가명처리의 개념에 대하여는, 박노형 등, "빅데이터 분석기술 활성화를
　　위한 개인정보보호법의 개선방안", 고려법학 제85호(2017.6), 14쪽 이하 참조.

18　개인정보보호법에 가명정보를 도입하자는 안만 김규환 의원 대표발의 개인정보
　　보호법 개정안(2018.7.2), 진선미 의원 대표발의 개인정보보호법 개정안(2018.3.
　　5), 오세정 의원 대표발의안(2018.3.5), 변재일 의원 대표발의안(2017.12.8) 등 4
　　건이 국회에 계류중이다.

보를 관리할 수 있도록 하고 나아가 그렇게 수집된 개인정보에 기반한 서비스를 정보주체 본인에게 제공하는 것을 말한다. 마이데이터 사업이 성립하기 위하여는 마이데이터 사업자가 일단 정보주체의 개인정보를 손쉽게 모을 수 있어야 하고, 그렇게 수집된 개인정보에 기반하여 유익한 서비스를 제공할 수 있어야 한다.

　정보주체인 본인의 동의가 있는 한 마이데이터 사업자에 의한 정보의 수집행위 자체가 위법하지는 않을 것이다. 그러나, 문제는 (별도의 계약상 근거가 없다면) 정보주체의 개인정보를 보유한 자가 적극적으로 개인정보를 마이데이터 사업자에게 이전해 줄 의무는 없다는 점이다. 한편, 개인정보가 신용정보를 포함하고 있는 경우(이하 "본인신용정보")에는 이러한 마이데이터 서비스를 이용하는 자와 일반 신용조회업자가 잘 구별되지 않는다는 점도 문제이다. 이는 신용정보법상 신용조회업의 정의가 지나치게 넓기 때문에[19] 발생하는 문제인데, 비록 정보주체의 동의가 있다 하더라도 본인신용정보를 수집, 처리하여 제공하는 것이 신용조회업에 해당한다면, 이는 마이데이터 사업자가 매우 까다로운 신용조회업의 진입규제의 적용을 받게 되므로 사실 기존 금융회사가 아닌 자가 신규로 진출하기는 어려운 영역이 되어 버린다. 마이데이터 관련 입법이 되지 않은 현재도 정보주체로부터 아이디와 비밀번호를 받아 그를 대신하여 로그인한 후 그의 개인정보를 화면에서 추출하는 기법(Scraping)을 이용하여 집적한 후 이에 기반한 컨설팅 서비스 등을 제공하는 핀테크 업체들이 존재하는데, 위와 같은 잠재적인 진입규제의 존재 때문에 해당 업체의 서비스가 현재보다 확장될 여지는 적다고 보인다.

　정부는 일단 마이데이터 사업을 통하여 빅데이터 관련 사업의 발전과 정보주체의 자기정보통제권의 신장을 모두 가져올 수 있다고 보고 있어

19　신용정보법 제2조는 신용조회업을 '신용정보를 수집·처리하는 행위, 신용정보주체의 신용도·신용거래능력 등을 나타내는 신용정보를 만들어 내는 행위 및 의뢰인의 조회에 따라 신용정보를 제공하는 행위'로 매우 넓게 정의하고 있다.

이를 적극 추진할 예정이다. 이를 위하여 금융위원회는 일단 신용등급 제공 이외의 단순 신용정보제공은 신용조회업이 아니라는 유권해석을 내어[20] 현재 운영중인 마이데이터 사업자의 신용조회업 영위 논란을 해결하였다. 남은 것은 정보이동권(Data Portability)을 도입하여 정보주체의 개인(신용)정보를 보유한 자로 하여금 마이데이터 사업자에게 일정한 정보를 이전해야 할 의무를 부과하는 것과, 마이데이터 사업을 신용조회업과 구별되는 독립된 비즈니스로 인정하는 것이다.

정부부처 중 마이데이터 도입에 가장 적극적인 금융위원회는 2018. 7.에 금융분야에 마이데이터 사업을 도입할 구체적인 플랜, 즉 신용정보법 개정방향을 제시하였다.[21] 금융위원회의 발표대로 마이데이터 사업이 도입되면, '본인신용정보관리업'이라는 새로운 유형의 데이터 사업자가 발생하여, 기존 금융회사들의 협조를 얻어 수집한 본인신용정보 및 기타 비신용정보를 모두 취합하여 다양한 서비스를 정보주체에게 제공할 수 있게 된다. 또한, 정보이동권도 도입하여 정보주체가 금융회사 등 일정 범위의 자에 대하여 그가 제공한 정보(민감정보와 해당 금융회사가 추가적으로 생성하거나 가공한 정보를 제외한 정보를 말한다)를 본인 및 본인신용정보관리업자 등에게 이전할 것을 요구할 수 있게 된다.[22]

3. 금융분야 클라우드

네트워크 연결을 통하여 타인이 소유한 IT인프라를 이용하는 기술을

---

20 금융위원회, "통신정보를 활용한 스코어 개발 및 활용에 관한 법률질의", 금융위원회 법령해석(일련번호 170043)(2017.3.9) http://better.fsc.go.kr/user/extra/fsc/123/fsc_lawreq/list/jsp/LayOutPage.do에서 검색가능하다.

21 금융위원회, "소비자 중심의 금융혁신을 위한 금융분야 마이데이터 산업 도입방안", 보도자료(2018.7.18) 참조.

22 금융위원회, "소비자 중심의 금융혁신을 위한 금융분야 마이데이터 산업 도입방안", 보도자료(2018.7.18), 16쪽 참조.

클라우드(Cloud)라 한다. 클라우드는 범용기술이기 때문에 금융산업에 있어서만의 혁신이라고 분류하기는 어렵다. 그럼에도 클라우드 컴퓨팅이 계속 금융규제와 연관되어 논의가 되고 있는 것은 우리나라에서 클라우드 컴퓨팅을 허용하지 않는 분야가 공공부문을 제외한 민간부분에서는 바로 금융산업 분야가 유일하기 때문이다.

그런데 금융회사야말로 클라우드 서비스의 가장 큰 수혜자일 수 있는 점은 명백하다. 금융회사만큼 대량의 전산자원을 필요로 하고 고도의 보안을 요구하는 분야는 드물 것이다. 따라서 전산자원의 확보와 유지는 금융기관의 자본적 지출에서 가장 큰 부분을 차지하며 그 비용은 그대로 고객에게 전가되거나 금융회사의 비효율로 귀결된다.

그러나 우리나라의 금융규제는 오랜 기간 동안 개인정보보호와 보안 문제를 이유로 전자금융감독규정을 통해 금융회사의 클라우드 서비스 이용을 제한해 왔다. 그 제한의 내용을 보면, 전자금융감독규정 제14조의2 제5항에 의거, 금융회사 및 전자금융업자는 중요정보 정보처리시스템에 관하여, 외부통신망과의 물리적 분리 의무,[23] 국내 전산실 설치 의무,[24] 무선통신망 설치금지 의무의[25] 적용을 받는다. 그런데 전자금융감독규정 제14조의2 제1항에 따르면 개인의 고유식별정보나 개인신용정보를 처리하는 시스템은 언제나 중요정보처리 시스템이다. 즉, 개인신용정보가 포함된 정보를 처리하는 시스템은 반드시 국내에 위치한 전산실에 설치하여 외부통신망과 무선통신망이 분리된 환경에서 운용하여야 하는바, 이러한 의무를 준수하는 것은 바로 통신망을 이용하여 외부의 클라우드 서비스를 이용할 수 없다는 의미를 갖게 되는 것이다.

금융위원회는 2018.9.20.에 전자금융감독규정 제14조의2를 개정하여 금융분야에서도 클라우드 서비스를 이용할 수 있게 할 것을 발표하

---

23 전자금융감독규정 제15조 제1항 제5호.
24 전자금융감독규정 제11조 제11호.
25 전자금융감독규정 제11조 제12호.

였다[26] 이 내용에 따르면 일단 금융회사로 하여금 국내 소재한 전산장치에 의존한 클라우드 서비스를 2019.1.부터 이용할 수 있게 한다는 것이다. 단, 이 전자금융감독규정의 개정만으로 금융권의 클라우드 이용이 활성화되기는 어려울 것으로 예상되는 다음과 같은 이유가 있다. 첫째, 전자금융감독규정 제9조 제2항의 인력 및 예산요건(정보기술부문 인력은 총 임직원수의 100분의 5 이상, 정보보호인력은 정보기술부문 인력의 100분의 5 이상, 정보보호예산을 정보기술부문 예산의 100분의 7 이상이 되게 하는 것, 일명 '5·5·7 규제')를 완화하든지 아니면 클라우드 서비스 이용으로 인한 외부의 인력과 비용을 적절히 감안할 수 있게 하여야 한다. 클라우드 서비스 이용으로 인한 비용절감을 규제하여서는 안 되기 때문이다. 둘째, 클라우드 서비스의 제공자와 이용자의 관계에서의 개인정보 이전을 개인정보의 위수탁 관계로 보는 것에 관하여 재검토가 필요하다. 클라우드 서비스 제공자는 클라우드 서비스 이용자가 제공하는 정보의 접근, 처리권한이 원칙적으로 없어야 하는바(물론 하드웨어의 정비나 소프트웨어 업그레이드 시에는 제한적 접근권이 있을 수 있을 것이다), 만약 위수탁 관계로 규정할 경우에는 클라우드 서비스 제공자의 책임이 위탁자와 동일 수준으로 올라가기 때문에 클라우드 서비스 제공자가 서비스 제공을 회피하거나 비용을 증가시킬 우려가 있기 때문이다. 적어도 IAAS 방식의[27] 클라우드 서비스의 경우에는 이 점이 명확해 보이고, PAAS나[28] SAAS[29] 방식의 클라우드 서비스도 위수탁인지 여부에 대하여는 조금 더 검토할 여지가 있을 것으로 보인다.

---

26 금융위원회, "전자금융감독규정 개정안 입법예고", 보도자료(2018.9.20).
27 Infrastructure as a service의 약자로서 이용자에게 Cloud Service Provider가 보유한 hardware만을 제공하는 형태를 의미한다.
28 Platform as a service의 약자로서 이용자에게 Operating System이나 Database 등 기본적인 플랫폼 소프트웨어까지 제공하는 것을 의미한다.
29 Software as a service의 약자로서 이용자가 원하는 Software의 개발, 임대, 제공 등을 포함한다.

Ⅲ. 모바일 환경과 금융

1. 인터넷 전문은행

가. 인터넷 전문은행의 도입

'인터넷 전문은행'은 금융위원회가 전자금융거래의 방법으로 은행업을 영위할 것 등을 조건으로 인가한 은행을 말하며,[30] 핀테크라 불리우는 금융과 IT의 결합으로 인한 새로운 형태의 금융기관을 보여 주는 대표적 존재라 할 수 있다. 인터넷 전문은행은 KT(K은행의 경우)나 카카오(카카오뱅크의 경우)와 같이 IT기업 기반의 은행이기 때문에 오프라인 설비에 투자할 필요가 없다는 점에서 상당한 비용절감 효과가 있고, 광범위한 통신 및 상거래 빅데이터와 연동되는 비즈니스 구조를 갖고 있다는 장점이 있어 그 존재 의의가 크다. 특히 신용정보부족자(Thin-filer)나 개인자영업자에 대한 중금리대출과 같이 기존 금융권이 조심스럽게 접근하는 영역에서 공격적인 활동을 한다면 기존 금융기관을 위협할 수 있을 것으로 보인다.[31]

은행의 특수한 형태가 아닌 아예 새로운 형태의 금융회사로서의 인터넷 전문은행을 인정하고자 하는 취지에서 인터넷 전문은행에 관한 특별법이 추진되었고, 마침내 「인터넷 전문은행 설립 및 운영에 관한 특례법」("인터넷 전문은행법")이 2018.10.16. 공포되어 2019.1.17.부터 시행된다.[32] 그런데 동법의 통과에서 쟁점이 되었던 것은 4차 산업혁명 시기

---

30 은행업감독규정 제102조 제1항 참조.
31 그러나 은행 이용자의 입장에서 보았을 때 인터넷 전문은행이 도입된 것과 기존 은행이 인터넷 뱅킹 서비스를 제공하는 것과 어떠한 차이가 존재하는가에 대한 회의론도 존재한다. 1995.10. 미국에서 세계 최초의 인터넷 은행인 Security First Network Bank가 설립된 지 이미 20년이 지났지만, 미국을 포함한 세계 어느 국가에서도 인터넷 은행이 기존 은행을 위협하는 시장 점유율을 보여 주는 사례는 아직 없다.

에 있어서 인터넷 전문은행의 업무 내용에 관한 것이 아니라, 지배구조 즉 한도초과보유주주의 자격요건(즉, 비금융회사가 은행을 지배할 수 있는 가의 문제)이었다.[33] 그 내용에 관하여 간략히 소개하면, 금융위원회의 발표에 의하면「독점규제 및 공정거래에 관한 법률」에 정의된 상호출자 제한기업집단에 속하는 비금융회사는 한도초과보유주주가 될 수 없으나 예외적으로 정보통신업[34] 주력기업집단(기업집단 내 정보통신업의 자산합계액이 기업집단 내 비금융회사 자산합계액 이상인 기업집단을 말한다)에 소속된 회사는 한도초과보유주주가 될 수 있도록 하위규정을 정비할 것이라 한다.[35] 참고로 인터넷 전문은행은 원칙적으로 은행이 할 수 있는 모든 업무를 할 수 있지만(인터넷 전문은행법 제3조), 신용공여만큼은 개인 및 중소기업기본법 제2조 제1항에 따른 중소기업에 대한 신용공여만 영위할 수 있다(인터넷 전문은행법 제6조).

나. 비대면 실명거래

인터넷 전문은행과 같이 금융거래를 모바일 환경에서 수행할 수 있으려면 기본적으로 모바일 환경에서 본인의 진정성을 확인할 수 있어야 하고 금전의 출납이 가능하여야 한다. 현재 이러한 전제 조건이 기술적으로 이미 충족되어 있다는 점에 관해서는 기술의 문외한이라도 확신할

---

32 우리나라에서는 2017.4.2. K뱅크가 업무를 시작함으로써 최초의 인터넷전문은행이 출범하였다. 이들 인터넷 전문은행은 "은행법"에 따른 인터넷 전문은행이다.

33 정확히 말하면 인터넷 전문은행법 제5조 제2항, 별표 제1호 바목의 내용이다. 동 조항은 독점규제 및 공정거래에 관한 법률에 정의된 기업집단에 속한 비금융회사가 한도초과보유주주(즉, 10% 이상 주식소유)가 될 수 있는 경우를 하위규정에 위임하고 있는데 하위규정은 이 글이 작성되는 시점에서 아직 공포되지 아니하였다.

34 통계청 표준산업분류상 '정보통신업'을 말하나, "서적, 잡지 및 인쇄물 출판업", "방송업", "공영우편업"은 제외한다.

35 금융위원회, "ICT기업의 인터넷전문은행에 대한 투자가 확대됩니다", 보도자료 (2018.10.16).

수 있을 정도이다. 이미 안구의 홍채(虹彩)나 자동응답서비스(ARS), 단문메시지서비스(SMS) 등의 다양한 수단을 이용하여 본인 확인의 방법이 개발되어 있고 금융거래 이외의 상품구매 등에 활용되고 있기 때문이다. 그러나 아직도 금융거래, 특히 예금, 투자, 송금과 같은 금융거래를 최초에 개시함에 있어서는 (즉, 이러한 금융거래를 위하여 관련 금융기관에 계좌를 신설하기 위하여는) 오프라인 환경에서의 대면거래가 원칙인데, 이는 「금융실명거래 및 비밀보장에 관한 법률」(이하 "금융실명법")상의 실명확인의무 때문이며 그동안 인터넷 전문은행을 비롯한 온라인에서만 존재하는 금융기관이 존재하기 힘들었던 가장 큰 이유였다.

금융위원회는 1993년 금융실명법 시행[36] 이후 일관하여 금융거래를 하고자 하는 자의 실명확인 방법으로 거래자를 직접 대면(face-to-face)하여 실명증표(주민등록증 등)와 비교하는 방법만을 유일한 실명확인 방법으로 인정하여 왔다. 이러한 방식의 실명확인의무는 당연히 오프라인을 완전 배제하는 모바일 금융거래의 기본 요건과 배치되는 것이다. 이에 금융위원회는, 은행은 2015.12.1.부터 제2금융권의 경우에는 2016.2.22.부터 비대면방식의 금융거래계좌 개설을 허용하는 유권해석을 내었다.[37] 이는 금융실명법 시행 이후 22년 만의 변화라 할 수 있다.[38]

현재 금융위원회가 허용하고 있는 비대면 실명확인 방법은 5가지의

---

36 엄밀히 말하여 1993.8.12.에 대통령긴급재정명령으로 「금융실명거래 및 비밀보장에 관한 긴급재정경제명령」이 실행되었고, 이후 1997.12.31.부터 금융실명법으로 전환되었다.

37 금융위원회, "금융실명법 및 전자금융거래법상 복수의 방식을 통한 비대면 실명확인 가능"(은행과-1565)'(2015.12.1). 금융위원회가 신한은행장에게 송부한 공문으로 그 내용은 이후 금융실명거래업무해설서에도 등재되었다. 금융실명거래업무해설서는 은행연합회 웹사이트(http://www.kfb.or.kr/new_data/etc.html?S=GAE&m=view&table=PDS3&no=274&start=0&mode=&field=&s_que=)에서 다운로드 가능하다.

38 금융위원회, "임종룡 금융위원장, 국내 제1호 비대면 실명확인 통장 발급", 보도자료(2015.12.2).

필수확인방법, 즉 ① 신분증 사본의 제출, ② 영상통화, ③ 접근매체 (OTP 등) 전달 시 확인, ④ 타 은행계좌 등 이미 실명확인이 된 계좌정보 확인 및 ⑤ 기타 이에 준하는 새로운 방법(바이오인증 등) 중 2가지의 방법을 택하여 이를 반드시 실행하고, 이미 선택한 2가지의 필수 확인 방법 중 선택을 하지 않은 나머지 3가지의 방법과 추가적인 2가지의 선택 확인방법 즉, ⑥ 다른 본인확인기관의 확인결과 활용(휴대폰 인증 등) 및 ⑦ 다수의 개인정보 검증을 합한 총 5가지의 방법 중 하나 이상을 선택적으로 실행하는 방법이다. 위 비대면 실명확인을 허용한 유권해석 이후로 금융기관의 온라인 영업의 범위가 대폭 넓어지게 되었고, 특히 인터넷 전문은행과 같은 온라인에서만 존재하는 금융기관이 가능하게 된 것이다.

다. 개인신용정보의 제공문제

인터넷 전문은행의 존재가치는 인터넷 전문은행이 기존과 다른 방식의 영업, 특히 금융거래정보 및 그 외의 정보를 연결한 빅데이터에 근거한 영업을 할 것이라는 점에 있다. 특히 우리나라에서 인가한 인터넷 전문은행들의 주주들은 모두 기존의 통신사업자나 유통사업자들인데, 이들이 갖고 있는 일반상거래 정보를 참고할 수 있을 것이라는 기대가 컸다. 그러나 앞서 본 바와 같이 통신사나 유통사업자가 보유한 개인의 상거래 정보는 개인신용정보로서, 이를―비록 자회사나 관계회사이긴 하지만―제3자인 인터넷 전문은행에게 제공하는 것이 신용정보법에 저촉되는가 여부의 문제가 발생한다.

구체적으로 보면 이미 2개의 인터넷 전문은행들이 인가를 받을 즈음에서, 그 인터넷 전문은행들의 주주사가 보유한 개인신용정보를 어떻게 공급받아 업무에 활용할 수 있을지 여부가 문제되었다. 첫째, 개인신용정보를 제3자인 인터넷은행에게 제공하는 것 자체는 개인신용정보주체의 동의 없이는 불가능한 것이었다. 단, 이 경우에 개인신용정보를 수령할 인터넷 전문은행이 개인신용정보를 제공할 주주사들을 대신하여 동의를 받을 수 있다는 점에 대하여는 특별히 문제가 없었기 때문에 인터넷 전문은행이 신규 가입하는 고객으로부터 동의를 받는 방법으로 이문제를 해결할 수 있었다. 둘째, 주주사들이 정보를 제공함에 있어 신용조회업에 해당하는가의 문제가 있었다. 앞서 본 바와 같이 신용조회업의 정의가 지나치게 넓어 지속적으로 신용정보를 (유상으로) 제공하는 것이 모두 신용조회업이 될 수 있기 때문이었다. 이에 대하여 금융위원회는 2017.2.에 통신사가 통신서비스 결제정보에 기초한 신용등급을 제공하는 것은 신용조회업에 해당하지만, 원천 데이터 형태로 제공하는 경우에는 신용조회업이 아니라고 판단하는 유권해석을 내어 이 문제를 해결하였다.[39]

2. 모바일 결제와 송금

가. 모바일 결제

모바일 금융이라고 한다면 대부분 인터넷 전문은행보다도 모바일 지급결제 또는 간편결제수단을 떠 올린다. 국내에서 모바일 수단으로 오프라인 상거래를 결제하는 오프라인 결제 시장의 강자는 삼성페이로 알려져 있는데, 사실 신용카드를 휴대폰에 탑재한 형태이기 때문에, 마그네틱 카드를 휴대할 필요가 없다는 점을 제외하면, 근본적으로 전통적 금융수단인 신용카드를 이용하는 것과 다를 바 없기 때문에 특별히 기존 금융규제에 영향을 줄 것은 없었다. 이와 같이 기존의 마그네틱 단말기를 이용하여 정보를 송신하는 방식을 자기장 방식(Magnetic Secure Transmission)으로 부른다. 반면 QR코드 또는 바코드 방식, 일명 앱카드 (App-to-App) 방식은 스마트폰에 장착된 앱을 통해 수금인이 받아야 할

---

39   위 각주 20의 금융위원회 법령해석 참조.

금액을 앱에 입력해 QR코드나 바코드를 생성하면, 이를 송금인의 앱에서 스캔한 후 이 정보를 이용하여 송금인의 은행계좌에서 수금인의 은행계좌로 송금을 하는 방식이기 때문에 계좌이체를 간편화한 것으로 볼 수 있다.[40] 이때의 QR코드 또는 바코드는 전자금융거래법상 직불전자지급수단으로 볼 수 있다.[41] 이외에도 근거리 무선통신인 NFC(Near Field Communication)를 이용한 NFC 방식이 있는데, 국내에서는 NFC 단말기가 보편화된 것은 아니어서 상대적으로 보급률이 낮은 편이다.

우리나라와 같이 신용카드나 체크카드의 보급률이 높은 국가의 경우에는 자기장 방식이 여러모로 편한 것은 사실이지만, 역설적으로 신용카드를 휴대폰에 수납한 것 이상의 의의를 찾기 힘들다. 반면에 다소 시간이 걸리는 앱카드 방식은 신용카드 결제망을 이용하지 않기 때문에 신용카드사, VAN사, PG사 등에 납부하는 수수료를 내지 않아도 된다는 장점이 있고, 일반적인 송금방법으로도 확대가 가능하다는 점에서 혁신성이 있다. 이러한 앱카드 방식의 장점에 착안하여 지방자치단체인 서울시가 최근 은행권과 민간결제플랫폼 사업자 등과 연대하여 '소상공인 수수료부담 제로 결제서비스 도입을 위한 업무협약'을 체결하여 가칭 '제로페이'를 도입하겠다고 하였는데,[42] 이는 최저임금 등으로 수익성이 악화된 자영업자의 카드수수료 지급부담을 줄이고자 하는 정책적 목적이 있다.

한편, 모바일 수단으로 온라인 상거래를 결제하는 온라인 결제가 있

---

40 정보통신산업진흥원, "ICT 융합 심층리포트 제1호 (모바일 결제기술 특성 및 현황)"(2017.8.17) http://www.nipa.kr/board/boardView.it?boardNo=77&contentNo=479&menuNo=292&gubn=&page=4&registDate=

41 '직불전자지급수단'이란 이용자와 가맹점 간에 전자적 방법에 따라 금융회사의 계좌에서 자금을 이체하는 등의 방법으로 재화 또는 용역의 제공과 그 대가의 지급을 동시에 이행할 수 있도록 금융회사 또는 전자금융업자가 발행한 증표(자금을 융통받을 수 있는 증표를 제외한다) 또는 그 증표에 관한 정보를 말한다.

42 서울시, "서울시, 소상공인 수수료 0원 결제서비스 연내도입"(2018.7.26) https://opengov.seoul.go.kr/mediahub/15746684

다. 여기서도 신용카드를 이용하는 방식과 직불전자지급수단을 이용하는 방식이 있으나, 우리나라에서는 온라인 결제 또한 신용카드를 인식, 저장하여 온라인 결제 시마다 신용카드 결제가 일어나는 방식으로 결제를 하는 것이 더 유행하고 있다. 온라인 결제의 강자인 네이버페이나 카카오페이 모두 이 방식을 지원하는데, 이 경우 간편결제업자는 일종의 결제대행업자(Payment Gateway)의 역할을 하게 되며, 이 경우 결제단말기 시스템을 이용할 필요가 없으므로 VAN사는 필요없다.

이와 같이 국내에서는 온라인 모바일 결제와 오프라인 모바일 결제가 분리되어 있고, 양자 모두 신용카드의 결제기능과 연계된 곳이 시장을 주도하고 있다는 특색이 있다. 이러한 시장의 분리와 신용카드 연계를 통한 비용의 증가 및 다른 금융기능(예를 들면 송금)과 단절되어 있다는 단점이 우리나라 모바일 결제시장이 극복해야 할 제약이라고 할 수 있다. 금융위원회도 계좌기반 모바일 결제를 활성화하기 위하여 인센티브를 줄 것을 발표한 바 있으나, 아직 규제개선으로 연결되지는 못하고 있다.[43]

나. 모바일 송금

모바일을 이용한 간편송금 시장도 빠른 속도로 발전하고 있다. 이 부분의 강자는 비바리퍼블리카라는 핀테크 기업이 출시한 'Toss'인데 현재까지는 국내에서 가장 성공한 순수 핀테크기업이기도 하다.[44] 토스 그 자체는 금융회사가 아니므로 토스를 이용하고자 하는 송금인이 먼저 자신의 금융회사의 계좌(물론, 토스의 서비스와 연계되어야 한다)를 등록하고 수금인의 계좌번호나 연락처를 넣은 후, 수금인에게 송금정보를 보

---

43 금융위원회, "핀테크 혁신 활성화 방안", 보도자료(2018.3), 20쪽.
44 '순수' 핀테크 기업이란 다른 금융회사나 대기업이 아닌 창업벤처기업으로서 성공한 기업이라는 취지로 쓴 것이다. Toss는 2017년 KPMG-H2 Ventures가 선정한 세계 100대 핀테크 기업에서 35위로 선정되었다. 2018년 누적 송금액 23조 원을 달성하였다.

내면 수금인이 본인확인 절차를 걸쳐 수금을 하는 방식으로 송금을 한다. 계좌의 설정 및 자금의 이전은 기존 금융망을 이용하여 이체되는 것이기 때문에 기존 금융규제에 위반되지 않는다.

국내송금과 달리 해외송금 또는 해외결제에 위와 같이 간편한 방식을 도입하는 것에는 법적 난관이 존재한다. 예를 들면, 국내 간편결제업자가 출시한 QR코드 방식의 지급결제수단(예를 들면 카카오페이)를 국내에서 가입하여 해외에서 사용하는 것은 허용되지 않는데, 이는 QR코드 방식의 직불전자지급수단이 외국환거래법상 정의된 지급수단에 포함되지 않기 때문이다.[45] 또한 해외송금과 관련해서는 일단 해외송금이 외국환거래법상 외국환업무로서 기존 금융회사에게만 허용된 업무라는 점에서 창의적인 방법으로 간편 해외송금업무에 들어오려는 비금융회사의 업무 자체가 불법이었다. 이를 피하고자 일부 핀테크 업체들이 가상화폐를 이용하여 해외송금을 시도하였으나 2017.1. 기획재정부가 비트코인을 이용한 해외송금업이 외국환거래법 제8조를 위반한 것으로 판단하면서 역시 흐지부지되었다.[46]

이후 기획재정부에서는 2017.7.18. 외국환거래법 시행령을 개정하여 건당 3,000불, 1인당 연간 2만 불 이내의 범위 내에서 해외송금업무를 할 수 있는 자격을 신설하고 이러한 자를 소액해외송금업자로 기획재정부에 등록을 할 수 있게 하여서[47] 신설 핀테크 업체가 해외송금업자로서 제도권 내에 편입될 수 있는 기초를 마련해 주었다.[48] 또한 기획재정부

---

45 예를 들어 삼성페이는 외국환거래법상 허용된 지급수단인 신용카드를 이용한 것이기 때문에 해외결제에 관한 외국환거래법상 문제는 없다는 점과 비교할 수 있다.

46 참고로, 소액해외송금업를 허용한 이후에는 가상화폐 가격의 불안정성 때문에 가상화폐를 이용한 해외송금이 없어지게 되었다.

47 기획재정부, "담합, 허위정보 생산유포 등을 외환거래질서 위반행위로 확정─외국환거래법 시행령 개정안 국무회의 의결"(2017.6.20), 기획재정부 보도자료.

48 초반 핀테크 업체들이 이용한 가상화폐를 이용한 송금방식은 가상화폐 가격의 급등락으로 인한 위험 때문에 현재는 거의 이용되고 있지 않다.

가 2018.9.27.에 발표한 보도자료에 의하면[49] 외국환거래규정 개정계획을 발표하였는데 이에 전자지급수단을 활용한 해외결제 및 환전을 허용하는 것이 포함되어 있고, 2019. 1분기 내에 시행할 예정이다. 단, 최초에는 외국환업무취급기관이 발행한 전자지급수단만이 해외송금에 포함되는 것을 허용할 예정인데, 이는 자금세탁방지 등 관련 법규를 고려한 것이다.

IV. 확장된 연결성과 금융

1. 크라우드 펀딩

크라우드 펀딩이란 대중을 뜻하는 crowd와 자금조달을 뜻하는 funding의 합성어이다. 물론, 대중을 통한 모든 방식의 자금조달을 말하는 것은 아니며, ① 창의적 아이디어나 사업계획을 가진 신생 창업기업이, ② 중개업자의 온라인펀딩포털에서 집단지성(wisdom of crowds)을 활용하여, ③ 다수의 투자자로부터 자금을 조달하는 방식을 말하는 용어로 통칭되고 있다. 크라우드 펀딩도 당연히 인터넷의 발전이 없었으면 불가능했을 형태의 자금조달인데, 우리나라에서는 2015.7.24.자 자본시장법 개정으로 도입되었다.

자본시장법에서 인정하는 크라우드 펀딩은 투자형 또는 증권형 크라우드 펀딩으로 일컬어지는 것으로서 온라인 펀딩 포털(Online funding portal)을 통해 다수의 투자자에게 증권을 발행하는 형식으로 자금을 조달하게 된다. 자본시장법은 '증권'의 형태를 한정하고 있지 아니하지만, 여기서의 증권이란 대부분 '주식'을 의미한다. 결국 크라우드 펀딩은 상

---

49 기획재정부, "혁신성장과 수요자 중심 외환제도·감독체계 개선방안", 보도자료 (2018.9.27.).

장 적격을 갖추지 못하는 창의적인 소규모 기업이 복잡한 공모절차를 거치지 않고 간편하게 주식을 발행할 수 있는 예외를 마련해 준 것으로 이해하면 될 것이다. 따라서, 원래 투자자를 보호하기 위한 공모제도와의 균형을 위해, 공모규제를 받지 아니하고 크라우드 펀딩으로 투자자를 구할 수 있는 한도는 발행기업의 경우 1년 합계 7억 원으로 제한되어 있고,[50] 투자자 1인당 투자한도도 1년간 500만 원, 다른 온라인소액증권 발행인에 대한 투자까지 합산하는 경우에는 1,000만 원으로 제한되어 있다.[51]

국내에서 크라우드 펀딩의 성공률은 비교적 높은 편이다. 2016년의 경우 펀딩 성공률은 46%이며, 2017년에는 62%, 2018.10.까지 누적은 69%로 매년 조금씩 성장하고 있다.[52] 단, 2018.10.까지 현재까지 펀딩 성공기업은 총 378개사이고, 성공금액은 685억 원으로서[53] 전체 자본시장에 미치는 영향은 미미한 수준이다. 따라서 크라우드 펀딩이 금융에 미치는 영향은 양적인 측면보다는 질적인 측면, 즉 크라우드 펀딩이 창업생태계의 단초가 될 수 있는 잠재력이 있다는 측면으로 평가할 필요가 있다.

크라우드 펀딩은 위에서 본 투자형 크라우드 펀딩 외에도 기부형, 보상형, 대출형 크라우드 펀딩이 각각 존재한다.[54] 대출형 크라우드 펀딩은 다음 항목에서 다룰 P2P 대출로 볼 수 있고, 기부형 크라우드 펀딩은

---

50 자본시장법 제117조의10 제1항, 제2항.
51 자본시장법 제117조의10 제6항, 단, 영 제118조의17 제3항이 정한 소득요건을 구비한 경우에는 위 한도가 1,000만 원, 2,000만 원으로 각 상향된다.
52 한국예탁결제원이 운영하는 크라우드 펀딩 포털인 Crowdnet의 통계정보 중 펀딩 성공현황 참조. https://www.crowdnet.or.kr/statistics/success_outline.jsp. 참고로, 한국예탁결제원은 크라우드 펀딩의 중앙기록관리기관이다. 2018.10.15. 검색.
53 https://www.crowdnet.or.kr/statistics/success_outline.jsp 참조.
54 윤민섭, "크라우드 펀딩의 제도화와 소비자보호방안 연구", 한국소비자원 정책연구 13-17(2013.12).

일종의 증여행위로서 이를 금융의 영역으로 다룰 것은 아니다. 보상형 크라우드 펀딩은 펀딩의 반대 급부로 금전이나 금융상품을 제외한 (사업자가 펀딩으로 인하여 제작할 수 있었던) 상품이나 공연행위 등을 펀딩에 참여한 자에게 제공하는 것을 말하는 것인데, 이를 금융의 영역에서 다룰 것인지 아니면 일종의 매매 또는 용역계약으로서 다룰 것인지는 다소 애매하다. 상품이나 용역을 구매한다는 점에서는 분명 매매계약의 측면이 있지만, 자금을 선공급한다는 점에서는 금융적 요소가 있고 반대 급부로서의 상품 및 용역의 내용이 상당히 모호한 형태로 결정된다는 점이 일반적인 매매와 구별되는 측면이 있기 때문이다. 현재로서는 「전자상거래 등에서의 소비자보호에 관한 법률」상의 통신판매[55]로 보는 것이 대세로 보이므로 금융규제의 적용대상은 아닌 것으로 생각된다.

한편, 금융감독당국이 일관하여 암호화폐를 금융상품이 아니라고 언급한 것에 상응하여, '암호화폐'를 보상형 크라우드 펀딩의 보상물로 제공할 수 있는가가 문제되는데, 이를 허용하면 사실상 ICO를 허용하는 것과 무엇이 다른가가 또 문제가 된다. 뒤에서 다시 언급하겠지만, 일반적으로 Asset Token으로 분류되는 증권형 또는 자산형 암호화폐를 크라우드 펀딩의 대상으로 삼는 것은 투자형 크라우드 펀딩 내지는 증권의 발행으로 규제하는 것이 옳다고 보인다.

2. P2P 대출

위에서 언급한 대출형 크라우드 펀딩은 시중에서는 Peer-to-Peer Lending 일명 'P2P 대출'로 통칭되고 있다. P2P 대출은 대출을 매개하는 금융기관(은행, 저축은행이나 여신전문금융기관 등)의 관여 없이 온라인

---

55 전자상거래 등에서의 소비자보호에 관한 법률 제2조 제2호.

플랫폼(일명 P2P 업체)를 통하여 자금수요자가 불특정 다수의 자금공여자로부터 자금을 차입하는 제도이다. 국내에서는 이 P2P 대출이 앞서 본 투자형 또는 보상형 크라우드 펀딩과는 비교할 수 없는 성장세를 보이고 있다.[56]

우리나라는 P2P 대출 출범부터 불법사금융 문제가 대두되었는데, 이유는 「대부업 등의 등록 및 금융이용자 보호에 관한 법률」(이하 "대부업법")에서 대출을 업으로 하는 자를 예외없이 대부업자로 보고 관할 지방자치단체에 등록을 요구하고 있었던 것부터가 문제였다. 온라인 플랫폼에 참여하는 수많은 개인들을 모두 대부업자로 취급하면 그 개인들이 모두 무등록 대부업자가 되는바, 이는 P2P 대출 생태계를 원천적으로 금지하는 것이나 다름없다.

금융감독당국은 자생적으로 확대되는 P2P 대출을 제도권 내에서 수용하기 위한 차원에서 2017.8.29. 대부업법 시행령을 개정하고, 「P2P 대출 가이드라인」을 제정하였다. 먼저 P2P 대출로서 자금수요자에게 자금을 제공하는 자는 기존 여신금융기관과 대부업자(이하 이들을 합쳐 "연계대부업자")[57]에 한정하고, 실제 자금원천인 불특정 다수의 자금제공

---

56 2005년 영국에서 처음 고안된 P2P 대출은 영미권에서는 매우 보편화된 제도이고, 중국에서도 폭발적으로 성장하여 소액대출시장을 압도하고 있다. 우리나라도 그러한 추세를 따라가고 있는 것으로 보인다. 영국, 미국, 중국, 한국의 P2P 대출중개시장의 성장에 관하여는, 이성복, "P2P 대출중개시장 분석과 시사점―금융중개 역할을 중심으로", 자본시장연구원 조사보고서 18-02(2018.1), 25쪽 이하 참조. 인터넷에서도 검색 가능하다. https://www.google.co.kr/url?sa=t&rct=j&q=&esrc=s&source=web&cd=5&ved=2ahUKEwjo_9Wg8sveAhUG6bwKHdnbCR0QFjAEegQIBRAC&url=https%3A%2F%2Fwww.kcmi.re.kr%2Fcommon%2Fdownloadw.asp%3Ffid%3D21895%26fgu%3D002002%26fty%3D004003&usg=AOvVaw2pzdUfjINSOHylaMA0v0Sw

57 대부업법 시행령(2017.8.29. 대통령령 제28257호로 개정된 것) 부칙 제2조 제1항에서 정의된 "온라인대출정보연계대부업"을 영위하는 자를 말한다. 단, 일반대부업자는 연계대부업자가 될 수 없으므로, 대부업을 하면서 P2P 대출을 하려는 자는 P2P 대출에만 전업으로 종사하여야 한다. 실제로는 온라인 대출정보 중개업자의 자회사가 연계대부업자인 경우가 많다.

자들을 "대부채권으로부터 발생하는 원금과 이자의 수취만을 목적으로 하는 권리를 취득하려는 자"로 정의하였다.[58] 그리고 P2P 대출의 정보를 집중하는 온라인 플랫폼(일명 온라인 대출정보 중개업자)이 실제 자금제공자와 연계대부업자와 연계하여 자금제공자와 자금수요자를 연결하는 기능을 제공하도록 하였다. 이와 같이 자금제공자를 원리금수취권 투자자로 정의함에 따라, 자금제공자를 직접 대부업자로 보거나, 온라인 대출정보 중개업자를 대부중개업자로 보고 규제하여야 하는 문제를 피하고, 직접 대출을 실행하는 연계대부업자를 통한 간접규제가 가능하게 되었다.

최근 국내의 P2P 대출은 자금의 실공급자와 자금의 실수요자의 직접 연결을 통한 안전하고 효율적인 자금공급을 도모한다는 원래의 취지를 벗어나, 위험성 높은 사업의 자금조달 수단 또는 극단적인 경우에는 대출을 빙자한 사기수단으로 쓰이는 등의 부작용이 있어 감독당국이 주의를 기울이고 있다. 연계대부업자가 자금공급자로부터 수취한 현금과 자신의 자금을 합동하여 관리한다는 점, 자금공급자가 자금수요자가 제공한 담보물에 대한 권리를 수취하지 못한다는 점, 자금수요자에 대한 실사가 부족한데다 연계대부업자가 자금수요자에 대한 정보를 왜곡하여 자금공급자에게 전달하는 경우가 많다는 점이 이러한 부작용의 원인으로 지목되고 있다.[59] 현재 P2P 대출을 하는 연계대부업자의 영업행위는 상당 부분 P2P 가이드라인으로 규제하고 있고, 기망행위에 이르는 부작용이 발생하는 경우에는 사기죄 등 형사절차로 처벌하고 있다. 건전한 P2P 대출을 정착시키기 위해 현행 P2P 가이드라인을 법제화하여 강제하는 것이 나은지 여부가 계속 논의되고 있는 실정이다.

---

58 대부업법 시행령 제2조의4 제1호 참조.
59 금융위원회, "P2P대출 관련 관계기관 합동 점검회의 논의결과", 보도참고자료 (2018.6.14), 3쪽.

3. 다른 금융분야에의 응용

인터넷을 통한 금융의 공급자와 수요자의 직접 연결의 가능성은 향후 금융상품 전반에 영향을 줄 것으로 보인다. 뒤에서 언급할 암호화폐와 블록체인은 증권회사 없는 증권의 발행업무를 가능하게 할 수 있다. 간접투자의 경우에도 투자클럽[60]이나 계(契)와 같은 형태의 투자가 인터넷을 기반으로 확장될 가능성이 존재한다. 심지어는 공급자와 수요자의 연결이 가능하기 어려울 것 같은 보험업계에서도 이러한 P2P 방식의 보험업이 성장할 가능성이 보이고 있다. 예를 들어, 독일 회사인 Friendsurance는 보장성 보험에 가입한 사람들 대부분이 보험기간 동안 보험금을 청구하지 않는다는 점에 착안하여, 인터넷을 통하여 동일한 위험을 가진 사람들 (즉, 동일한 보장성 보험이 필요한 사람들)을 모아 공동기금을 조성하고, 그 기금의 일부로 공동기금 소진에 대비한 보험에 가입한다. 연 단위로 가입자의 보험금 청구가 없으면 가입자에게 공동기금에서 남은 금액을 환급하며, 가입자의 보험금 청구가 있으면 공동기금에서 우선 지급하되, 공동기금이 소진되면 보험사에 청구하여 보험금을 수령함으로써 가입자에게 보험금을 지급한다. 이러한 방식으로 Friendsuardnace는 매년 30% 정도의 보험금을 환급하고 있다고 한다.[61]

이상과 같은 사례는 일부에 불과하며 앞으로도 무한히 확장될 것이다. 그러나 이러한 혁신적인 P2P 금융상품들이 기존의 제도권 금융상품에 비하여 누리는 저비용 고효율의 효과 중 일부는 제도권 금융상품들이 수용하는 각종 소비자보호 장치의 부재에서 기인한 것임을 유의할 필요가 있다. 앞서 P2P 대출에서 보았듯이, 여전히 P2P 기반의 금융상품으로 인한 사기 등의 문제가 끊이지 않고 있으며, 이는 조만간 P2P의 성장을 위해서라도 금융규제가 일정 부분 개입해야 할 것임을 시사한다.

---

60   투자자 전원이 공동으로 합의하여 투자대상자산을 운용하는 것을 말한다.
61   https://www.friendsurance.com/ 참조.

V. 인공지능과 금융

　빅데이터를 제4차 산업혁명의 뿌리라고 한다면 인공지능은 제4차 산업혁명의 꽃에 비유할 수 있다. 금융산업은 서비스업으로서 기본적으로 인간, 특히 인간의 지성적 행위에 의하여 영위되는 것이기 때문에 인간의 지적 능력을 대체할 수 있는 기계가 나온다는 것은 금융서비스에 혁명적인 변화를 일으킬 수 있을 것이다. 물론 지금도 금융회사의 업무가 대부분 자동화(Automation)되어 있는 상태이지만, 인공지능은 자동화에 필요한 최소한의 인원조차도 대체할 수 있는 잠재력이 있으며 이는 제조업 이상의 생산성 향상과 고용시장의 충격을 줄 가능성이 있다.[62]

　인공지능이 인간을 대체하는 경우 발생하는 규제적인 문제는 인공지능의 결과물에 관한 권리, 의무, 책임의 귀속 문제에서 출발한다. 인공지능의 현행 민법상 법적 지위는 물건에 불과하여 독자적인 책임의 주체가 될 수 없으며 결국 인공지능의 제작자 또는 판매자, 이를 운용한 자의 책임이 문제될 수 있기 때문이다.[63] 단, 인공지능이 진화하여 인공지능의 제작, 판매, 운용에 관계한 자의 책임범위를 벗어나는 행동을 하는 경우(예를 들어 기계학습을 통하여 원래 설계한 것과 전혀 다른 기능을 수행한 경우 등)에는 누구에게 책임을 지운다는 것이 곤란한 일이 발생할 수 있을 것이다.[64]

62　골드만삭스의 경우 주식투자(cash equity) 관련 Trader가 2000년에는 600명이었으나 2017년에는 2명으로 줄었다는 얘기는 매우 유명하다. https://www.tech-nologyreview.com/s/603431/as-goldman-embraces-automation-even-the-masters-of-the-universe-are-threatened/ 참조.

63　인공지능의 법적 책임은 계속 논의중인 과제이나, 일부는 제조물책임법으로 다른 일부는 민법상의 불법행위책임으로 해결해야 할 것이다.

64　이로 인한 EU의 '로봇기술 분야에 적용될 민사상의 법원칙에 관한 집행위원회 권고 결의안'에서 언급한 전자인(Electronic Person)의 개념이 도입되는 상황에 대하여는 이도국, "인공지능의 민사법적 지위와 책임에 관한 소고", 법학논총 제34권 제4호(2017.12), 329쪽; 이경규, "인 이외의 존재에 대한 법인격 인정과 인공지

이러한 문제의식은 금융규제와 관련해서는 금융서비스에 있어서 인공지능의 도입이나 대체가 가능한지 여부(진입규제 측면), 인공지능이 기여한 금융서비스의 결과물에 대한 책임을 어떻게 배분할 것인가의 여부(영업행위규제 측면)로 나타나게 된다. 아래에서는 금융산업 분야에서 나타나는 인공지능 관련 문제를 간략히 검토해 본다.

1. 로보어드바이저

금융분야에서 인공지능을 이용하기 가장 적정한 분야가 투자판단에 있어 인공지능을 활용하는 것이다. 물론 인공지능이라 불리우기 전 단계의 정보처리장치를 이용하는 것은 현대사회에서는 당연한 것이지만, 모두 투자전문인력의 업무를 보조하는 기술적 수단에 불과한 것이고, '인공지능'에 의한 투자판단이라는 것은 그야말로 인력의 간섭이 없는 자동화된 투자판단, 일명 자동투자수단(automated investment tool: AIT) 또는 로보어드바이저(robo advisor)를 말하는 것이다.

우리나라 금융규제에서 투자판단을 업으로 하는 것은 투자자문업 및 투자일임업으로 분류되어 있다. 로보어드바이저는 2017.5.8. 자본시장법 시행령 개정에 의하여 '전자적 투자조언장치를 활용한 투자자문업, 투자일임업'이라는 명목으로 도입되었다. 그 요건은 기존의 투자자문업자 또는 투자일임업자가 로보어드바이저를 이용하여 일반투자자를 대상으로 하는 투자자문업 또는 투자일임업을 수행하는 것을 허용하되 일정한 제한을 가하는 것이다. 그 일정한 제한이란[65] ① 투자자의 투자성향을 전자적 투자조언장치를 통하여 먼저 분석하여야 하고, ② 정보통신망 이용촉진 및 정보보호 등에 관한 법률 제2조 제7호에 따른 침해사

능의 법적 지위에 관한 소고", 인하대학교 법학연구 제21권 제1호(2018.3), 335쪽 등 참조.

65 자본시장법 시행령 제99조 제1항 제1호의2, 금융투자업규정 제4-73조의2 참조.

고 및 재해 등을 예방·복구하기 위한 체계를 갖춰야 하고, ③ 투자자문의 내용 또는 투자일임재산이 하나의 종류·종목에 집중되지 아니하여야 하고, ④ 매 분기별로 1회 이상 투자자문의 내용 또는 투자일임재산의 운용방법의 변경 필요성을 검토하여 필요 시 이를 변경하고, ⑤ 전자적 투자조언장치를 유지·보수하기 위한 전문인력을 1인 이상 채용하고, ⑥ 위와 같은 요건을 충족하는지를 심사하기 위한 외부전문가로 구성된 심의위원회의 심사를 거칠 것 등이다.

위와 같이 현재까지 금융감독당국이 인정한 로보어드바이저는 투자자문업자 또는 투자일임업자의 투자판단 보조수단이기 때문에 인공지능의 독자적 책임은 전혀 반영되어 있지 아니하다. 즉, 로보어드바이스를 할 수 있는 전자적 장치가 있다 하더라도 투자자문업자나 투자일임업자의 인력 요건을 대체하는 것, 즉 진입규제의 완화는 아직 허용되어 있지 않다. 이러한 추세는 로보어드바이저가 활성화된 외국에서도 마찬가지인데, 아직 로보어드바이저가 인간을 그 역할과 책임의 면에서 완전히 대체하는 것을 규제적으로 인정한 국가는 없는 듯이 보인다. 가장 진보된 기술을 보유하고 로보어드바이저에 의한 투자수탁금액이 높은 미국에서도 아직 로보어드바이저가 인간을 완전 대체하는 단계에 이르지는 않고 있으며, 미국에서 이러한 입장을 취하는 것은 미국의 투자자문업자가 1940년 투자자문업법에 의하여 수탁자(fiduciary)로 간주되는데 사람이 아닌 인공지능이 수탁자로서의 책임을 진다는 것을 받아들이기 어렵기 때문이라고 한다.[66]

따라서 로보어드바이저의 의의는 당분간 인공지능을 활용한 비용의 절감을 통한 투자자문서비스의 대중화 가능성에 있다고 보인다. 금융감독당국도 같은 취지에서 로보어드바이저의 도입에 적극적이다.[67] 참고

---

66 안수현, "Automated Investment Tool(일명 '로보어드바이저')을 둘러싼 법적 쟁점과 과제", 상사판례연구 제29집 제2권(2016.6.30), 181쪽 참조.
67 금융위원회, "국민 재산의 효율적 운용을 지원하기 위한 금융상품자문업 활성화

로, 로보어드바이저를 대중화하기 위한 추가적인 조건인 비대면 방식 투자자문업, 투자일임업도 허용된 상태이다. 비대면방식의 증권계좌 설정은 앞서 설명한 바와 같고, 또 다른 비대면 영업방식의 제약 중 하나였던 투자일임업자의 대면방식의 설명의무 이행 의무는, 직전 사업연도 말 기준 자기자본이 40억 원 이상인 투자일임업자로서 최근 1년 6개월 이상 ㈜코스콤 홈페이지에 운용성과, 위험지표 등 주요사항을 매일 공시하고 있는 전자적 투자조언장치를 활용하는 투자일임계약의 경우에는 비대면 방식의 설명의무를 허용해 주는 방법으로 완화되어 있다.[68]

2. 알고리즘 트레이딩

보편화된 지 상당한 시간이 흐른 알고리즘 트레이딩(Algorithmic Trading) 또한 인공지능이 활약하는 분야이다. 알고리즘 트레이딩 또는 거래란 알고리즘(즉, 규칙과 지식의 집합물)을 이용하여 시장 충격을 최소화할 수 있도록 예정된 미리 지정한 시간적 간격에 맞춰 금융시장에 분할된 주문을 제공할 수 있도록 설계된 프로그램에 따른 거래[69] 또는 사전에 정한 일정한 규칙에 따라 투자의 판단, 호가의 생성 및 제출 등을 사람의 개입 없이 자동화된 시스템으로 하는 거래[70]로 정의해 볼 수 있다. 시중에서는 프로그램 매매라는 말로도 표현한다. 이 외에도 고빈도거래(high frequency trading)라는 말도 있는데, 이는 말 그대로 극히 짧은 시간에 다량의 주문을 내는 거래를 의미하는데, 고빈도거래로서 알고리즘을 이용하지 않는 것은 없으므로 알고리즘 거래의 일종이라 볼 수 있

방안", 보도자료(2016.3.25), 3쪽.

68　금융투자업규정 제4-77조 제18호 라목 참조.

69　IOSCO, "Regulatory Issues Raised by the Impact of Technological Changes on Market Integrity and Efficiency"(2011.7), 10쪽 참조. http://www.iosco.org/library/pubdocs/pdf/IOSCOPD354.pdf

70　파생상품시장업무규정 제156조의3 제1항.

다. 그러나 개념적으로는 서로 다른 것이다.[71]

이러한 알고리즘 트레이딩 기법이 사용된 것은 대략 2000년대부터인데, 이는 1980년대부터 시작한 증권거래소의 매매체결자동화가 정착되면서부터이다.[72] 이러한 알고리즘 거래가 그동안 문제가 되었던 것은 이러한 거래가 시장의 쏠림 현상을 초래하거나 대량의 주문착오 등을 발생시켜 시장을 교란할 우려가 있기 때문이다.[73] 나아가 고빈도거래와 관련해서는 거래소의 매매시스템의 안정성을 파괴하고, 일반투자자보다 우월한 속도의 주문기법을 이용한 차익거래는 시장의 공정성도 해한다는 우려도 존재한다.[74] 우리나라의 금융규제는 이러한 우려에 대하여 다음과 같이 대응하고 있다: ① 알고리즘 트레이딩 거래를 주로 수행하는 파생상품계좌를 미리 거래소에 신고하여 관리를 받게 하는 제도 및 착오 주문의 취소신청제도를 운영하고 있다.[75] ②「알고리즘 거래 위험관리 가이드라인」을 제정하여 그 준수를 권고하는 등의 계도장치를 두고 있다. ③ 2014.12.30. 자본시장법을 개정하여 "거래 성립 가능성이 희박한 호가를 대량으로 제출하거나 호가를 제출한 후 해당 호가를 반복적으로 정정·취소하여 시세에 부당한 영향을 주거나 줄 우려가 있는

---

71 고재종, "고빈도거래의 투자자 보호를 위한 규제 방안", 외법논집 제42권 제1호 (2018.2), 249쪽.
72 알고리즘거래의 역사에 대하여는, 김정수 등, "알고리즘매매와 고빈도매매의 글로벌 규제동향", 증권법연구 제14권 제2호(2013), 752쪽 이하 참조.
73 가장 대표적인 주문착오 사건으로는 미국에서 2010.5.6.에 있었던 Flash Crash 사건과 우리나라에서 2013.12.12.에 있었던 한맥투자증권의 주문 실수사태가 있다. 전자는 41억 달러 규모의 대규모 E-mini 선물매도 실수에 관한 것으로서 미국의 다우존스 지수가 5분간 573.27 포인트가 폭락한 사건을 말한다. 김정수 등 위 논문, 759쪽 참조. 후자는 한맥투자증권이 KOSPI 200지수 옵션을 상한가에 사들여 하한가에 매도하는 주문실수를 저질러 584억 원가량의 피해를 입힌 사건인데, 종국적으로 한맥투자증권의 파산을 가져왔다. 후자는 직원의 입력실수가 개입된 것이기 때문에 프로그램 자체의 오류로 인한 것은 아니다.
74 우리나라에서는 ELW 스캘퍼 사건 등에 의하여 그러한 문제제기가 있었다.
75 파생상품시장업무규정 제156조의3 제2항, 제3항 참조.

행위"를 시장질서 교란행위로 지정하고 과징금의 부과대상으로 삼고 있다.[76]

최근 알고리즘 거래는 딥러닝 기법을 추가하여 인공지능 거래로 진화하고 있다. 물론 인공지능 거래가 기존의 고빈도거래 기법을 이용하여 발생시키는 문제는 여전히 종래와 같은 규제를 받을 것이다. 인공지능을 사용한 금융상품 자문행위는 제3자에 대한 자문임에 대하여, 금융상품시장거래에서의 인공지능의 이용은 이용자(즉, 투자자 또는 투자를 대행하는 집합투자업자 등) 자신의 투자판단을 인공지능으로 대체한 것이기 때문에 투자실패에 관한 책임 문제는 상대적으로 발생할 여지가 적다(당연히 인공지능의 이용자 자신의 책임이기 때문이다). 그러나 딥러닝 기법으로 인하여 인공지능이 습득한 시세조종의 목적이 종래의 시세조종의 구성요소인 주관적 요소와 다른 것인가의 문제와, 금융감독당국이 인공지능에 의한 거래행위를 통제하기 위하여 인공지능에 대하여 충분한 설명을 요구할 수 있어야 하는가(일명 Explainable AI)의 문제가 남아 있다. 우리나라는 아직 이러한 문제에 대응하는 규제는 아직 도입되지 않고 있으며, 외국에 있어서도 인공지능에 의한 알고리즘 거래 또는 고빈도 거래에 대하여는 특별한 접근을 하지 않고 있다.[77]

---

76 자본시장법 제178조의2 제2항 제1호 참조. 고빈도거래는 '시세조종의 주관적 의도'가 있기 때문에 종래의 시세조종으로 처벌하기 어렵다는 문제를 해결하기 위하여 이러한 주관적 의도가 없이 시세에 부당한 영향을 줄 우려가 있다는 이유만으로 처벌이 가능하도록 한 것이다.

77 EU의 MiFID II Article 17은 알고리즘 거래에 관한 특칙을 두고 있다. 동 조에 의하면 ① 회원국의 관계당국은 필요 시 또는 정기적으로(regular or ad-hoc basis) 알고리즘 거래전략의 성질(nature of its algorithmic trading strategies), 거래에 관한 상세한 수치, 주요한 컴플라이언스, 위험관리 및 통제체계에 관한 정보의 제공을 투자업자에게 요구할 수 있다. ② 투자업자의 회원국 관계당국은 투자업자가 회원 또는 참가자로서 알고리즘거래를 하고 있는 관계당국이 요청하는 때에는 이러한 정보를 지체 없이 그 관계당국에게 전달하여야 한다. ③ 초단타 알고리즘 거래기술(high-frequency algorithmic trading technique)을 사용하고 있는 투자업자는 관계당국이 승인한 양식(approved form)에 의거 주문의 취소, 집행된 거

3. 인공지능과 개인정보보호

가. 프로파일링

개인정보 보호관련 법제가 추구하는 바는 당연히 개인정보주체가 본인의 개인정보에 대하여 갖는 개인정보 자기결정권 내지는 프라이버시권의 침해를 방지하고자 하는 것이고, 이러한 침해의 주체는 당연히 개인정보주체 이외의 제3자인 인간이다. 그렇다면, 인간을 인공지능이 대체함에 따라 개인정보보호의 침해의 가능성은 감소하는 것인가? 인간보다는 인공지능의 행위에 대하여 더 적절한 관리가 가능하다는 관점에서는 그렇다고 볼 수 있다. 그러나, 아직도 인간을 완전히 대체하는 인공지능은 먼 장래의 일인만큼, 불완전한 인공지능의 사용에 있어서는 새로운 형태의 개인정보보호 문제가 발생할 여지가 있다.

그중의 하나가 프로파일링(Profiling)의 문제이다. 프로파일링은 특정한 개인적 특성(예를 들어 개인의 업무성과 평가, 경제적 상황, 건강, 개인적 기호, 관심, 신뢰성이나 행동양식, 위치 또는 이동 등)의 평가를 위한 개인정보의 사용을 포함하는 개인정보의 자동화된 처리과정을 말한다.[78] GDPR은 세계의 개인정보입법 중 최초로 이러한 Profiling을 수행하기 위한 법적 요건과 개인정보주체의 권리를 도입하였다.[79] 예를 들어 이러한 프로파일링에 대한 개인정보주체의 통지받을 권리나 접근권이나 처리제한이나 이의제기에 관한 권한이 그것이다.[80] 또한 이러한 Profiling

---

래, 거래시설에 있어서의 시세(quotations on trading venues)를 포함한 모든 주문의 정확한 시계열기록(time sequenced records)을 보관하고, 관계당국의 요구가 있는 때에는 그에 응하여야 한다. 이러한 조건을 보건대, MiFID의 경우에는 알고리즘 거래에 있어서 인공지능의 채택 여부가 거래의 체결과정을 설명하기 어려울 것이라는 전제 자체를 인정하고 있지 아니하다. 오성근, "EU의 제2차 금융상품지침(MiFID II)상 알고리즘거래 규제에 관한 분석 및 시사점", 기업법연구 제29권 제4호(2105.12), 345쪽 이하 참조.

78 GDPR 제4조 제4항의 정의를 인용하였다.
79 GDPR의 프로파일링 개념에 대하여는 박노형 등, 위 논문, 16쪽 이하 참조.

이 개인정보주체의 법적 권리에 영향을 주거나 중대한 의미가 있는 경우에는 개인의 동의가 있거나 법률이 허용하는 경우 등 제한적인 경우에만 허용하는 등 더욱 강력한 보호를 두고 있다.[81]

　금융회사가 보유하는 개인신용정보를 다루는 신용정보법에도 프로파일링에 대응하기 위한 권리 중 일부는 이미 존재하고 있다. 신용정보법 제36조에 정한 개인신용평가와 관련된 설명요구 및 이의제기권이 그것이다. 또한 개인정보법에서 인정되는 정정권이나 처리정지요구권 등도 같은 목적으로 사용될 수 있을 것이다. 그러나 인공지능에 의한 금융은 고객의 신용분석이나 부정거래의 판단 등 여러 분야에서 더 정밀하고 광범위한 프로파일링을 동반할 것이므로 우리도 개인정보주체가 프로파일링에 대응할 수 있는 권리의 수준을 높일 필요가 있다. 금융위원회도 GDPR에 준하는 프로파일링에 대응할 권리를 개인에게 부여하는 것을 포함한 신용정보법 개정안을 제출할 것임을 발표한 바 있다.[82]

　나. 딥러닝과 챗봇

　인공지능이 사람의 두뇌처럼 인공신경망을 구축하여 다량의 데이터로부터 스스로 학습하는 기계학습(machine learning), 이른바 딥러닝(Deep Learning) 기법을 이용한다는 것은 잘 알려진 일이다. 딥러닝 기법은 결국 빅데이터의 무한한 활용을 의미하는 것인데, 그 와중에 무한한 딥러닝의 자료가 되는 개인정보(주로 공개된 개인정보일 것이다)의 수집과 이용이 어느 정도로 허용되는 것인가가 문제가 된다. 신용정보법상으로는 공개된 정보는 신용정보 자체가 아니지만, 신용정보법이 인정하는 공개정보는 "다른 법령에 따라 공시(公示) 또는 공개된 정보나 다

80　GDPR의 해석을 담당한 Art. 29 Working Party의 "Guideline on Automated Individual Decision-making and Profiling for the Purpose of Regulation 2016/679(2018.2.6)"의 해석을 참조하였다.

81　GDPR Article 22 참조.

82　금융위원회, "금융분야 데이터활용 및 정보보호 종합방안", 보도자료(2018.3.19).

른 법령에 위반됨이 없이 출판물 또는 방송매체나 국가·지방자치단체 또는 공공기관의 인터넷 홈페이지 등의 공공매체를 통하여 공시 또는 공개된 정보"만을 의미하기 때문에[83] 대부분의 웹사이트나 홈페이지, SNS에 포함되어 있을 수 있는 개인신용정보를 포함하지 않는다. 나아가 개인정보법은 개인정보처리자가 정보주체 이외로부터 수집한 개인정보를 처리하는 때에는 정보주체의 요구가 있으면 그 수집출처, 처리목적 및 처리정지요구권의 존재를 알려야 하고, 100만 명 이상의 개인정보를 정보주체 이외로부터 수집하는 자는 의무적으로 정보주체에게 위 사항을 알리게 되어 있다.[84] 따라서 딥러닝 기법에 의한 개인정보수집은 신용정보법이나 개인정보법에 따른 개인신용정보 또는 개인정보의 무분별한 수집으로 보일 수 있으며[85] 그 결과 통지의무나 동의 등이 요구된다면 딥러닝 기법의 구현에 상당한 제약으로 작동할 수 있을 것이다.

챗봇(Chatbot) 혹은 채터봇(Chatterbot)이란 사용자와의 대화형 인터페이스를 통한 서비스, 또는 해당 서비스를 제공하는 소프트웨어를 의미한다.[86] 종래의 ARS(Automatic Response System)를 생각해 보면 쉬운데, ARS에서는 사실 기계가 제시하는 객관식 질문에 대한 답을 응답자가 제시하는 형식이기 때문에, 이를 '대화'라고 하기에는 부족하다. 그러나 인공지능기술의 도입으로 인하여 ARS는 이른바 낮은 수준의 대화가 가능한 정도로까지 발전하여, 애플의 Siri나 삼성의 빅스비 등은 이제 대중화된 단계로까지 성장하였다.

---

83 신용정보법 제2조 제1항 단서.
84 개인정보법 제20조 제1항, 제2항 참조.
85 개인정보법의 경우 최소수집의 원칙이 적용된다. 개인정보법 제3조 제1항 참조. 신용정보법 제15조 제1항의 최소수집원칙은 정보주체로부터의 직접 수집에만 적용된다고 볼 여지가 있다.
86 법적 또는 권위 있는 정의가 없어 위키피디아를 인용하였다. https://en.wikipedia.org/wiki/Chatbot

인공지능 챗봇을 이용한 금융서비스의 변화는 일단 마케팅과 고객응대분야에서 기대할 수 있다. 인공지능 챗봇이 마케팅을 전담하였을 때 장점은—단순히 인건비를 절감할 수 있다는 효과에 더하여—금융회사에 있어서 대고객접촉과 관련한 각종 관리상의 문제를 해결할 수 있다는 점이다. 여기서 관리상의 문제는, 과도한 마케팅, 감정노동자의 보호, 노동시간 법정 제한 등의 문제가 있으며, 그중의 하나가 개인정보보호의 문제이다. 현재 다수의 금융회사들은 마케팅, 전화상담 등 고객응대와 관련하여 수탁업체를 사용하고 있으며, 이러한 수탁업체에게 고객의 개인정보를 위탁방식으로 제공하고 있다. 개인정보법과 신용정보법 모두 이러한 수탁업체의 개인정보보호 위반과 관련하여 완전한 연대책임을 지고 동시에 수탁업체에 대한 교육 및 점검의무를 지고 있으므로[87] 개인정보보호와 관련한 부담이 큰 편이고 수탁업체를 챗봇으로 교체하려는 강한 경영상의 동기를 부여할 가능성이 매우 높다. 그러나 챗봇은 대화상대인 개인정보주체의 모든 정보를 무분별하게 수집할 수 있는 도구가 될 가능성이 매우 높다는 점에서 또 다른 개인정보보호 문제를 야기할 가능성도 존재한다.

VI. 암호화폐와 분산원장기술

1. 암호화폐

암호화폐는 2017년 우리나라 전체를 달궜던 현상이자 주제였다. 2017년 연초 900달러선이던 비트코인의 가격은 연말 20,000달러까지 치솟았고, 국내에서는 2,660만 원까지 올라갔다. 비트코인의 정체성이 무엇

---

87 개인정보법 제26조 제4항, 제6항, 신용정보법 제17조 제2항, 제5항 등 참조.

이냐를 떠나 1년 사이 수십배를 폭등하는 투자대상에 대하여 정부가 이를 좌시할 수는 없었던 것으로 보인다. 정부는 2017.9.4. 증권발행 형식으로 가상통화를 이용해 자금을 조달하는 행위(Initial Coin Offering: ICO)를 자본시장법 위반으로 보겠다고 발표하였고,[88] 2017.9.29.에는 증권발행 형식뿐만 아니라 모든 형태의 ICO를 금지한다고 발표하였다.[89] 또한 정부는 ICO 금지에 더하여, 실명확인된 거래자의 은행계좌와 가상통화거래소의 동일은행 계좌 간에만 입출금을 허용하는 실명제를 도입하고, 불건전 거래소에 대하여는 금융회사의 지급결제서비스 제공의 중단을 유도하고, 은행의 자금세탁방지 활동을 통한 가상통화거래소를 압박하는 등 전방위적인 규제를 내놓았다.[90] 이러한 일련의 조치는 일단 암호화폐에 대한 투기열풍을 신속히 잠재우는 데는 효과적이었으나, 반면 국내의 암호화폐 시장의 침체를 불러왔다. 정부의 입장은 암호화폐는 규제하되 블록체인 등 분산원장기술의 발전은 독려한다는 것인데, 과연 암호화폐가 없이 분산원장기술이 대중화되는 것이 가능한지에 대하여는 여러 이론이 존재하지만, 이 글에서는 이러한 정책적 측면까지 다룰 여유는 없어 보인다. 이하에서는 암호화폐를 어떻게 취급해야 하는지의 문제를 떠나, 암호화폐와 관련한 금융법적 쟁점만을 검토하기로 한다.

이하에서도 언급하겠지만, 분산원장의 참가자에게 분산원장에 참여하는 경제적 동기를 부여하기 위한 수단으로 지급되는 것을 코인 또는 토큰이라 부른다. 예를 들어 블록체인에서 블록을 생성하고 이를 작업증명(proof of work)으로 증명할 때 보상으로 제공되는 토큰이 비트코인

---

88 금융위원회, "가상통화 관계기관 합동 TF 개최―가상통화 현황 및 대응방향", 보도자료(2017.9.4) 참조.
89 금융위원회, "기관별 추진현황 점검을 위한 가상통화 관계기관 합동 TF 개최", 보도참고자료(2017.9.29) 참조.
90 국무조정실, "정부, 가상통화 투기근절을 위한 특별대책 마련", 보도자료(2017. 12.28), 3쪽 이하 참조.

이다. 스위스의 금융감독당국인 FINMA(Financial Market Supervisory Authority)는 2018.2.16. ICO Guideline(이하 "ICO 지침")을 발표하였는데, 여기서 토큰을 지불형 토큰(Payment Token), 기능형 토큰(Utility Token) 및 자산형 토큰(Asset Token) 등 3가지로 분류하였다.[91]

먼저 암호화폐와 동의어라 할 수 있는 지불형 토큰은 금융상품이 아니며 통화도 아니라는 것이 우리 감독당국의 견해이다. 그렇다면 일반 재화에 해당한다는 취지인데,[92] 막상 파생상품의 기초자산으로도 될 수 없다고 해석하는 점은 일관되지 못하다.[93] 암호화폐의 대명사인 비트코인의 법적 성격에 관한 논의는 아직도 진행중이며, 현재 각국의 감독당국이 정책적 목적하에 상이한 해석을 하고 있다. 예를 들어, 영국과 일본은 이를 화폐로 인정하는 반면, 미국은 파생상품의 기초자산으로는 인정하면서도 화폐나 금융상품으로는 인정하고 있지 아니하고, 독일은 화폐는 아니나 금융상품으로의 법적 성격은 인정하고 있으며, 마지막으로 중국은 화폐로도 금융상품으로도 보지 않고 있다.[94] 우리나라의 규제는 굳이 비교하자면 중국의 태도와 비슷하다.

반면 일정한 자산에 대한 토큰발행인의 권리를 표창하는 자산형 토큰의 경우에는 증권으로 볼 가능성이높다. FINMA의 ICO 지침도 자산형 토큰을 증권으로 분류하고 있다.[95] 우리나라의 법률상 자산형 토큰을

---

91 스위스 FINMA의 홈페이지(https://www.finma.ch/en/news/2018/02/20180216-mm-ico-wegleitung/) 참조. 물론 이러한 분류는 상호 배타적은 아니라 하므로 2개 이상의 성격을 갖는 토큰도 가능하다고 한다.

92 법원은 비트코인은 재산적 가치가 있는 무형의 재산으로 특정할 수 있어 몰수가 정당하다는 판단을 하였다. 수원지방법원 2018.1.30. 선고 2017노7120 판결(대법원 2018.5.30. 선고 2018도3619 판결에서 확정).

93 금융위원회는 증권, 선물회사에 암호화폐를 기초자산으로 하는 파생상품을 취급하지 못하도록 공문을 보냈다. 학계는 일치하여 기초자산이 될 수 있다고 판단하고 있다.

94 유주선, 강현구, "가상통화에 대한 입법적 방안과 법적 쟁점 연구", 금융법연구 제15권 제1호(2018), 220쪽 이하 참조.

95 ICO 지침 3.2.3과 3.3 참조.

소유한 자가 직접 자산을 소유한 것으로 볼 수 없는 이상—자산형 토큰의 소유자를 점유자(동산의 경우) 또는 등기부상 명의자(부동산의 경우)로 볼 수 없기 때문이다—자산형 토큰의 소유자는 결국 발행인이 해당 자산으로부터 얻은 제반수익에 대한 청구권을 가지게 되는데, 이는 자본시장법상으로는 투자계약증권에 해당할 가능성이 가장 높다.[96] 미국의 SEC도 일명 "DAO Token"을 투자계약증권으로 판단하였는데[97] DAO라는 비법인단체가 투자한 프로젝트의 수익금을 분배받을 권리를 표창하는 것이었다.

마지막 유형인 기능형 토큰은 앱 또는 디지털화된 서비스에 대한 접근권을 표창한다. 즉, 어떠한 앱이나 디지털 서비스를 이용할 수 있게 하는 것이 그 가치를 표창한다. 게임을 할 수 있게 하는 것이 대표적 예일 것이다. 그러나 이 또한 접근가능한 서비스의 유형에 따라 투자목적을 가질 수 있기 때문에 경우에 따라서는 투자계약증권으로 취급될 수 있을 것이다.[98]

비트코인이 증권이 아니라면 전자금융거래법상의 선불전자지급수단이나 전자화폐로 규제할 수 있는가도 많이 거론되는 문제이다. 그러나 지급수단의 발행인을 전제하고 이에 대한 각종 의무를 부과하는 전자금융거래법은, 발행인 자체가 존재하지 않는 비트코인과 같은 지불형 토큰에는 적용될 수 없는 규제이다. 또한 발행인이 존재하는 다른 형태의 토큰이라 하더라도 단순히 그것이 2차 시장에서 거래됨에 의하여 가치를 가지고 지급수단으로 이용되는 것이라면 이는 계약에 근거하여 지급수단으로서 의미를 갖는 선불전자지급수단 또는 전자화폐와는 매우 다

---

96 김준영 등, "ICO에 대한 주요 이슈 및 시사점", 증권법연구 제19권 제2호(2018), 208쪽 이하 참조.

97 SEC, "Report of Investigation Pursuant to Section 21(a) of the Securities Exchange Act of 1934: The DAO", Release No. 81207(2017.7.25). https://www.sec.gov/litigation/investreport/34-81207.pdf

98 ICO 지침 3.2.2. 김준영 등 위 논문, 208쪽 이하도 같은 취지이다.

르다.[99]

결국 현재 암호화폐는 국내법상 적정하게 정의되어 있지 않는 상태에서 막연히 금제품(禁制品)처럼 취급되고 있으므로 앞으로 정확한 지위부여와 상응한 규제가 있을 것을 기대한다. 바람직하게는 새로운 입법을 통한 새로운 규제가 낫다고 생각된다.[100] 그러나 그러한 입법전이라도 ① 암호화폐 또는 토큰을 금융상품과 비금융상품으로 나누는 기준을 제시하고, 각각에 맞는 규제를 가할 것과 ② 비금융상품인 토큰을 허용할 것(물론 이러한 토큰을 온라인으로 판매하는 것과 관련하여 방문판매에 관한 법률 등이 적용될 여지는 있을 것이다),[101] ③ 파생상품의 기초자산 내지는 각종 집합투자나 투자자문의 대상자산으로서 인정하는 것 등의 조치가 필요할 것으로 보인다.

2. DLT와 블록체인

DLT는 여러 국가, 사이트, 기관 등에 분산되어 기록된 디지털 정보를 배포 및 공유하는 기술을 말한다.[102] DLT 기술이 금융분야에서 주목을 받는 이유는 뒤에서 말하듯이 DLT 시스템이 종래의 중앙원장기술에 비하여 비용과 보안면에서 매우 우수한 장점을 갖고 있기 때문이다. DLT 중 가장 대표적인 것은 비트코인에 사용되었던 블록체인(Blockchain)이어서 블록체인이 DLT의 대명사가 되었는지라, 현재는 그냥 블록체인이라고만 하면 사실상 다양한 방식의 DLT를 포괄하는 것을 의미하고 있

---

99 김준영 등 위 논문, 214쪽 이하 참조.
100 암호화폐를 수용하고자 국회에서 발의되어 있는 법안에 관하여는 원종현, "가상통화 개념과 관련 입법 현황", 의정연구 제24권 제1호, 301쪽 이하 참조. 암호화폐를 정의하고 암호화폐 취급업자에 대하여 자금세탁방지의무를 부과하고자 하는 「특정금융거래정보의 보고 및 이용 등에 관한 법률」은 국회계류 중이다.
101 김준영 등 위 논문, 216쪽 이하 참조.
102 IOSCO, "IOSCO Research Report on Financial Techonoligies"(2017. 2), 47쪽 이하 참조. https://www.iosco.org/library/pubdocs/pdf/IOSCOPD554.pdf

기 때문에 이하에서는 블록체인과 DLT를 혼용해서 써도 무방할 듯싶다.

　DLT의 대표격인 블록체인의 상세한 구동 원리는 이 글에서 설명하기에는 적절하지 아니하지만 논의의 전개를 위하여 필요한 정도로만 살펴본다. 블록체인이란 "거래정보를 기록한 원장을 모든 블록체인 네크워크의 참가자가 분산하여 보관하고, 신규거래가 발생하거나 기존거래가 변경되는 경우 그 내용이 암호화되어 새로운 블록을 형성하며, 이러한 블록이 체인처럼 연결된 것"을 말한다.[103] 블록체인의 우수성은―다른 여러 장점도 있지만―크게 세 가지가 거론된다. ① 첫째, 역사적 거래의 기록이 블록체인에 포함되어 모든 참가자에게 공유되고 짧은 시간(비트코인의 경우 평균 10분)마다 갱신되는 관계로 제3자에 의한 위조가 현실적으로 불가능하다는 점, 즉 이론적으로는 완벽한 보안이 가능하다는 점, ② 둘째, 중앙에서 원장을 처리하는 자가 존재할 필요가 없이 참가자 각각의 정보처리장치를 사용한다는 점에서 저렴한 비용으로 이러한 기록을 유지, 관리할 수 있다는 점, ③ 마지막으로 블록체인 참가자가 동일한 정보를 공유한다는 점에 있어서 사실상 정보의 정확성이 매번 검증되는 셈이므로, 거래의 확실성을 보장한다는 점이다.[104]

　이러한 장점을 가진 블록체인 기술이 금융에 응용될 수 있는 분야는 일일이 열거할 수 없을 만큼 많고, 그러한 잠재적 가능성에 관하여 다수의 학술논문이 나온 상황이다. 이 글에서는 이러한 논의를 정리해 보는 정도로도 DLT가 금융규제에 미치는 영향을 쉽게 판단해 볼 수 있을 것 같다(단, 거래장부의 관리와 같이 금융산업 외의 다른 모든 분야에 미치는 용도는 제외한다).

103　정승화, "블록체인 기술기반의 분산원장 도입을 위한 법적과제", 금융법연구 제13
　　권 제2호(2016), 110쪽의 정의를 참고하였다.
104　같은 의견으로서, 이수정 등 4인, "핀테크 산업에서의 블록체인 도입의 한계점",
　　정보처리학회지 제24권 제3호(2017.5), 23쪽 이하 참조.

가. 금융거래의 사전인증분야 : 블록체인에서 사용되는 비대칭키 암호방식은 공인인증서에서 사용되는 방식과 동일하지만,[105] 공인인증서는 금융기관마다 이를 등록해야 하는 불편이 있는 반면에 블록체인을 이용한 인증은 한번 발행받으면 블록체인에 참가한 모든 금융기관에 공통으로 사용할 수 있다는 장점이 있어, 블록체인 방식의 인증이 논의되고 있다.[106]

나. 국제금융, 무역금융분야 : 현재 국가 간 송금에서 가장 보편적으로 사용하는 방식은 은행 간의 네트워크 조직인 SWIFT(Society for Worldwide Inter-bank Financial Telecommunication)의 결제메시지 서비스를 이용하여 송금정보를 수신하고 송금을 하는 방식이다. 이 방식에 의한 송금의 경우 송금자 → 송금자 거래은행 → 송금자 거래은행의 대리은행 → 수금자 거래은행의 대리은행 → 수금자의 거래은행 → 수금자의 총 6단계의 절차가 개입될 수 있다. 그러나 위 은행들이 단일한 블록체인에 참가하여 해당 블록체인을 통해 송금정보를 주고받는다면 안전하고 신속한 송금이 가능해질 수 있다. 이러한 국제송금에 가장 특화한 블록체인이 리플(Ripple)인데, 리플을 이용하는 경우 수초 내에 안전한 국제송금이 가능하다는 장점이 있어, 시간과 비용면에서 종래의 SWIFT 방식보다 매우 우월하다.[107] 이러한 장점은 당연히 국제간 무역금융에도 응용될

---

105 블록체인 시스템은 모든 참가자에게 한 쌍의 개인키(private key)와 공개키(public key)를 발생시키며, 이 중 개인키는 소유자 본인만이 보관하고 공개키는 다른 참가자들에게 공개된다. 개인키로 암호화된 문서를 해독하려면 반드시 그 쌍으로 발생시킨 공개키로만 풀 수 있는 원리를 이용하는 것이 비대칭키 암호화 체계인데, 현재의 공인인증서(National Public Key Infrastructure: NPKI) 시스템도 비대칭키 암호체계를 사용한다. 즉 개인키(전자인감)는 고객 본인이 보관하고, 공개키에 해당하는 공인인증서(전자인감증명서)는 금융기관 등에 등록·보관하다가 금융거래 등에서 고객이 개인키로 서명을 하면 해당 금융기관이 보관하고 있는 공인인증서로 고객(계좌의 소유자가 맞는지 등)을 인증하는 방식이다. 이지언, "블록체인의 이해와 금융권에서의 활용", 금융브리프 제26권 제5호(2017.2) 참조.

106 이지언, 위 논문 참조.

수 있다. 종래의 신용장에서 가장 문제가 되었던 속도와 정확성의 문제에 있어서 블록체인은 비교할 수 없는 우위를 가지기 때문이다.

다. 증권의 발행 및 유통 분야 : 블록체인에 기반한 암호화폐 자체가 자본시장법상 증권에 해당할 수 있다는 점은 이미 언급한 바와 같다. 당연히 블록체인에 기존의 증권발행 및 유통체계를 연결하는 것도 가능하다. 단, 우리나라의 증권은, 실물발행되어 유통되는 소수의 증권을 제외하면, 한국예탁결제원의 예탁결제제도를 바탕으로 발행되어 유통되고 있으며 이는 2019.9.부터 시행될 전자증권제도로 대체되게 된다. 이러한 현행 시스템은 모두 한국예탁결제원이 관리하는 전자적 증권부의 기재를 전제로 하는 중앙장부시스템이라 할 수 있어서 블록체인의 DLT와는 상반된 체계이다. 따라서 당분간은 블록체인은 기존의 증권 발행, 유통을 대체할 수는 없을 것으로 보인다. 단, 기존의 시스템을 이용하지 않는 비상장 및 비예탁증권(특히, 투자계약증권)이나 창고증권 등을 표창하는 시스템을 만들기에는 적절할 것으로 보인다.

라. 스마트 계약(Smart Contract)을 통한 금융상품의 제조와 판매 분야 : 스마트 계약이란 블록체인에 내장된 프로그램으로서 미리 정한 조건이 만족되면 블록체인 내에서 자동으로 실행될 수 있게 설계된 것이다.[108] 스마트 계약은 특히 파생상품에 적용되기 적정하다. 예를 들어 2018. 10.31.에 KOSPI 지수가 2000인 경우를 조건으로 하여 일정한 금액을 지급하는 파생상품(옵션)의 내용을 그대로 블록체인에 기재하고, 그 조건이 충족되는 것이 블록체인에 있는 프로그램을 실행시켜 해당 거래의 당사자 일방의 계좌로부터 상대방의 계좌로 일정한 현금이 이체되도록 할 수 있다. 이와 같이 스마트 계약화한 금융상품은 거래의 이행가능성을 극대화하여 분쟁을 최소화하고 거래의 확실성을 높이는 데 기여할

---

107 법적 또는 권위있는 정의가 없어 위키피디아를 참조하였다. https://en.wikipedia. org/wiki/Ripple_(payment_protocol)

108 IOSCO, 위 리포트, 51쪽 참조.

수 있을 것이고, 금융 상품의 제조와 판매에 혁신을 가져올 잠재성이 있다.

3. 블록체인과 개인정보보호

블록체인을 위시한 DLT 기술이 장점만을 가지고 있는 것은 아니다. 자유롭고 분산되어 있다는 블록체인의 장점은 바로 통일적 규제가 어렵고 분산된 기록의 일괄 조정이 어렵다는 점과 연결된다. 블록체인의 문제들 중 금융산업 분야에서 해결하기 어려운 문제는 2가지인데 하나는 블록체인에 기재된 기록의 정정이나 취소가 어렵다는 점과 다른 하나는 모든 거래기록이 블록체인 네트워크의 참가자가 접근할 수 있는 블록에 저장되기 때문에 발생하는 개인정보보호의 이슈이다. 전자의 경우 장점과 단점이 분명하여 선택의 문제일 수 있지만, 후자의 문제는 블록체인 전체의 이용가능성을 저해하는 문제이기 때문에 그 해결이 시급하다.

물론 블록체인에 저장된 거래정보는 일방향 해시암호화하여 저장되기 때문에 그 자체로 개인정보가 노출되지는 않지만(예를 들어 비트코인의 거래당사자는 해시암호화하여 34자리로 이루어진 지갑의 주소로만 나타난다), 우리나라에서는 해시암호화된 정보를 개인정보로 봐야 하는가에 대하여 여전히 다툼이 있는 실정이다. 서울중앙지방법원 2011.2.23. 선고 2010고단5343 판결은 IMEI(국제모바일 단말기 인증번호)와 USIM 일련번호의 개인정보 해당 여부와 관련하여 개인정보처리자 자신이 직접 보유하고 있는 정보만이 아니라 다른 사람이 보유하고 있는 정보까지 이용하여 IMEI, USIM 번호 등의 개인정보성을 판단하였다. 그런데, 이러한 기준을 적용하면 사실 해시암호화하기 전의 정보를 습득하여 해시암호화하면 동일한 결과가 나오는 이상 해시암호화된 정보의 개인정보성을 부정하기는 어렵다. 한편, 아직 진행중인 서울중앙지방법원 2017.9.11. 선고 2014가합508066 판결은 환자의 주민등록번호 및 의사의 성명과 면허번호를 양방향 암호화한 것에 대하여는 개인정보성을 인정하였지만, 양방향 암호화 한 것에 대하여는 개인정보성을 부정하여 위와 같은 종래의 판례의 태도를 완화하였다.[109] 이런 추세를 보면 일방향 해시 암호화한 정보에 대하여 개인정보성이 인정될 가능성은 낮아지고 있으나, 아직 블록체인에 존재하는 거래정보의 개인정보성을 완전히 부정하기는 어려운 상태이다.[110]

만약 블록체인에 존재하는 정보가 개인정보라는 점을 전제로 하면, 다음과 같은 추가적인 문제가 발생한다.

첫째, 블록체인에 개인정보 규제를 적용하고자 할 때 누가 해당 규제의 적용대상자, 즉 개인정보처리자가 되는지의 문제이다. 블록체인은 비트코인이나 이더리움 등 불특정 다수가 참여할 수 있는 퍼블릭(public) 블록체인과, 한정된 참가자들 사이에서 일정한 목적에 맞게 설계한 프라이빗(private) 블록체인으로 나누어진다. 프라이빗 블록체인에서는 블록체인의 운영주체가 (하나이든 여럿이든) 특정이 되므로 이들을 개인정보처리자로 볼 수 있다. 그러나 퍼블릭 블록체인의 경우에는 이러한 운영자의 개념이 없으므로 참가자 모두를 개인정보처리자로 보아야 하는가의 문제가 발생한다.

둘째, 블록체인에 새로운 참가자가 참여하면서 기존의 블록들을 자신의 컴퓨터로 다운로드 받는 것을 개인정보의 공유, 즉 제공으로 볼 것인지 문제가 된다. 이를 개인정보의 제공으로 본다면 블록체인에 포함된 모든 개인정보주체들에게 "동의"를 받아야 한다. 프라이빗 블록체인의 경우에는 일단 참가자들이 고정되어 있기 때문에 최초에 그 참가자들을 개인정보의 수령자로 특정하여 동의를 받을 수 있다. 물론 이 경우에도

---

109 이 판결에 관한 상세한 기사가 있으니 참조하기 바란다. http://www.legalline. co.kr/news/articleView.html?idxno=53
110 블록체인 원장정보가 익명정보가 아니라 식별가능한 개인정보로 봐야 한다는 견해는, 김현경, "블록체인과 개인정보 규제 합리화 방안 검토", 법학논집 제23권 제1호(2018), 329쪽 이하 참조.

그 참가자의 폭이 확대되는 경우에는 신규 동의의 문제는 발생하게 되며, 퍼블릭 블록체인의 경우에는 당연히 이러한 동의의 징구가 원천적으로 불가능하다.

마지막으로 거래정보의 파기문제가 있다. 우리나라의 신용정보법 제20조의2 제2항에 따르면 신용정보제공이용자(여기에는 대부분의 금융회사가 포함된다)는 금융거래 등 상거래관계가 종료된 날로부터 최장 5년 이내에 해당 거래와 관련된 개인의 개인신용정보를 삭제할 의무가 있다. 그러나 블록체인에 저장된 정보는 영구히 보존되는 것이므로 이 요건을 맞출 수가 없는 셈이다.

이상의 문제들은 일단 블록체인에 기재된 정보를 높은 수준의 기밀성이 보장되는 암호화의 방법을 통해 비식별화하는 경우, 그 개인정보성을 부정하는 방법으로 해결될 수 있다. 그러나 비식별성이 부정되거나 높은 수준의 비식별화가 어려운 경우라면 블록체인에 개인정보가 기재된 해당 개인정보주체로부터 불특정 다수에 대한 포괄적인 제공동의를 받는 것을 허용하고 나아가 파기의무를 면제하는 입법이 필요할 것으로 보인다.[111]

VII. 결 어

제4차 산업혁명을 일으키는 원인이자 또한 결과물이기도 한 빅데이터와 암호화폐의 이용, 인터넷과 모바일 기기를 활용할 초연결성의 실현, 인공지능, 암호화폐와 DLT 등은 이미 금융 분야에 무한한 혁신의 가능성을 제공하고 있으며, 그 혁신의 발단은 이미 시작되었다. 그러나

---

111 현재 블록체인 내의 개인정보를 파기하지 않고 "기술적 조치를 통해 내용을 확인할 수 없는 형태로 폐기"하는 것을 대안으로 제시한 개인정보보호법 개정안(권은희 의원 대표발의안 2018.4.6)이 발의되어 있는 상태이다.

우리 금융분야는 아직 이러한 혁신을 제대로 수용할 수 있는 규제를 마련해 두고 있지 못하고 있다. 이 글에서 특히 관심들 두고 살펴본 개인정보보호분야만 하여도 빅데이터나 블록체인 등에 포용할 수 있는 규제를 마련해 두고 있지 못하고 있는 것이다.

　물론 제4차 산업혁명의 성과물을 금융분야에 포용하는 것이 당위는 아니다. 빅데이터 관련 규제완화를 반대하는 쪽의 논리인 개인의 자기정보결정권 침해나 암호화폐, P2P, 크라우드 펀딩 등에서 고려해야 할 소비자보호 문제, 클라우드 도입과 관련한 보안 문제 등 모두 제4차 산업혁명의 도입이라는 목적하에 단념해야 될 가치는 아닌 것이라는 점은 맞다. 그러나 단순한 세태의 변화가 아니라 "산업혁명"이라는 용어까지 붙여 가면서 우리를 몰아붙이고 있는 초연결, 초지능사회의 도래는 막을 수도 기다릴 수도 선택할 수도 없는 현재의 주어진 상황이라 볼 수 있다. 이런 점에서 종래의 고정적 가치판단에 대한 재고가 절실한 시점이다. 이 글이 그러한 재고가 필요한 부분에 관하여 적절한 언급이 되었기를 기대한다.

개인정보보호법하에서의 빅데이터의 가능성
―GDPR과 OECD권고를 중심으로―

박경신*

Ⅰ. 서 론

빅데이터는 3V로 집약된다. Volume, variety, and velocity.[1] 여기서 Variety란 여러 데이터베이스들을 동시에 분석한다는 뜻이다. 예를 들어 도서관의 도서대출 데이터베이스와 병원의 치료데이터베이스를 동시에 분석하여 책을 읽는 사람들이 (또는 어떤 책을 읽는 사람들이) 병을 잘 이겨내는지(또는 어떤 병에 걸리는지)와 같은 이전의 연구에서는 시도해 보지 못했던 통찰을 찾아내는 것이 빅데이터의 약속이다.

그런데 개인정보보호법은 정보주체에게 자신에 대한 정보에 대한 통제권을 부여하여 모든 자신의 개인정보(즉 자신에 대한 정보)의 수집에 대해 거부권을 행사할 수 있도록 하고 수집에 동의를 한 후에도 동의의 범위가 정해진 경우 동의의 범위 내에서만 이용 및 외부제공을 하도록 하고 있다. 그렇다면 도서관의 데이터베이스는 도서대출의 목적(더욱 정

---

* 고려대학교 법학전문대학원 교수.

1 Gartner IT glossary Big data. http://www.gartner.com/it-glossary/big-data

확히는 도서대출 이후 도서반환청구권의 확보를 위하여)으로 '아무개가 어떤 책을 빌렸다'라는 정보들을 축적함으로써 이루어진 것인데 이 데이터베이스를 위의 연구 즉 독서습관과 건강의 관계에 대한 연구로 이용하는 것은 정보주체의 동의범위를 벗어나는 것이 된다. 물론 지금부터 새롭게 이루어지는 도서대출에 대해 도서관이용자가 위 연구에 자신의 정보가 이용될 것에 동의를 해 주면 되겠지만 기존에 이미 축적되어 있는 수백만 수천만 개의 데이터세트를 이용하지 못한다는 것은 빅데이터의 또 하나의 V인 volume을 포기하는 것이 된다. 개인정보보호법을 엄격히 따르려면 결국 수백만 수천만의 기존 도서대출자에게 일일이 새로운 연구목적으로의 이용에 대한 동의를 얻어야 하겠지만 이는 우선 엄청난 노력과 비용을 필요로 할 뿐 아니라 동의를 해 준 사람들의 데이터만으로 진행된 연구의 결과는 편향될 수밖에 없다.[2] 이와 같은 문제는 병원 데이터베이스의 이용에 있어서도 마찬가지이다. 결국 빅데이터는 기수집된 개인정보의 이용목적을 정보주체의 허락 없이 변경하는 단계를 거칠 수밖에 없다.[3]

　이 논문은 전 세계적으로 빠르게 확산되고 있는 개인정보보호법제들의 골드스탠다드로 대두되고 있는 유럽일반정보보호규정(General Data Protection Regulation)은 빅데이터의 가능성을 어떻게 담보하고 있는가를 살펴본다. 2014년부터 영국개인정보보호기구인 ICO는 "우리는 개인정보보호원칙이 빅데이터라는 목적에 부합하지 않는다는 주장을 거부한다. 개인정보보호원칙에 내재하는 어떤 유연함이 있다. 그 원칙은 발전에 대한 걸림돌이 아니라 프라이버시권을 보호하는 틀이자 공중에게

2　물론 기존의 연구도 개인정보보호법에 따라 이루어졌다면 모두 연구대상이 되기로 동의한 사람들에 대해서만 이루어지므로 연구에 동의할 정도로 적극적인 심성을 가진 사람들에 대해서만 연구가 이루어진다는 기본적인 편향을 극복할 수는 없다. 여기서는 이와 같은 편향을 극복할 수 있는 가능성에 천착해 본다.

3　Information Commissioner's Office, Big Data and Data Protection(2014), Version 1:0, 제6문단. 제11문단.

지식을 교환하는 혁신적인 방법을 개발하는 자극제이다"[4]라고 선언한 바 있다. 이 논문에서는 GDPR 자체와 GDPR에 대한 각국 정보보호기구의 해석(영국, 독일, 네덜란드)을 통해 어떻게 빅데이터가 개인정보보호법제와 충돌하지 않을 수 있는가를 살펴본다.

II. GDPR

1. 양립불가능성 요건

GDPR 제정 이전부터 1995년 EU 개인정보보호 디렉티브의 해석을 지원해온 Article 29 Working Party는 개인정보보호법의 "목적의 제한성" 요건 즉 개인정보는 수집 시에 정보주체가 동의한 목적으로만 이용되어야 한다는 요건은 더욱 정확히는 "양립불가능성" 요건이라고 부를 수 있다고 하였다.[5] Article 29 Working Party는 "우리는 새로운 목적에의 이용이 허용된다거나 새로운 목적이 원래 [수집 시의] 목적과 동일해야 한다거나 심지어 새로운 목적이 원래 목적과 양립해야 한다고 요구하지 않으며 단지 원래 목적과 '양립불가능'해서는 아니 된다고 요구할 뿐이다. … 추가처리는 원래의 목적에 밀접하게 부합할 수도 있고 다를 수도 있다. 추가처리가 수집목적과 다르다고 해서 자동적으로 양립불가한 것이 아니라 사안별로 평가되어야 한다"고 하였다.[6] 그리고 이 개념

4　전게서, ICO 제17문단.

5　Article 29 Data Protection Working Party. Opinion 03/2013 on purpose limitation. European Commission 2 April 2013. http://ec.europa.eu/justice/dataprotection/article-29/documentation/opinionrecommendation/files/2013/wp203_en.pdf

6　전게서, Article 29 Working Party, Opinion 03/2013 on purpose limitation, 21쪽.

은 GDPR의 핵심조항인 목적의 제한성 조항에서 명시되어 양립가능한 범위 내에서의 목적변경은 허용되는 것으로 간주되었다.[7]

그러나 이와 같은 원래 목적과의 양립가능한 추가처리가 *단독*으로 빅데이터에 갖는 효용성은 제한적이다. 위에서 설명한 바와 같이 빅데이터는 기존의 학제적 구분을 뛰어넘는 통찰을 얻기 위한 학구적 노력이며 이를 위해서는 기존의 데이터베이스가 축적될 때 관련 정보처리자나 관련 정보주체가 전혀 예기치 않았던 방향의 연구를 할 때 그 고유의 가치를 성취한다고 하겠다.[8] 이 논문의 서문에서 예로 들었던 독서습관과 건강과의 관계는 도서대출 데이터베이스나 병원치료 데이터베이스의 관련자들이 전혀 생각하지 못했던 연구대상이라서 과연 GDPR이 허용하고자 하는 추가처리에 포함될지 의심스럽다.

하지만 아래에서 살피겠지만 가명화가 이루어질 경우 추가처리가 가능한 양립가능한 목적의 범위가 다소 넓어질 수 있다. 6조 4항은 양립가능성 판단에 있어서 고려할 요소로 원처리와 추가처리 사이의 연관성, 정보가 수집된 맥락, 정보주체에 미치는 영향, 그리고 암호화 및 가명화 등의 안전조치를 거론하고 있다. 역시 아래에서 살피겠지만 추가처리의 목적이 공익적 보관, 과학연구, 역사연구, 통계인 경우에는 다시 예외적으로 원목적과 다른 새로운 목적으로의 이용이 가능해진다.

2. 과학, 역사 및 통계적 목적

GDPR은 위에서 말했듯 목적의 제한성에 대한 예외로서 양립가능한 목적의 추가처리를 언급한 후 그 구체적인 예로서 공익적 보관목적

---

7   GDPR Article 5(1)(b).

8   전게서, ICO 제115문단 ("The ability to analyze the data for different purposes, such as using the location of mobile phones to plot movements of people or traffic is an important characteristic—and a benefit—of big data analytics.")

(archiving purposes in the public interest), 과학적 · 역사적 연구목적 (scientific and historical research purposes) 및 통계목적(statistical purpose) 을 인정하고 있다.[9] 단, 제89조 1항에서 이와 같은 보관, 연구 및 통계목 적으로 이용할 정보처리자들은 정보주체를 위한 적절한 안전조치를 취 하도록 하고 있으며 특히 정보최소화원칙(data minimization principle)을 존중할 것을 요구하고 있다.

공익목적의 보관목적은 다음과 같이 정의된다.[10]

공익을 위한 기록을 보유한 공공기관, 공공기구 또는 민간기구는, 유럽연합 이나 회원국 법률에 따라, 일반적인 공익을 위해 지속적 가치가 있는 열람 을 획득, 보존, 평가, 조성, 기술(describe), 전달, 증진, 유포 및 제공할 법적 의무가 있는 (공공)서비스여야 한다. 회원국은 예를 들어, 과거 전체주의 국 가 체제하의 정치적 행위, 집단 학살, 홀로코스트 등의 비인도적 범죄, 또는 전쟁 범죄에 관한 특정 정보를 제공할 목적으로, 유지보존의 목적을 위한 개인정보의 추가적 처리를 규정할 권한이 있어야 한다.

과학적 연구목적은 다음과 같이 정의된다.[11]

본 규정의 취지를 위해, 과학적 연구 목적의 개인정보 처리는 기술의 발전 과 실증, 기초연구, 응용연구 및 <u>민간 투자 연구</u>[12] 등을 포괄하는 광범위한 방식으로 해석되어야 한다. 또한 유럽연합 기능에 관한 조약(TFEU) 제179 조에 따라 European Research Area(ERA)를 유지보존하려는 유럽연합의

---

9   GDPR Article 5(1)(b).

10   GDPR Recital 158.

11   GDPR Recital 159.

12   연구목적을 비영리기관에 의한 연구로만 한정하여 연구의 주체에서 기업은 제외 해야 하는 것인가에 대한 최근 4차산업혁명 해커톤에서의 논란에 유의미한 내용 이라고 하겠다.

목적이 고려되어야 한다. 과학적 연구목적에는 공중보건 분야에서 공익을 위해 시행된 연구도 포함되어야 한다(편집자 강조).

역사적 연구목적은 "역사 연구 및 계보학 목적의 연구도 포함되어야 하되 망자에는 적용되지 않아야 한다는 점을 유념해야 한다"고 간략하게 정의되어 있다.[13]

통계적 목적은 다음과 같이 정의되어 있다.[14]

> 통계목적은 통계 조사나 통계 결과를 작성하는 데 필요한 개인정보의 수집 및 처리의 작업일체를 의미한다. 그 통계 결과는 과학적 연구 목적 등 다른 목적을 위해 추가적으로 활용될 수 있다. 통계 목적에는 통계 목적으로의 정보처리 결과가 <u>개인정보가 아닌 집합체 데이터(aggregate data)이며 이 결과나 개인정보가 다른 특정 개인에 관한 조치나 결정을 지지하는 데 활용</u>되지 않는다는 점이 내포되어 있다.

그렇다면 과학적 연구나 역사적 연구는 집합체데이터가 아닌 개인정보를 포함할 수 있음을 의미하며 민간투자연구도 가능한 것으로 여겨진다. 또 연구목적은 새로운 지식의 추구라는 학문적 목적으로 한정되지만 통계는 연구의 방법에 해당된다. 그렇다면 과학적 연구나 역사적 연구가 아닌 다른 목적을 위해 통계적 방식을 이용할 수도 있다. 주목할 점은 빅데이터를 위한 데이터베이스 결합은 주로 개인정보가 아닌 집합적 데이터를 생성하여 일반화된 명제를 도출하는 것에 있으므로 상당히 넓게 이용될 수 있을 것으로 보인다.

단 아래에서 살피듯이 연구목적과 통계목적으로 추가처리를 하기 위해서는 89조 1항이 명시하는 안전조치를 취해야 하는데 GDPR이 안전

---

13   GDPR Recital 160, 이 번역은 필자가 수정하였음.

14   GDPR Recital 162.

조치의 예로 들고 있는 것은 **유일하게** '가명화'이다. 이는 '공익적 보관, 과학 또는 역사적 연구, 통계'의 범주에 포함되는 경우에는 가명화만 하면 곧바로 추가처리를 할 수 있다는 의미로 읽을 수 있다.

3. 가명화

GDPR은 95년 EU디렉티브에는 없었던 "가명화"라는 절차를 새롭게 언급한다. 가명화는 정보에서 직접적인 식별자(이름, 주소 등)를 제거하여 추가정보가 없이는 식별화가 불가능한 상태로 만드는 것을 말한다. 즉 정보를 익명화할 필요는 없지만 그 스스로 개인식별이 가능하지도 않아야 한다. 이때 추가정보는 반드시 개인의 식별이 불가능하도록 기술적·조직적 조치(technical and organizational measures)를 통해 격리되어 있어야 한다. 이렇게 되면 개인식별의 위험이 낮으니 프라이버시 침해 위험은 줄어들지만 그 정보의 효용은 살아 있게 된다. 이와 같은 이유로 GDPR은 개인정보처리자들이 기본적으로 개인정보를 가명화할 것을 장려하고 있다. 그러나 GDPR상의 개인정보의 정의는 "다른 정보와 용이하게 결합하여 개인을 식별할 수 있는 정보"를 포함하고 있기 때문에 가명화된 정보도 계속 개인정보로 간주되어 관련 규제를 받게 된다. 이에 대해 GDPR은 다음과 같은 혜택을 줌으로써 가명화를 장려하고 있다.

첫째, 위에서 언급했던 추가처리의 양립가능성 판단에 있어서의 혜택이다. GDPR은 구체적이고 명시적이고 합법적인 목적으로 개인정보를 수집하고 그 목적을 위해서만 그 정보를 이용할 것을 의무화하고 있다. 그러나 제5조에서 원래 수집 목적과 "양립가능한 방식"으로 추가처리를 할 수 있다고 하였다. 제6조 4항은 "추가처리"의 양립가능성을 판단할 때 처리활동 사이의 연계성, 수집의 맥락, 정보의 성격, 정보주체에게 발생할 수 있는 영향 등을 고려하라고 하면서 "암호화나 가명화와 같은

안전조치의 실행 여부"도 고려하라고 규정하였다. 즉 가명화가 된 정보
는 더욱 폭넓게 "추가처리"의 범위를 허용받게 된다는 것이다. 그렇다면
이를 빅데이터 상황에 접목해 보자면 데이터베이스를 가명화할 경우 기
존에 성립된 데이터베이스를 새로운 연구목적으로 다른 데이터베이스
와 연계하는 행위도 "추가처리"로 인정될 가능성도 높아지게 된다.

단, 가명화는 추가처리 허용여부의 하나의 고려사항일 뿐 충분조건이
아니며 주된 분석은 "추가이용"의 양립가능성을 중심으로 이루어져야
한다. Article 29 Working Party는 빅데이터를 위한 목적 변경과 관련하
여 다음의 2가지 "추가이용"을 분류하고 있다.[15] 첫째 일반적인 흐름이
나 상관관계를 읽어 내기 위한 분석 또는 둘째 개인에 대한 평가나 판단
을 위한 분석이다. 이 중에서 후자의 경우에는 "자유로운, 구체적인, 충
분한 제공된 상태에서, 명확한 참여동의의사(free, specific, informed, and
unambiguous opt-in consent)"가 필요하다고 하여 결국 개인식별이 이루
어지는 상태에서의 추가이용은 양립가능하지 않음을 밝히고 있다.

그런데 빅데이터를 위한 데이터결합은 개인에 대한 평가나 판단을 위
한 분석이 아니다. 그러므로 가명화를 통해 양립가능한 추가이용의 범
위를 넓히는 노력은 매우 유력한 것으로 판단된다.

둘째, 위에서 언급했던 연구목적 또는 통계목적을 위한 추가처리의
요건으로 가명화가 안전조치로 언급되고 있다. 가명화가 양립가능한 목
적을 위한 추가처리에서는 하나의 긍정적인 고려요소였다면 연구/통계
목적을 위한 추가처리에서는 하나의 의무사항이다. 왜냐하면 연구/통
계목적을 위한 추가처리의 요건을 규정한 89조 1항이 명시적으로 가명
화를 요구하고 있기 때문이다.

정리하자면, 가명화는 연구/통계목적을 위한 추가처리를 곧바로 활
성화할 수 있는 필요충분조건인 반면 양립가능목적을 위한 추가처리에

---

15 전게서, Article 29 WP, 46쪽.

있어서는 충분조건은 아니고 필요조건의 하나라고 볼 수 있다. 빅데이
터와 관련되어 중요한 데이터결합에서 '가명화'는 핵심적인 중요성을 갖
는다. 데이터베이스 결합은 그 자체가 '추가처리'에 해당한다. 어떤 목
적에서든 정보주체의 동의없이 추가처리를 2개의 데이터베이스를 결합
하려면 반드시 가명화가 필요해진다. 즉 데이터베이스 결합 전에 식별
자를 제거한 후에 결합을 해야 하는데 같은 정보주체에 대해서는 같은
'가명'이 부여되어야만 데이터베이스 결합이 가능해진다.

양립가능한 목적 + **가명화** + 6조 4항의 각종 고려사항
→ 동의 없는 추가처리 가능

공익보관, 과학연구, 역사연구, 또는 통계의 목적 + **가명화**
→ 동의 없는 추가처리 가능

III. 영 국

1. Information Commissioners' Office(ICO)의 법해석

영국의 개인정보 처리에 관한 기본적인 법률은 데이터 보호법(Data
Protection Act 1998: DPA)이다. 데이터 보호법은 유럽연합의 개인정보
보호에 관한 지침인 정보보호지침(Directive 95/46/EC)의 국내 이행입법
이며 지침과 내용이 비슷하다.

데이터보호법에 대한 주무부서인 ICO는 이미 2014년부터 익명화(an-
onymization)를 개인정보보호법하의 빅데이터의 활성화 방법론으로 제시
한 바 있다.[16] ICO는 빅데이터는 기존 수집데이터의 용도변경(repurposing)

이 불가피함을 간파하고 용도변경을 원활하게 하기 위한 방법으로 익명화를 제시하였고 다음과 같이 용도변경을 통한 빅데이터의 예를 들었다.

텔레포니카(이동통신사—편집자 주)의 스마트스텝은 이동전화의 위치를 이용하여 군중의 움직임을 파악할 수 있다. 이 정보는 점포들이 특정 위치의 통행량을 분석하는 데 이용될 수 있다. 개인을 식별하는 정보는 분석 이전에 제거되고 그 정보는 통합되어 공중 전체에 대한 통찰을 얻을 수 있고 시장조사데이터와 합체될 수 있다.[17]

여기서 주의할 것은 ICO가 말하는 <u>익명화는 가명화를 포함하는 개념임이 명시되어 있다는 점이다.</u>[18] 익명화가 될 경우 여러 데이터베이스를 합치는 것이 불가능하기 때문이다. 하여튼 ICO는 이와 같은 광의의 익명화 전반에 대해서 낙관적인 전망을 하고 있다.

개인이 어딘가 다른 곳에 존재할지 모르는 정보와 결합해도 식별될 수 없다는 명제를 절대적으로 확정할 수는 없을 것이다. 몇몇 평론가들은 익명화된 것처럼 보이는 데이터에서 개인을 식별해내는 것이 가능함을 언급하며 익명화가 효과적이지 않다고 말하고 있다. 그러나 … 재식별화의 위험을 완전히 없애는 것이 관건이 아니라 그 위험이 의미없을 정도로 약화시키는 것이 관건이다. … 존재하는 데이터집합의 범위와 빅데이터분석 자체의 힘을 고려하면 어려울 수 있지만, 익명화가 불가능하다거나 효과가 없다는 의미는 아니다.[19]

---

16   전게서, ICO 제19문단.
17   ICO, 제41문단.
18   ICO, 제43문단. "익명화는 … 데이터마스킹, 가명화, 통합(aggregation), 분류(banding) 및 법적 · 조직적 안전조치를 포함한다."
19   ICO, 42문단.

이 입장은 ICO의 해당 보고서가 출간된 후에 GDPR 역시 개인정보의 정의의 범위를 합리적 가능성(reasonable likelihood)이 있는 방법으로 재식별화가 가능한가에 맞춘 것과 궤를 같이한다.[20]

한편 ICO는 "정보가 개인정보로 남는가는 익명화의 열쇠 및 (재)식별화를 가능케 하는 정보들을 정보처리자가 보유하고 있는가에 의해 결정된다"고 한다.[21] 이것은 GDPR의 입장과 차이를 보이는 것으로 보인다. GDPR은 재식별화의 방법을 누군가가 보유하고 있는 경우 '가명화정보'로 간주하고 계속해서 개인정보로 간주하는 반면 ICO는 정보처리자 스스로가 보유하고 있지 않다면 개인정보가 아닌 것으로 간주하는 것으로 보인다. 아래 언급할 ADRN도 이 차이를 인식하고 재식별화의 방법이 어딘가 존재하더라도 그것이 정보처리자의 손에 들어올 합리적일 가능성이 없다면 GDPR과 ICO입장 사이에는 큰 차이가 없다고 하였다.[22]

ICO의 '익명화(가명화)를 통한 빅데이터'입장은 사회 전반적으로 자리잡힌 것으로 보인다. ICO의 위와 같은 법해석에 따라 아래와 같이 공공데이터의 데이터베이스 결합을 위한 여러 제도가 활용되고 있다.

---

20 GDPR Recital 26.

21 ICO, 44문단.

22 https://www.adrn.ac.uk/about/faq/?The-legal-framework-for-administrative-data-research

"In order to determine whether pseudonymised data are personal data, regard must be had to Recital 26 of the GDPR. Analysis by the Wellcome trust suggests that pseudonymised data may be anonymous, as long as the methods 'reasonably likely' to be used would not permit re-identification. If this is the case, there may be little significant change under the GDPR."

2. 연구목적 데이터베이스 결합[23]

영국에서는 7개 국가연구지원기구 중의 하나인 경제사회연구위원회(ESRC)가 UK 빅데이터기획(UK Big Data Initiative)의 일환으로[24] 자금지원을 하여 2015년부터 2018년 9월까지 Administrative Data Research Network(ADRN)을 운영해 왔으며 ADRN은 위의 ICO의 입장에 따른 관련 법의 해석을 통해 정부가 각종 행정서비스를 국민에게 제공하면서 발생하는 데이터 즉 행정데이터를 연구목적으로 이용할 수 있도록 자문 및 중개하는 서비스를 제공해 왔다.

> ADRN은 지역별로 연구환경을 제공하는 행정데이터연구센터(ADRC)들(지역별로 사우스햄튼대, 퀸즈대학교 벨파스트, 에딘버러대학, 스완지대학에 소재)들과 통계청 등의 정부기관으로 구성되어 있다. …
>
> [특히 ADRN은 여러 행정기관들이 가지고 있는 데이터를 다른 데이터들과 연계하는 서비스를 제공해 왔다.] ADRN은 연구자가 요청할 데이터의 범위를 검토하고, 연구자를 대표하여 데이터 보유기관과 협의를 진행하며, 신뢰할 수 있는 제3자(TTP)를 통해 데이터를 연계하고, ADRN에 소속한 ADRC들은 연계된 비식별 데이터에 접근할 수 있는 보안 환경을 제공한다.
>
> 다음은 ADRN에서 데이터 연계서비스를 받기 위해 필요한 요건과 절차이다. 연구자가 행정데이터를 이용하기 위해서는 엄격한 조건을 충족시켜야 하는데 영국정부의 연구지원금을 받을 자격이 있는 학술기관, 정부 또는 독립연구기관에 소속되어 있어야 하며 민감정보를 책임있고, 윤리적이며, 합법적이며 안전하게 다룰 수 있도록 하기 위한 훈련을 이수해야 한다.

---

23 이 장의 내용은 www.adrn.ac.uk의 내용을 요약한 것이며 다음 문헌의 번역을 따랐다. 정보인권연구소, 데이터 연계·결합 지원제도 도입방안 연구(2017).

24 Ilse Verwulgen, "The ADRN and the public's voice: making administrative data available for research while gaining public trust", IJPDS(2017), Issue1, Vol. 1:155, Proceedings of the IPDLN Conference (August 2016).

연구계획은 (1) 행정데이터가 필요하며 다른 곳에서 얻을 수 없음이 소명되어야 하며 (2) 실행가능성이 있어야 하며 (3) 연구윤리심사를 거쳤어야 하며 (4) 잠재적인 공공의 이익이 소명되어야 하며 (5) 과학적 가치가 소명되어야 하며 (6) <u>비영리적인 목적을 가지고 있어야 한다.</u> 이 판단은 ADRN의 승인위원회(Approvals Panel)에서 결정을 하는데 독립적 전문가 및 비전문가로 구성되어 의장, 통계청(ONS) 등 데이터 제공자 3명, 학계 3명, 프라이버시 전문가 1명, 일반인 2명으로 구성된다.

승인 패널의 결정이 내려지면, ADRN 직원은 이를 연구자에게 통보한다. 보류 결정 이 내려지고 추가적인 정보가 필요하다면, ADRN은 연구자를 도와 신청서를 보완하도록 한다. 프로젝트가 기각되면 항소 절차를 알려 주며, 승인되면 위에서 언급한 프라이버시보호 훈련을 받도록 한다.

개인정보 보호를 위해, 서로 다른 데이터의 연계는 다음 절차를 따라 이루어진다.

① 1단계: 연구 제안서의 승인이 이루어지고 연구자가 훈련을 받은 후, ADRN은 프로젝트와 관련된 데이터의 제공을 위해 데이터 보유기관과 협상을 진행한다.

② 2단계: 데이터 보유기관(데이터를 보유한 정부 부처)은 각 레코드에 고유한 참조번호(reference number)를 부여한다. 그리고 이름, 생년월일 등 사람들을 직접 식별할 수 있는 식별자를 분리한다.

③ 3-1단계: 데이터 보유기관들은 식별정보를 고유 참조번호로 대체한 데이터를 ADRC 중 하나로 보낸다.

④ 3-2단계: 동시에, 직접 개인을 식별할 수 있는 정보는 각 레코드의 고유 참조번호와 함께 신뢰할 수 있는 제3자(TTP)에게 보낸다. 그러나 연구 데이터는 포함되지 않는다.

⑤ 4단계: TTP는 고유 참조번호와 식별정보를 사용하여 이 정보들을 매칭한다. 그리고 개인 식별정보를 삭제한 후 매칭된 고유 참조번호만을 남긴다.

⑥ 5단계: 색인키(index key)는 서로 다른 데이터 집합에서 어떤 참조번호

가 같은 사람과 관련되는지를 보여 준다. TTP는 색인키를 ADRC에 보낸다. ⑦ 6단계: ADRC는 색인키를 사용하여 서로 다른 기관들이 보내온 데이터 집합을 연계한다. 그리고 색인키와 참조번호를 지운 후에 연구자에게 연계된 데이터에 대한 접근을 제공한다.

이 시스템은 개인 식별정보와 연구 데이터의 분리를 유지한다. 즉, TTP는 단지 식별정보와 참조번호만을 볼 수 있으며, 연구 데이터를 볼 수 없다. ADRN 직원은 단지 연구 데이터와 색인키만을 볼 수 있을 뿐, 개인 식별정보는 볼 수 없다. 연구자는 보안시설에서 자신이 요청한 데이터만을 볼 수 있으며, 색인키와 개인 식별정보는 볼 수 없다.

[그림 1] Katie Harron, "Introduction to Data Linkage", ADRN Publication, 2016.6에서 발췌

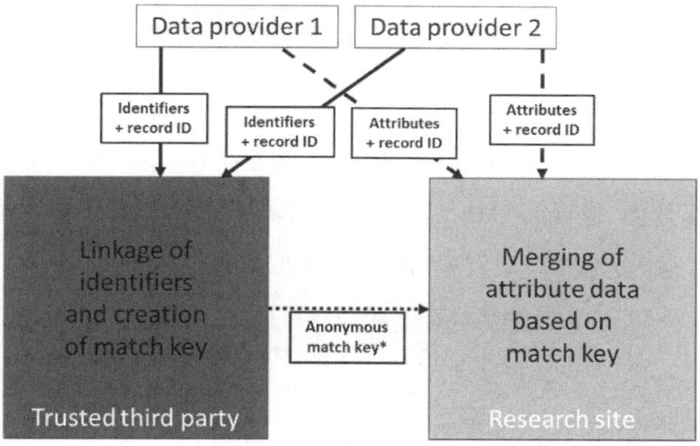

여기서 신뢰할 수 있는 제3자(TTP)는 데이터 매칭을 위한 보안시설을 가지고 있는 조직을 의미하는데, 국가통계청(Office for National Statistics: ONS)이나 북아일랜드 통계연구소(Northern Ireland Statistics and Research Agency: NISRA) 등이 이에 해당한다.

만일 어떤 기관이 TTP로서의 역할과 ADRC의 파트너 역할을 동시에 수행하고 있다면, 두 업무는 철저하게 분리되어야 한다. 해당 조직의 서로 다른

부서에서 완전히 다른 직원들이 각각의 역할을 수행해야 한다. 이러한 역할 분리를 통해 데이터 기밀성이 유지될 수 있도록 기술적, 운영적 통제를 해야 한다.

데이터가 연계되고 비식별화되면 훈련을 마친 연구자들은 보안 환경에서 데이터에 접근할 수 있는데, 이 시설은 ADRC에서 제공한다. 이 시설들은 연구자에게 데이터 분석을 위한 통계 소프트웨어의 사용만을 허락한다. 연구자들은 방에 핸드폰, 메모리 카드, 볼펜이나 종이 등 아무것도 갖고 들어가거나 갖고 나올 수 없다. 또한 데이터를 복제하거나 다운로드 받거나 전송할 수 없다. 다만, ADRN이나 데이터 보유자의 승인이 있는 경우에는 자기 기관의 시설을 이용할 수도 있다. 연구자들이 분석을 끝내면, ADRN 직원들은 최종결과물을 연구자에게 제공하기 전에, 반드시 연구 자료들을 안전하게 삭제해야 한다. 연구자들은 데이터셋 자체를 보안 환경에서 가지고 나갈 수는 없다.[25]

ADRN이 2018년 9월에 종료되면서 후속작업으로서 2018년 12월 사무총장 임명을 필두로 Administrative Research Partnership Network (ADRP)이 곧바로 시작되었는데 ADRN과 ADRP의 차이점은 후자는 산업적 의의를 명시하고 있다는 점이다.[26] 2018년 9월 27일 ADRP의 설립

---

25 정보인권연구소, 136-140쪽에 분산된 내용을 취합함.

26 UK Authority, "Partnership to make public admin data available for researchers", 2018년 3월 10일 〈2018년 12월15일 방문〉 https://www.ukauthority.com/articles/ partnership-to-make-public-admin-data-available-for-researchers/ 과학장관 샘 지이마(Science Minister Sam Gyimah)는 "빅데이터는 생활을 향상시키려는 궁극적인 목표를 위한 도전에 답을 풀어놓는다. 아동보건문제와 이들의 교육상황 또는 직원들이 자신의 안녕을 어떻게 인식하는가와의 관계에 대한 이해는 직원들의 잠재력을 최대한 발현시키기 위한 적합한 지원방법의 고안을 도울 것이다. … 빅데이터를 전문가들의 손에 맡기는 것은 혁신적인 문제해결방법에 있어서 영국이 가진 세계적인 선도역할을 유지할 수 있도록 도와줄 것이며 이것은 우리의 현대 산업전략의 핵심적인 야심이다."

을 소개하며 통계청(ONS)은 다음과 같은 고위간부 John Pullinger의 발
언을 소개하였다. "UK는 데이터혁명을 겪고 있다. 새로운 상상조차 할
수 없던 정보원들이 발굴되고 있으며 이를 분석하여 정부, 기업 그리고
사회전체의 결정권자들의 결정의 준거들을 확대하고 개선할 수 있는 도
구와 전문지식도 나타나고 있다."[27] ADRP의 재정을 책임지는 경제사회
연구위원회도 비슷한 시기에 행정데이터와 기업들의 데이터의 연계를
지원할 것을 포함하는 발표를 하였다.[28]

3. 보건데이터의 이용

보건사회복지법(2013년 4월 1일 발효)하에서 '보건 및 사회복지 정보센
터(Health and Social Care Information Centre: HSCIC)'가 NHS 잉글랜드의
지시를 받으며, 보건 및 사회복지 기구들로 하여금 HSCIC에 정보를 제
공하도록 한다. 그리고 다음과 같은 방식으로 보건정보의 새로운 목적
으로의 이용을 허용한다.[29]

> 2차적 목적으로 사용되는 기밀 정보(즉, 개인 식별이 가능한 정보)를 합법
> 적으로 처리하기 위해서는 해당 조직이 정보주체(즉, 환자)로부터 설명 후
> 동의를 획득하거나, 혹은 동의를 받지 않아도 되는 법률적 기반이 있어야
> 한다. 법적 예외는 일반적으로 NHS법 2006의 Section 251을 통해서 이루어
> 진다. 보건사회복지법(Health and Social Care Act) 2001의 Section 60이 재
> 입법된 NHS법 2006의 Section 251은 보건부 장관(Secretary of State for
> Health)이 특정한 의료적 목적으로 보통법상 기밀유지의무의 예외를 둘 수

27 https://www.ons.gov.uk/news/news/launchoftheadministrativedataresearch
partnership
28 https://esrc.ukri.org/research/our-research/administrative-data-research-part
nership/
29 정보인권연구소, 66쪽.

있는 규정이다. 이 규정을 '보건서비스(환자정보통제)규정 2002'라고 부른 다. 'section 251 지원 혹은 승인'은 이 규정에 따른 권한하에 주어지는 승인 을 의미한다. NHS의 보건연구당국(HRA)은 (보건사회복지법 2012에 따라) 2013년 4월에 기밀성자문그룹(Confidentiality Advisory Group: CAG)을 설 립하며, Section 251에 대한 책임을 갖게 되었다.

section 251의 지원을 받아 기밀 정보(식별 가능한 환자 정보)에 접근할 수 있으려면, 정보 취득자의 목적이 환자 진료의 증진과 관련되어야 하며, 공 익을 위한 것이어야 하며, 모든 환자로부터 동의를 얻는 것이 불가능하거나 혹은 너무 비용이 많이 들거나, 기술적으로 어려운 경우에만 허용된다. 이 신청은 기밀성 자문 그룹(CAG)에 의해 검토된다. 환자들의 설명 후 동의도 얻지 않았고, section 251에 따른 승인도 얻지 못한 경우, 2차적 데이터의 이전은 익명화되어야 한다.

영국은 이와 같은 정보의 2차적 이용에는 정보연계가 포함되어 있고 잉글랜드, 웨일즈, 스코틀랜드, 북아일랜드가 별도로 정보연계서비스를 제공하고 있다. 여기서는 가장 큰 부분인 잉글랜드의 임상시험연구데이 터링크(Clinical Practice Research Datalink: CPRD)는 비영리 연구 지원을 목적으로 하는 복지부(Department of Health) 산하 기관이다. CPRD는 법 적 계약이나 승인에 따라, 영국 및 전 세계의 학계, 의약/바이오기술/기 기 및 연구전문조직(Contract Research Organization: CRO)의 연구자들에 게 NHS 및 다른 보건 관련 데이터와 연계된 데이터에의 접근을 제공한 다.[30]

---

30 이하 내용은 CPRD 홈페이지(Clinical Practice Research Datalink) www.cprd. com을 참고한 것이다. 번역은 정보인권연구소의 번역을 따랐다. CPRD에 대한 더 욱 자세한 정보는 Emily Herrett Arlene M Gallagher Krishnan Bhaskaran Harriet Forbes Rohini Mathur Tjeerd van Staa Liam Smeeth, "Data Resource Profile: Clinical Practice Research Datalink(CPRD)", International Journal of Epidemiology, Volume 44, Issue 3, 1 June 2015, pp.827-836, https://doi.org/10.1093/ije/dyv098

[그림 2]

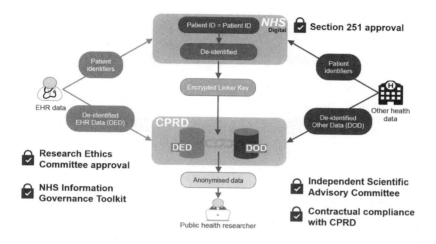

가. 데이터 연계

1차 진료 데이터를 2차 진료나 질병 등록부와 같은 다른 보건 데이터셋과 연계하는 것은 데이터를 통해 해결할 수 있는 의료 연구의 폭을 크게 넓힐 수 있다. CPRD는 오랫동안 다른 데이터셋과 연계된 1차 진료 데이터를 제공해 왔다. 데이터 연계는 다음과 같은 절차에 의해서 이루어진다.

① 매년 CPRD는 공공보건연구 목적으로 익명화된 연계 데이터를 제공하는 것에 대해 보건연구당국의 Section 251 규제 승인을 받아야 한다.

② 데이터 연계는, 환자식별정보를 합법적으로 수집할 권한을 가진 잉글랜드의 법정기구인 NHS Digital에 의해 이루어진다. 즉, NHS Digital 이 '신뢰할 수 있는 제3자(TTP)'의 역할을 수행한다.

③ 연계를 위해, 일반의가 수집한 환자식별정보(NHS 번호, 생년월일, 우편번호, 성별)와 다른 데이터셋의 식별 정보가 NHS Digital로 보내진다.

④ NHS Digital은 두 데이터셋에서 환자식별정보를 매칭하여, 환자식별정보를 포함하지 않은 암호화된 연계키(encrypted linker key)를 산출한다.

⑤ NHS Digital은 CPRD가 비식별 데이터셋을 연계할 수 있도록 암호화된 연계키를 CPRD에 보낸다.

⑥ CPRD는 일반의나 NHS Digital로부터 절대 환자식별정보는 받지 않는다.

⑦ 공공보건연구 목적으로 연계 데이터에 접근하고자 하는 연구자는 독립적 과학자문위원회(Independent Scientific Advisory Committee: ISAC)의 승인을 받아야 한다.

⑧ ISAC의 승인에 따라 연구자에게 익명화된 데이터셋으로 제공하기 이전에 추가적으로 암호화한다.

아래에서 살피겠지만 위에서 공공보건연구(public health research)는 연구의 주체가 누구인지에 관련이 없다.[31] 특히 HSCIC잉글랜드는 보건정보의 연계를 자동화한 형태로 제공하고 있다고 한다.[32]

---

31 OECD (2015), Health Data Governance: Privacy, Monitoring and Research, OECD Health Policy Studies, OECD Publishing, Paris, http://dx.doi.org/10. 1787/9789264244566-en, 82쪽. "National experts in … the United Kingdom … stated that the sharing of identifiable data may be permitted for research or statistical purposes subject to approval processes and data security controls. In these countries, the same rules apply to applicants from the government sector, the academic or non-profit sector and **the commercial sector**, as long as the purpose of the data use is research."; Health Economics Research Center of Oxford University, Nuffield Department of Population Health homepage https://www.herc.ox.ac.uk/downloads/health_datasets/browse-data-sets/gene ral-practice-research-database-gprd 〈2019년 2월 21일 방문〉 "CPRD is a highly valued resource by pharma and biotech companies because of its high quality longitudinal person specific records that enable drug safety, outcomes and economic research. The ability to link data from hospital or disease registers adds to this capability."

32 OECD, 132쪽.

IV. 독 일

1. 관련 법령

2017년 4월에는 GDPR을 수용하여 완전히 새로운 연방정보보호법이 만들어졌다. 새 연방정보보호법은 GDPR과 함께, 2018년 5월 25일 시행되었다.

연방정부의 빅데이터하의 GDPR 가능성에 대한 입장은 연방상무에너지부(Federal Ministry of Commercial Affairs and Energy)가 매년 주최하는 디지털서미트의 개인정보보호분과가 제출한 보고서에 나와 있다.[33] 해당 백서는 개인정보보호법 주무부서인 연방내무부(Federal Ministry of Interior)에 의해 작성되었다. 즉 정보처리의 목적이 정보주체의 식별성을 필요로 하지 않는다면 가명화로 정보주체의 권리를 보호할 수 있다는 것이다. 정보처리 가담자가 가명화암호가 없다면 정보주체를 식별하는 것은 익명화된 정보만큼 어렵기 때문이다. GDPR의 위험규제적 접근방법을 고려하며 이렇게 가명화로 정보처리자의 효용을 보호하는 것은 정당화된다. "가명화는 빅데이터와 사물인터넷의 시대에 특별히 중요해진 정보처리가 가능하게 만든다." 백서에 따르면 GDPR 6(4)는 원수집목적과 다른 방식으로 개인정보를 이용하는 경우에도 가명화가 주효하다고 한다. "적절한 보호방법이 있다면 원목적과 새로운 목적은 양립가능하며 가명화가 바로 그런 보호방법 중의 하나이다. 가명화 자체로 충분하지는 않겠지만 가장 중요한 요소이다. 특히 Article 29실무그

---

[33] White Paper on Pseudonymization Drafted by the Data Protection Focus Group for the Safety, Protection, and Trust Platform for Society and Businesses in Connection with the 2017 Digital Summit—Guidelines for the legally secure deployment of pseudonymization solutions in compliance with the General Data Protection Regulation. 디지털서미트의 성격에 대해서는. https://www.de.digital/DIGITAL/Redaktion/DE/Dossier/digital-gipfel.html 참조.

룹의 WP203, pp. 25 and Monreal ZD 2016, 507, 511에 따르면 적절한 보호방법은 GDPR 6(4)의 다른 요소들의 부재를 보완할 수 있다"고 한다.[34]

그 외에도 독일개인정보보호법은 목적제한성에 대한 예외 규정이 있다.[35]

> 3부는 민간기구 및 경쟁에 참여하는 공기업에서의 데이터 처리를 규정한다. 제28조(section 28)는 연구 프로젝트를 수행하는 학술적 이익이 정보주체의 이익보다 훨씬 크고, 연구 목적이 다른 수단으로 달성될 수 없거나 비례적이지 않은 노력을 요구할 경우에는 연구기관의 학술연구 수행을 위해 개인정보의 수집목적 외 다른 목적으로의 이전 및 이용을 허용하고 있다[각주65: 연방정보보호법 section 28 (2) (3)]. 익명화된 형식으로 개인정보를 이전하기 위해 사업 과정에서 개인정보를 수집·저장한 경우, 개인을 식별할 수 있게 하는 속성들은 분리해서 저장해야 한다. 이러한 속성들은 저장 혹은 학술 목적으로 필요할 경우에만 다른 정보들과 결합될 수 있다[각주 66: 연방정보보호법 section 30 (1)]. 33조(section 33)는 정보주체에의 고지를 규정하고 있는데, 학술 연구의 목적으로 저장 및 이전이 필요하고 고지에 비례적이지 않은 노력이 드는 경우 고지 의무가 면제된다. 35조(section 35)는 정보주체의 정정·삭제·차단권을 규정하고 있는데, 위의 20조와 같은 조건에서 차단된 정보가 정보주체의 동의 없이 이전 혹은 이용될 수 있다.
>
> 4부(part 4)는 특별 조항을 포함하고 있다. 40조는 연구기관에서의 개인정보의 처리 및 이용을 규정하고 있는데, 학술연구 목적으로 수집 혹은 저장된 개인정보는 오로지 학술 목적으로만 처리·이용되어야 한다. 연구 목적이 허용하는 한, 가능한 한 빨리 개인정보는 익명화되어야 한다. 그때까지 개인 식별을 가능하게 하는 속성들은 분리해서 보관되어야 한다. 이 속성들

---

34 White Paper, 15-16쪽.
35 정보인권연구소, 70-71쪽.

은 연구 목적에 필요한 한도 내에서만 다른 정보들과 결합될 수 있다. 학술적 연구를 수행하는 기구는 다음과 같은 조건에서만 개인정보를 공개할 수 있는데, 첫째 정보주체가 동의한 경우, 둘째 동시대 사건에 관한 연구 결과를 보여 주기 위해 불가피한 경우이다.

2. 연구목적 데이터연계 현황

독일레코드연계센터(German Record Linkage Center: GRLC)는 사회과학 분야의 학술 연구를 위해, 행정데이터를 이용한 데이터 연계 활성화를 목적으로 2011년에 설립되었다. GRLC는 독일연방고용국(BA)의 연구데이터센터(FDZ)와 협력 관계를 맺고 있는데, FDZ는 연구자에게 사회보장 및 고용 분야에서 비영리적 실증 연구를 위한 마이크로 데이터에 대한 접근을 제공한다.

GRLC는 다른 학술기관 등 제3자를 대신해서 수많은 데이터 연계 프로젝트를 수행해 왔다. 연계를 위한 데이터 소스는 IAB의 행정데이터를 포함하여 다양하다. 연계 프로젝트별로 원데이터베이스의 소유권이나 법적 요건이 다르기 때문에, GRLC 홈페이지에 데이터 연계를 위한 일반화된 절차가 나와 있지는 않다. 일반적으로 GRLC에 데이터 연계를 요청하는 기관이 연계 데이터의 모든 요소에 대한 권한을 갖고 있거나 이용허락을 받았다면, 연계 데이터에 대한 접근에 별다른 제한이 발생하지 않는다. 그러나 프로젝트에 따라 연계 데이터의 일부 혹은 전체 구성요소에 대한 접근이 제한될수도 있다.

FDZ에서의 데이터 연계 작업은 GRLC에 의해서 수행되거나 GRLC의 자문을 받아 FDZ 직원이 수행한다. FDZ의 연계된 표준 데이터셋에 대한 접근은 FDZ의 보안 인프라를 통해 제공된다(FDZ에서의 데이터 연계에 대한 자세한 내용은 아래에서 설명하도록 한다). FDZ의 표준 데이터셋은 학술 연구자에게 무료로 접근이 제공되지만, GRLC가 요청을 받아 연계한 데이터셋에는 적용되지 않는다. 앞서 얘기했듯이, 연계데이터에 대한 모든 요소에 대한 권한을 가진 연구자에 의한 접근은 데이터 연계에 의한 영향을 받지 않는다. 이 경우 연계 데이터는 해당 데이터에 의해 허용되는 모든 환경에서 저장, 접근될 수 있다. 그러나 IAB의 데이터와 외부 데이터가 연계될 경우, 연계 데이터는 FDZ의 안전한 컴퓨팅 환경을 벗어날 수 없다. 또한 해당 연구결과물 역시 FDZ에 의해 엄격하게 검토된다.

V. 네덜란드[36]

개인정보를 포함한 등록부의 유지 및 활용을 규제하는 최초의 법률로서, 1998년에 개인정보등록법(Act on Personal Data Registrations: WPR)이 제정되었고, 2001년에 네덜란드 개인정보보호법(Netherlands Data Protection Act: WBP)으로 대체되었다. 개인정보 감독을 위해 개인정보감독기구(Data Protection Authority, DPA)를 두고 있다. 개인정보보호법은 애초 수집 목적 외의 개인정보 처리를 금지하고 있지만, 역사적, 통계적, 학술적 목적으로 개인정보를 처리할 수 있는 예외를 두고 있다.

네덜란드 통계청의 법적 근거는 네덜란드 통계법(Statistics Netherlands Act)인데, 이 법은 통계청이 가능하면 정부 기관의 행정데이터를 사용하도록 하고, 그럴 수 있는 권한을 부여하고 있다. 또한 통계청이 시민서비스번호를 사용할 수 있도록 허가하고 있다. 통계법은 개인정보 보호를 위한 규정도 포함하고 있다. 이에 따르면 첫째, 통계청이 받는 모든 데이터는 통계적 목적으로만 사용되어야 한다. 둘째, 통계청은 데이터보호를 위한 기술적, 조직적 조치를 취해야 한다. 셋째, 공개된 결과물이 개인정보를 드러내

---

36 정보인권연구소, 154-161쪽에서 발췌함.

지 않도록 조치를 취해야 한다. 넷째, 통계법에 따른 책임을 수행하는 사람을 제외하고는, 다른 사람에게 데이터를 전달해서는 안 된다. 다만, 이에 대한 예외로서, 통계청은 통계적 혹은 학술적 연구 목적으로 다른 기관에 마이크로데이터를 제공할 수 있다. 통계법은 어떤 기관이 통계적·학술적 연구를 수행하는지를 규정하고 있지만 사회통계데이터셋(social statistical datasets: SSD) 시스템은 상호 연계되고 표준화된 등록소 및 설문조사시스템이다. SSD는 개인, 가정, 직업, 보조금, 연금, 교육, 의료, 범죄, 주거, 교통 등과 관련된 풍부한 정보를 포함하고 있다.

SSD의 핵심은 중앙데이터도서관인데, 네덜란드 통계청의 사회경제공간통계부(Division of Socioeconomic and Spatial Statistics)가 유지 관리한다. 이 부서 내의 각 조직 단위(Organizational Unit)에서 고용, 사회보장 등 특정 주제의 통계를 책임지는데, 등록부 데이터(register data)의 수집, 편집, 귀속을 담당한다. 행정 등록부 데이터는 통계 목적으로 수집되지 않기 때문에, 품질 관리를 위해 광범위한 처리가 필요한데, 등록부 처리는 SSD의 관할은 아니다.

등록부 처리 후에 표준화된 연계키가 부여된다. 이는 서로 다른 통계 등록부를 효과적으로 연계하기 위해 사용된다. 통계 등록부(statistical registers)는 표준화되어 중앙데이터도서관에 저장된다. 메타데이터는 중앙메타데이터보관소에 저장된다. 통계 등록부를 표준화된 형태로 중앙도서관에 저장함으로써 조직 단위들이 정보를 공유하기 용이해진다. 통계 등록부는 서로 연계되어 필요한 범위 및 깊이를 가진 통계 결과물을 생산할 수 있게 된다. 외부의 연구자들이 연구 목적으로 SSD에 저장되어 있는 통계 등록부에 접근하고 연계할 수 있다.

SSD 시스템 개요를 그림으로 나타내면 〈그림 3〉(그림 번호는 편집자가 부여)과 같다.

중앙 통계의 단위 형태(unit type)는 사람, 가정, 건물, 조직이다. 각 단위 형태에 관한 정보들을 연계하기 위해서, 모든 단위 형태에 연계키가 부여된다. 네덜란드 통계청이 처리하는 대부분의 행정 등록부는 시민서비스번호 (Citizen Service Number)라는 고유한 개인 식별자를 가지고 있으며, 등록 부에 따라 생년월일, 이름, 주소 등 개인 식별자를 포함하고 있다. 프라이버 시 보호와 효과적인 연계를 위해 개인식별자는 PIN(개인식별번호)과 AIN (주소식별번호) 연계키로 대체된다. 이들 연계키는 개인을 직접 식별할 수 없는 임의의 키이다.

[그림 3]

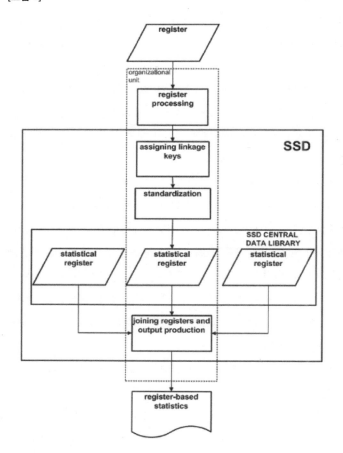

절차는 다음과 같다. 첫째, 통계 데이터에서 개인식별자를 제거하고 공통의
PIN 및 AIN 연계 키로 대체한다. 둘째, 중앙데이터도서관에의 접근을 통제
한다. 업무를 위해 SSD 데이터를 필요로 하는 직원만이 접근 가능하며,
SSD 네트워크의 일부, 그리고 필요한 데이터에만 접근이 허용된다. SSD에
접근하고 있는 사람은 동시에 네트워크의 다른 부분에 대한 접근이 동시에
허용되지 않는다. 셋째, SSD 외부로의 데이터 유출을 막기 위해 이메일 기
능이 제한된다. 데이터도서관에 접근하는 직원들은 이메일에 파일을 첨부
할 수 없다. 넷째, 통계청 건물에 출입하는 사람들은 엄격한 검사를 받는다.
모든 직원은 신원 확인을 위한 ID 카드를 지참해야 하며, 방문자는 항상 신
분증을 통한 신원 확인을 받고 직원을 동반해야 한다.

허가받은 연구자들은 네덜란드 통계청이 보유한 상세한 데이터에 접근할
수 있다. 통계청 구내의 장소에서 접근하거나, 혹은 보안 인터넷 접속을 통
해 원격 접근할 수도 있다. 현재 전 세계 300개의 프로젝트를 위해 700명의
연구자가 원격접근을 활용하고 있다. 파일은 통계청 서버에 저장되어 있으
며, 연구자들은 보안 인터넷 접속을 통해 원격으로 분석을 수행한다.

VI. OECD 보건정보통제제도: 정보연계와 포괄적 동의

위의 영국, 네덜란드, 독일의 사례를 살펴보면 '가명화된 상태에서는
한정된 목적으로 추가처리가 허용되어야 한다'는 대명제하에 개별 데이
터베이스를 가명화한 후에 이를 연계하고 식별자는 삭제하는 방식을 공
히 취하고 있다. 여기서 중요한 점은 가명화가 완전하게 이루어지려면
식별자가 삭제되고 남는 데이터베이스들은 익명화상태에 있어야 한다
는 것이다. 여기에 k-익명성, l-다양성 등의 익명화기술들이 적용된다.
이와 같은 데이터연계방식인 프라이버시 친화적 데이터연계 방식
(privacy preserving data linkage)은 이미 GDPR이나 빅데이터 시대 이전

부터 수년 동안 개발되어 왔었다.[37] 실제 GDPR이 가명화를 통한 데이
터활용을 장려하게 된 것은 프라이버시친화적 데이터연계 방식에 영향
을 받은 바가 클 것으로 보인다.

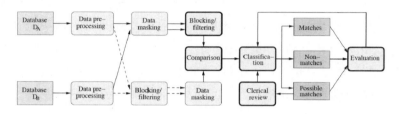

[그림 4] Outline of the general PPRL process as discussed in Sect. 2.2. The steps shown
in dark outlined boxes need to be conducted on masked database records, while dotted
arrows show alternative data flows between steps.

특히 이와 같은 프라이버시 친화적 정보연계방식은 OECD의 2015년
연구인 Health Data Governance: Privacy, Monitoring and Research[38]
에서 세계적인 활용현황이 밝혀지고 장려된 바 있다.

우선 OECD보고서에서 눈여겨볼 것은 제3장과 제7장이다. OECD의
20개국의 개인건강정보 보호법제도를 조사하는데 특히 환자의 동의 없
이 식별화된 상태로 또는 비식별화된 상태로 건강정보를 제3자 특히 외
국인이나 영리적 연구자들과 공유할 수 있도록 하는 정도 등을 조사한
다(3장). 또 각 나라에서 진행하는 비식별화과정을 설명하며 비식별화
가 "정보이용의 잠재적 효력과 정보이용의 보안이라는 큰 그림"을 염두

---

37   Vatsalan D., Sehili Z., Christen P., Rahm E. (2017) Privacy-Preserving Record
      Linkage for Big Data: Current Approaches and Research Challenges. In: Zomaya
      A., Sakr S. (eds) Handbook of Big Data Technologies. Springer, Cham.
38   OECD(2015), Health Data Governance: Privacy, Monitoring and Research,
      OECD Health Policy Studies, OECD Publishing, Paris. http://dx.doi.org/10.
      1787/9789264244566-en

에 두고 이루어져야 한다는 점을 지적한다.[39] 즉 보안성과 효용성 모든 면에서 비식별화가 의미가 있다는 뜻이다. 여기서 OECD보고서는 '익명화'개념을 스스로는 사용하지 않고 대신 비식별화정보(de-identified data)라는 표현을 쓴다는 점을 유의해야 한다.[40]

아래 표는 22개국의 보건정보(웨일즈와 스코트랜드를 영국에 포함시키면 20개국)가 통계목적 또는 연구목적으로 공개되는 정도를 그래프로 나타낸 것이다. 일본이 2점대, 한국이 3점대로 낮은 것을 볼 수 있다.

[그림 5] **Sharing and accessibility of health data for approved statistical and research uses**

■ Score is the sum of the percentage of national datasets meeting 6 accessibility factors (Highest score =6)

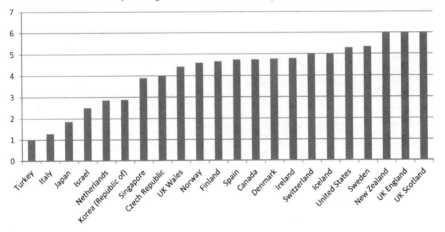

Source: Author's own calculations based on the results of this study.

---

39 OECD, 26쪽.
40 OECD, 12쪽.

[표 1] **Proportion of key national personal health datasets meeting six data accessibility factors**

	Identifiable data is shared with other data custodian or government entities	Government analysts may be approved access to de-identified data	University and non-profit researchers may be approved access to de-identified data	Health care providers may be approved access to de-identified data	For-profit businesses may be approved access to de-identified data	Foreign government, university or non-profit researchers may be approved access to de-identified data
Canada	75%	88%	88%	88%	75%	63%
Czech Republic	0%	100%	100%	100%	0%	100%
Denmark	78%	89%	89%	89%	78%	56%
Finland	78%	78%	78%	78%	78%	78%
Iceland	0%	100%	100%	100%	100%	100%
Ireland	80%	100%	100%	100%	60%	40%
Israel	67%	100%	33%	50%	0%	0%
Italy	14%	29%	86%	0%	0%	0%
Japan	0%	86%	100%	0%	0%	0%
Korea (Rep. of)	100%	100%	88%	0%	0%	0%
Netherlands	14%	71%	71%	71%	ns	57%
New Zealand	100%	100%	100%	100%	100%	100%
Norway	57%	100%	60%	100%	40%	100%
Singapore	75%	100%	100%	100%	0%	13%
Spain	75%	100%	75%	75%	75%	75%
Sweden	89%	89%	89%	89%	89%	89%
Switzerland	0%	100%	100%	100%	100%	100%
Turkey	0%	100%	0%	0%	0%	0%
United States	29%	100%	100%	100%	100%	100%
UK England	100%	100%	100%	100%	100%	100%
UK Scotland	100%	100%	100%	100%	100%	100%
UK Wales	14%	86%	86%	86%	86%	86%

ns: Not stated.

Source: Author's own calculations based on the results of this study.

설문대상 국가들은 법제도와 해석을 토대로 정보접근성에 대해 답변하였다. 전체적으로 뉴질랜드, 스웨덴, UK에서 정보공유와 정보접근성이 가장 활발했다. 그러나 9개국은 핵심정보가 개인정보의 형태를 취하고 있을 때는 국가기관들 사이에서도 공유를 허용하지 않았다. 2개국은 정보가 비식별화된 후에도 학술연구자들과도 공유하지 않았고 7개국[41]

---

41 여기서 7개국은 체코, 이스라엘, 이태리, 일본, 한국, 싱가포르, 터키를 말하는데 정보인권연구소의 다음 주장은 이를 근거로 하는 것으로 보인다.
  "OECD는 <u>대부분</u> 국가에서 핵심적인 보건의료 데이터셋의 비식별화된 마이크로

은 상업부문과는 공익적 혜택이 있더라도 비식별화된 정보를 공유하지 않았으며 5개국은 국제적 또는 국내적 공익적 혜택이 있음에도 불구하고 외국과 공유하지 않았다고 한다.[42] 한편 위의 표에서 살펴보면 알 수 있듯이 20개국 중에서 10개국이 비식별화된 정보의 대부분을 상업부문에게 제공하는 것을 알 수 있다.

OECD는 이에 대해 "법제도는 프라이버시를 보호하는 개인보건정보의 공익적 이용을 허용해야 하며 전자진료기록에서의 정보추출과 정보연계를 포함해야 한다"고 권고하고 있다.[43] 실제로 20개국 중에서 7개국만이 비식별화된 정보의 상업부문에의 공유를 금지한다. 덴마크, 뉴질랜드, 노르웨이, 핀란드, 스웨덴, 영국, 미국에서는 특정한 승인과정과 정보보안을 조건으로 식별가능한 정보가 공유되고 있으며 이들 나라에서는 목적이 연구라면 공유상대가 정부, 학술기관, 비영리기관, 상업부문임에 관계없이 모두 같은 규칙에 따라 이루어지고 있다. 단 '마케팅'목적은 연구목적이 아니므로 제한되며 건강정보가 가장 활발히 이용되고 있는 미국에서도 금지되고 있다.[44] [45]

단, OECD는 데이터공유의 방식에 있어서 '직접제공'보다는 위의 안

데이터에 대해 영리적 기업의 접근을 승인하지 않고 있다고 분석했다. 영리 기관에게 데이터에 대한 접근을 승인하는 경우에도, 이는 공익적인 학술 연구나 통계 목적의 이용으로 제한된다. 이때 OECD는 '공익(public interest)'의 개념을 데이터 보호, 공공보건, 사회적 보호, 보건의료서비스의 관리, 보건의료 연구 및 통계를 포함하는 것으로 보았다."
실제로 20개국 중에서 7개국만이 비식별화된 정보의 상업부문에의 공유를 하지 않는 상황을 "대부분의 국가"라고 말할 수 있는지는 의문이다.

42 OECD, 66쪽.
43 OECD, 66쪽.
44 OECD, 157쪽. "Some countries approve the transfer of de-identified microdata <u>to third parties for approved projects, such as other government ministries, the academic or non-profit sector or the commercial sector</u>. Whenever such transfers are possible, the need to evaluate re-identification risks is greater." (편집자 강조)
45 OECD, 82쪽.

전한 연구용 데이터센터 및 원격데이터접속시스템을 통해 타 정부기관, 대학, 비영리기관, 기업연구자, 해외연구자에게 제공하는 것을 현실적인 대안으로 제안했다. 접근성을 확대하면서 재식별 등 남용의 위험을 최소화할 수 있기 때문이다. 두 가지 방식 모두 연구자가 자신의 조직 내에 데이터를 가져올 수가 없고 물리적으로 또는 디지털적으로 안전한 데이터보관소에 진입하여 거기서 데이터를 분석해야 한다. 분석 중에 데이터를 다운로드, 프린트 등 어떤 방식으로도 유출해서는 안되며 가지고 나갈 수 있는 것은 정보주체의 비밀을 저촉하지 않음이 검증된 통계결과 뿐이다. 더 많은 나라들이 원격접근시스템에 투자를 하고 있다. 운영비가 물리적 데이터센터보다 덜 들기 때문이다.[46]

OECD는 명시적으로 "법률을 통해 개인건강정보의 2차적 분석을 허용할 수 있다"고[47] 천명하고 있다. 예를 들어, 덴마크에서는 외부연구자가 개인정보보호기구의 허락을 얻어 보건정보와 비보건정보를 연계하는 1회성 프로젝트를 시행할 수 있다.[48]

특히 OECD는 정보의 추가처리와 관련되어서 포괄적 동의를 적극적으로 고려하고 있다. "지금 확정될 수 없는 미래의 정보 이용"에 대해서도 다음과 같은 입장을 표명하고 있다.[49]

> 환자 동의요건은 의료활동 및 의료보험에 대한 감시 그리고 거대인구나 환자데이터베이스에 대한 연구에 상당한 걸림돌이 된다. 수십만 명 또는 수백만 명에 대한 이들 데이터베이스들은 의료시스템 운영이나 임상의료 등 다른 목적으로 축적되었다.
>
> 미래의 공익적인 통계목적 또는 연구목적으로 이들 데이터베이스 이용에

---

46 OECD, 175쪽.
47 OECD, 75쪽.
48 OECD, 75쪽.
49 OECD, 78쪽.

환자동의가 요구된다면 그 동의는 포괄적일수도 있고 구체적일 수 있다. 동의가 연구별로 구체적이어야 한다면 그 동의를 얻으려면 원정보주체를 접촉해야 할 것이다. 데이터집합이 매우 크고 통시적이라면 동의확보는 이사를 가지 않은 사람들과 더 건강하고 젊은 사람들 쪽으로 편향을 발생시켜 연구결과의 타당성이나 유용성을 훼손할 것이다. 더욱이 많은 숫자의 동시 피시험자(cohorts)들을 접촉하는 것은 비현실적이며 상당한 금전적 자원을 필요로 한다. …

동의가 포괄적일 경우 정보이용에 대한 규제가 없음을 의미하지 않는다. 아래에 다루겠지만 정보이용에 대한 결정은 독립적인 연구윤리위원회 또는 정보프라이버시감독기구와 같이 지정된 기관에 의해 내려져야 하고, 허용결정은 공공에게 공개될 수도 있다. 정보주체에게도 자신들의 동의를 철회하거나 확대할 합리적인 방법과 시간이 주어질 수 있다. [중략]

포괄적 동의의 적정성에 대한 질문이 여러 나라(덴마크, 핀란드, 이스라엘, 뉴질랜드, 스웨덴)에서 논의되고 있다. 즉 환자들이 포괄적으로 정의된 미래의 자기 정보 이용에 동의할 수 있는가이다.

뉴질랜드에서 … 개발 중인 건강정보 거버넌스 프레임워크 하에서는 … 동의가 환자들의 개인건강정보의 미래이용에 적용되며 미래의 개별적인 과학적인 연구를 구체적으로 언급하지 않는다. [이스라엘에서는 암세포의 인체유래물은행을 만들면서 포괄적인 동의를 인정해 주고 있다. 덴마크에서는 이미 포괄적 연구목적 동의가 이용되고 있으며 특히 건강연구윤리위원회는 생명정보와 다른 국가정보를 연계하는 연구용역을 승인해 주고 있다. 스웨덴도 2014년 6월에 연구용으로 구체적이지 않은 동의를 승인하는 법이 발의되었다. 핀란드에서는 이미 인체유래물은행법(2013년 법)을 통해 인체유래물은행이 포괄적 동의하에 운영되고 있다.[50]

---

50 OECD, 80쪽.

OECD는 법제도(legislative framework)에 대해서는 최종적으로 다음과 같이 권고하고 있다.[51]

> 사회적 위험을 최소화하고 사회적 효용을 최대화하기 위해서는 강력한 보건정보 거버넌스를 신중하게 발전시켜야 한다. 어떤 거버넌스에서도 보건정보를 통제하고 프라이버시를 보호하는 법제도는 가장 중요하다. 이 장에서는 OECD 각국의 법률 프레임워크를 전체적으로 살펴보았다. 다양한 방법의 장단점이 드러났고 몇 가지 공통적인 테마들이 나타났다. … 많은 나라들이 포괄적이고 장래적인 환자동의, 환자동의에 대한 예외 또는 법률적 면제를 이용하여 전자임상기록으로부터의 정보추출 및 정보연계를 포함하는 프라이버시-보호적 개인건강정보의 이용을 허용하고 있다. …
>
> 다음과 같은 법률프레임워크의 특성들이 프라이버시-보호적 정보이용의 핵심적 요소들로 본다.
>
> 공공보건, 연구 및 통계목적을 위한 정보의 2차처리는 정보보호를 위한 법률프레임워크에 명시된 안전조치 내에서 허용되어야 한다. 이 법률프레임워크는:
>
> (a) 2013년 OECD 프라이버시 프레임워크의 기본원칙들을 반영해야 하며
>
> …
>
> (g) 승인된 용도로 개인건강정보가 연계될 수 있도록 허용하고
>
> (h) 공공기관 내에서는 승인된 정보연계사업 및 정부통계를 위해 연계된 정보가 공유하도록 허용해야 하며
>
> (i) 공공기관 및 신뢰받는 제3자는 재식별화용 키를 안전하게 보관하도록 허용해야 하며—장래에 승인될 정보연계프로젝트나 정부통계사업이 가능하도록—
>
> (j) 사회의 모든 부문이 개인 단위의 비식별화된 건강정보를 연구 또는 통계목적으로 공유하고 접근할 수 있도록 허용해야 한다—단, 프라이버시와 보안조치를 포함하며 재식별화를 방지하는 승인절차를 통해서 …

---

51 OECD, 97쪽.

(1) 개인건강정보 처리를 위한 승인신청 및 승인결과를 대중에게 공개해야 한다.

VII. 결 론

빅데이터의 가능성은 다양한 종류의 개인정보의 상호연계에 달려 있다. 개인정보의 상호연계는 기존에 특정목적으로 수립된 정보집합을 새로운 목적으로 처리하는 추가처리 또는 2차처리(further processing, secondary processing)에 해당되므로 원칙적으로는 정보주체의 새로운 동의를 필요로 한다. 그러나 이와 같은 동의를 일일이 얻는 것은 비현실적임은 물론 연계된 정보집합이 편향되어 연구결과의 효용을 훼손한다. 이에 따라 GDPR을 포함하여 많은 나라의 법률이 가명화의 절차를 통해 개인정보의 연계를 허용하고 있다. 가명화된 정보는 가명화의 키를 가지고 있지 않은 자에게는 익명화정보와 동일하다. 즉 어느 1인, 1기관 또는 1기업도 연계된 정보집합과 식별자를 동시에 가지지 못하도록 즉 식별가능한 연계된 정보를 가지지 못하도록 하는 것이다. 대표적으로 "신뢰받는 제3자(Trusted Third Party)"가 기존의 정보집합을 가명화하는 공통의 키를 양쪽의 정보처리자에게 보내고 정보처리자들은 이 키를 이용해서 정보집합을 가명화한다. 이때 가명화된 정보는 식별자 및 식별가능정보가 제거되어 남아 있는 정보 그 자체로는 익명화가 되어 있는 상태가 된다. 그렇다면 이 정보가 연계되더라도 재식별화키를 가지고 있는 '신뢰받는 제3자(TTP)'의 손에 들어가지만 않는다면 재식별의 가능성은 없으므로 정보의 연계 및 연계정보에 대한 연구는 한정된 장소에서 진행하도록 하는 방식이 확산되고 있다.

특히 OECD는 가장 민감한 개인정보라고 할 수 있는 건강정보에 대해서도 데이터연계가 이루어지고 있는데 연계신청자가 기업이나 영리목적의 연구자인 경우에도 데이터연계가 허용되어야 한다고 권고하고 있다.

〈저자 약력〉

박경신

미국 University of California, LA(UCLA) 로스쿨 (J.D.)
고려대학교 법학전문대학원 교수

박영우

고려대학교(법학박사)
한국인터넷진흥원 연구위원

이대희

미국 Wisconsin 대학교(법학박사)
고려대학교 법학전문대학원 교수

이상직

고려대학교 법학과 졸업
사법연수원 26기
법무법인(유한) 태평양 변호사

정성구

미국 Columbia 대학교 로스쿨(LL.M.)
김&장 법률사무소 변호사

파안연구총서 개척 02

제4차 산업혁명 시대의 개인정보

-

초판 인쇄 2018년 12월 21일
초판 발행 2018년 12월 31일

-

저   자 이대희 · 박경신 · 박영우 · 이상직 · 정성구
발행인 이방원

-

발행처 세창출판사
　　　　　신고번호 제300-1990-63호
　　　　　주소 03735 서울시 서대문구 경기대로 88 냉천빌딩 4층
　　　　　전화 02-723-8660 팩스 02-720-4579
　　　　　이메일 edit@sechangpub.co.kr
　　　　　홈페이지 www.sechangpub.co.kr

-

값 18,000원

ISBN 978-89-8411-808-9 93360